기록보존론

이경래 지음

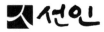 선인

기록보존론

개정판 1쇄 발행   2024년 2월 29일

지   음 ㅣ 이경래
발행인 ㅣ 윤관백
발행처 ㅣ 선인

등록 ㅣ 제5-77호(1998.11.4)
주소 ㅣ 서울시 양천구 남부순환로48길 1(신월동 163-1) 1층
전화 ㅣ 02)718-6252 / 6257
팩스 ㅣ 02)718-6253
E-mail ㅣ sunin72@chol.com
Blog ㅣ blog.naver.com/suninbook

정가   25,000원
ISBN   979-11-6068-877-1   93020

일반인에게 기록관리는 곧 기록의 안전한 보존이라고 인식될 만큼 보존은 기록관리에서 핵심적인 영역이다. 근래에 기록의 활용 및 서비스가 보다 강조되는 추세지만, 이 역시 기록의 온전한 보존 없이는 불가능하다. 더욱이 최근 기록의 물질성(materiality)에 대한 관심과 재조명은 기록전문가로 하여금 아날로그 기록이 가지는 새로운 가치에 주목하게 함으로써 기록물의 물성 보존에 대한 학문적·실무적 지식의 습득을 중요한 역량으로 요구하고 있다. 시대의 흐름에 상관없이 그 비중을 고려해 볼 때 여전히 보존의 영역은 기록학에서 중요한 위치를 점하고 있는 것이다.

기록보존에 관한 기존의 국내 저서들은 대부분 보존처리전문가(conservators)에게 요구되는 개별 기록물의 수리·복원 등 기술적(technical) 측면에 집중하고 있는 반면, 이 책은 기록전문직(archivists)에게 필요한 기록관리기관 전체 차원의 보존 프로그램과 예방 중심의 보존 업무에 그 중심을 두도록 의도하였다. 그리고 이 책은 비전자 즉 아날로그 기록의 물리적 보존·관리를 중점적으로 다룬다. 다만 비전자기록의 보존매체로서 전자매체에 한정해서, 비전자기록의 디지털화(digitization) 부분은 포함시켰다.

책의 내용을 개괄적으로 설명하면 다음과 같다. 1장에서는 먼저 보존(preservation), 보존처리(conservation), 복원(restoration) 등 보존 관련 유사 개념에 대한 정확한 이해를 시작으로, 현재 「공공기록물 관리에 관한 법률」을 비롯한 관련 법률에서 규정하는 기록보존의 원칙들을 살핀다. 2장에서는 기록관리자가 보존 실무

전에 습득해야 할 주요한 지식으로, 보존계획을 수립하는 방법 및 절차를 알아본다. 기관의 보존 목표·인력·예산, 그리고 기관 및 컬렉션 차원의 보존수요에 대한 조사를 통해 면밀한 보존계획을 수립함으로써 향후 보다 체계적이고 효율적인 보존 실무를 담보하고자 기획하였다. 3장에서는 기록매체별 보존 환경에 대한 이해를 돕기 위해 종이, 시청각, 자기·광 매체 등에 대한 물리적·화학적 속성을 살펴보고 각 매체별로 보존수명을 연장할 수 있는 방법을 알아본다. 4장은 기록매체별 다양한 열화·훼손의 유형과 이러한 열화·훼손을 야기하는 (물리적·화학적·생물학적) 요인을 파악하여 컬렉션 차원의 보존수요 조사에 유용한 기초자료로 활용할 수 있도록 한다. 5장은 예방적 차원의 적절한 보존 환경을 위한 기준, 즉 온·습도, 공기 질, 빛, 생물매개체 등의 적정한 (관리) 수준과 적정수준을 유지하기 위해 취해져야 할 구체적인 조치를 살펴본다. 또한 서고, 업무 공간, 서비스 공간 등 보존시설의 요건과 보존시설이 구비해야 하는 장비의 종류 및 그 기준에 대해서도 알아본다. 6장에서는 기록물의 유형별로 관리와 취급 시 유의 사항과 보존 용기·용품에 대해 살피고, 7장에서는 기록물의 보존처리로 소독과 탈산처리에 대해 살펴본다. 법령에서 규정하는 소독 및 탈산처리 대상 기록물을 숙지하고 다양한 소독·탈산처리의 종류, 탈산처리에 쓰이는 산화제 및 사전 선별의 필요성 유무 등을 알아본다. 8장은 종이 기록물의 복원을 중심으로, 복원 대상 기록물 식별을 위한 상태검사와 물리적·화학적 복원 등 복원 방법에 대해 알아본다. 9장은 기록물의 안전한 관리를 위한 보안 및 재난 관리와 재난 이후 조속한 업무 복귀를 위한 필수기록물 관리에 대해 다룬다. 출입 인원, 보존시설, 전산장비 및 기록물 등 각각의 영역별로 요구되는 보안대책을 살펴보고, 예방·대비·대응·복구 등 단계별 재난관리모델에 입각한 재난 활동들을 명확하게 정의한다. 필수기록의 경우, 이중·분산 보존원칙을 비롯해서 식별·관리·보호 및 이용 방법을 구체적으로 살펴본다. 마지막으로 10장은 사본 제작으로 마이크로필름화와 디지털화를 중점적으로 다룬다. 법률에서 규정하는 보존매체는 마이크로필름과 전자매체로, 보존매체가 원본과 동일한 효력을 가지기 위해서 요구되는 제작과정에서의 세부 기준을 실무적으로 알아본다.

필자의 게으름과 무심함으로 초판이 나온 지 10년 만에 개정판을 내놓는다. 그동안 기록보존 영역에도 적지 않은 변화가 있었다. 무엇보다도 디지털 다매체 · 분산 환경으로의 전환은 매체 수록 및 물리적 이관의 개념을 기록관리에서 더 이상 유효하지 않게 만들었다. 이러한 변화는 보존에도 영향을 미쳐 공공기록물법의 보존 관련 규정 및 국가기록원 표준의 개정에 반영되었다. 이번 개정판에서는 공공기록물법의 보존 관련 규정을 영역별로 세분화하여 보다 상세히 다루었다. 또한 개정된 국가기록원의 표준을 참조해서 보존 관련 사항들을 업데이트했다. 본 개정판은 새로운 보존 관련 영역이나 논의를 추가하기보다는 법제 및 지침에서의 최근 변화를 반영해서 책의 내용을 현행화하는 것에 주요 목적을 두었다. 끝으로 면식도 없는 나에게 영화필름의 복원에 대해 선뜻 자문해 주신 김상국(전 국가기록원 사무관) 선생님께 감사를 드린다.

아무쪼록 이 책이 기록학을 공부하고 시험에 임하여야 할 학생들에게 보존에 대한 이해의 폭을 넓히고 나아가 기관에서 보존업무 수행 시 일종의 길잡이 역할을 할 수 있기를 바란다.

2024년 2월

이 경 래

❚목 차❚

3장

**기록생산
매체**

6장

**기록물의
관리와 취급**

7장

**기록물의
보존처리**

8장

기록물의
복원

9장

보안·재난 관리와
필수기록물 관리

**10장
사본 제작**

표 차례

▮ 그림 차례

1 장

기록보존

이 장에서는 다음과 같은 내용에 대해 살펴본다.

기록관리 영역에서 보존(preservation)의 개념은 일반적으로 보존처리(conservation) 및 복원(restoration)과 혼동되어 그 정확한 의미를 제대로 이해하지 못하는 경우가 많다. 더욱이 통상적으로 보존이라고 하면 개별 문서의 수리가 최우선적인 보존 행위로 오해되기 쉽다. 여기에서는 무엇보다도 보존의 개념을 올바르게 이해하기 위해, 보존뿐만 아니라 유사한 의미 범주인 보존처리 및 복원의 개념을 명확하게 설명한다. 그리고 보존 행위를 수행할 때 꼭 지켜야 하는 보존원칙을 제시한다.

기록보존의 고유성은 기록관리기관이 타 보존(보관)기관과 차별화된 보존 전략과 접근법을 취할 것을 요구한다. 타 보존기관들과 차별화된 기록 보존기관의 특수성을 이해하고, 이를 반영한 기록보존의 기본 전제조건을 살펴본다.

「공공기록물 관리에 관한 법률」, 시행령, 시행규칙, 「전자정부법」, 시행령 및 「보안업무규정」 등에 규정된 보존 관련 법 조항의 내용을 숙지하여, 기록관리 현장에서 보존 개념이 관철되어야 할 해당 실무를 파악한다.

- 기록보존의 개념에 대한 이해
- 기록보존의 원칙 및 기본 전제조건 습득
- 기록보존 관련 법·제도의 숙지

1. 기록보존의 정의 및 원칙

■ 기록보존의 정의

보존(preservation)은 분야별·기관별로 다양하게 정의되고 있다. 환경운동가들과 기록관리자들은 보존이라는 용어를 공유하지만, 적용 관행에 있어 그들의 정의에는 차이가 있다. 일반적으로 기록관리에서 보존은 기록물에 대해 어떠한 물리적, 기술적, 화학적 처리를 하지 않는 수동적인 보호를 의미한다(Laura Millar 2017, 146). 손상이나 품질 저하를 막고 보호하기 위해 기록물이나 보존기록물에 행해진 처리와 업무의 총체로, 기관의 보존정책 개발, 적절한 환경 통제, 안전한 보존 공간 마련, 기록물이 손상되지 않도록 취급 시 유의 사항 등이 포함될 수 있다.

보존처리(conservation)는 주로 손상되거나 낡은 기록물을 수리하기 위해 보존기록물에 물리적·화학적 처리를 수반하는 능동적인 보호를 의미한다(Laura Millar 2017, 147). 일반적으로 종이 등 아날로그 기록물을 그 대상으로 하며 소독과 탈산처리를 통해 기록물의 수명을 연장하는 것을 말한다.

복원(restoration)은 보존기록물의 외양을 원래 상태로 되돌리거나 미학적 품질을 개선하는 등의 수리를 의미한다. 특히 기록물의 외양이 중요할 때 또는 기록물의 상태가 심각한 훼손에 처했을 때 수행하는 보존 행위지만, 보존이나 보존처리에 비해 기록관에서 상대적으로 높은 우선순위를 차지하는 조치는 아니다(Laura Millar 2017, 147). 지도나 사진 등 개별 기록물을 복원하는데 예산을 쓸 경우, 전체 기록물을 대상으로 안정적인 보존 공간을 마련하는 데 필요한 예산의 부족을 초래할 수 있기 때문에 복원 대상 기록물의 선별은 신중해야 한다.

기록관리에서 보존, 보존처리, 복원은 유사한 의미 범주를 가진 개념들이긴 하지만, 위에서 살펴본 것처럼 그 개념적 정의에 있어 차이가 난다. 그럼에도 불구하고 보존은 기록의 안전한 보존을 위해 필요한 제도적, 물리적 및 기술적 모든 제반 행위들을 통칭하는 포괄적인 개념으로 이해할 수 있다. 즉 보존이란 열화나 훼손을 막기 위하여 기록물을 보호하는 일과 연관된 총체적인 과정 및 활동으로(ICA · IRMT, 조호연 역 2002, 50), 보존처리 및 복원까지도 포함하는 개념으로 이해할 수 있다.

▣ 기록보존의 원칙

기록을 보존할 때 어떤 보존 방법을 선택할 것인지 결정하고자 할 때에는 다음과 같은 핵심 원칙들이 지켜져야 한다. 특히 "결코 해서는 안 되는 처리"에는 다음과 같은 것들이 있다(ICA · IRMT, 조호연 역 2002, 50-53).

- 필요할 때 번복할 수 없는 처리
- 지침대로 이행될 수 없는 처리
- 충분히 오랜 시간 동안 지속될 수 없는 처리
- 처리하는 동안, 혹은 처리된 자료 위에 남은 잔류물을 통하여 사람들에게 해를 끼치는 처리
- 처리된 자료의 물리적인 특성(색상이나 형태 등)을 변경하는 처리
- 영구보존 기록물을 손상하는 처리 등

2. 기록보존의 특성

■ 기록보존의 고유성

기록관리기관에서 보존은 도서관, 박물관, 그리고 미술관에서의 보존 프로그램과 다른 접근법을 요구한다. 비록 보관, 이용, 복제, 보존처리, 비상사태 등이 공통적인 관심이긴 하지만 기록관리기관에서는 특별한 보존 전략이 필요하다. 기록관리기관의 기록보존에 특별한 보존 전략이 필요한 이유는 다음과 같다.

- 기록매체 및 콘텐츠의 다양성
- 방대한 수량
- 기록의 유일무이성, 즉 원본의 유일성
- 개별 기록이 가지는 중요성뿐만 아니라 다른 기록과의 관련성(맥락)에서 파생되는 기록의 가치
- 기록의 '내재적 가치(intrinsic value)'

동일한 시리즈나 컬렉션에 속한 기록물이라 할지라도 크기, 포맷, 매체의 관점에서 보면 매우 다양하다. 이러한 요인은 타 기관들에서 주로 사용하는 보존전략들, 예를 들면 일괄 보존 행위의 실행을 어렵게 만든다. 기록은 기록을 둘러싼 맥락 속에서 정확한 의미를 이해할 수 있기 때문에, 기록보존에는 개별 기록의 보존뿐만 아니라 맥락정보에 대한 보존이 필수적이다. 또한 기록의 내용(콘텐츠)에서 발생하는 증거적·정보적 가치뿐만 아니라 기록이 수록된 매체가 가지는 인공물적(artefactual) 가치는 보존에 있어 복잡하고 다양한 기술적인 고려를 필요로 한다. 특히 기록의 '내재적 가치' 개념은 기록물의 원본을 보존할지 여부를 결정하는 중요한 기준이다. 기록 원본을 100% 완벽하게 복제하는 것은

불가능하기 때문에 기록관리기관에서는 관습적으로 원본과 사본을 함께 보존한다. 이것 또한 기록관리기관의 보존 전략이 타 기관과 다른 보존 전략을 채택해야 하는 이유이다.

■ 기록보존의 기본 전제 사항

보존 작업을 수행함에 있어 꼭 지켜져야 할 몇 가지 기본 전제들이 있다. 기록보존의 (고유한) 특성을 반영한 것으로 보존 작업에 관여하는 사람은 누구든지 다음과 같은 기본 전제들을 준수하여야 한다(ICA · IRMT, 조호연 역 2002, 50-53).

- 보존 작업은 거시적인 차원에서 실시한다. 즉 전체 기록 혹은 범기관적인 차원과 연관된 활동으로 작업을 시작한다.
- 사후 처방작업(수리 · 복원)보다는 사전 예방작업에 초점을 맞춘다.
- 몇몇 귀중한 개별 기록보다는 전체 소장 기록물에 대한 관리에 집중한다.
- 특히 기록의 원본에 대한 처리는 아주 세심하고 철저하게 숙고되어야 한다.
- 보존 방법이나 시설로 인하여 기록물의 무결성과 진본성이 위협당하는 일이 없도록 한다.
- 작업이 행해지기 전과 후에 모든 보존처리 과정에 대하여 상세한 기록(documentation)을 남긴다.
- 가급적 원본을 적게 건드린다.
- 새로운 기술이나 기법은 사용하기 전에 세심하고 신빙성 있는 테스트를 통하여 검증한 후 사용한다.
- 기록물의 물성을 약화시킬 수 있는 처리 방법이나 재료를 결코 사용하지 않는다.
- 원본 기록을 보수할 때 원본과 동일하거나 유사한 재료 및 방법으로 보수한다.
- 보존처리와 복원 방법은 반드시 쉽게 이해될 수 있고 최소화될 수 있도록 한다.

1. 기록관리 영역에서 '보존(preservation)' 개념을 정의하시오.

2. 기록관리 영역에서 '보존처리(conservation)'와 '복원(restoration)'의 개념을 각각 설명하시오.

3. 기록을 보존할 때 "결코 해서는 안 되는 처리"가 몇 가지 있다. 그 중 세 가지 처리방안을 열거하시오.

4. 기록관리기관이 타 보존기관과 다른 특별한 보존 전략이 필요한 이유를 기록의 특성(고유성)에 근거하여 설명하시오.

1. 보존 및 관리 규정

■ 중요 기록물의 이중 및 분산 보존

「공공기록물 관리에 관한 법률」 제21조(중요 기록물의 이중보존)는 영구보존으로 분류된 기록물 중 중요한 기록물은 복제본을 제작하여 보존하거나 보존매체에 수록하는 등의 방법으로 "이중보존"하는 것을 원칙으로 한다. 또한 보존매체에 수록된 중요 기록물은 안전한 "분산보존"을 위하여 보존매체 사본을 중앙기록물 관리기관에 송부하여야 한다. 동법 시행령 제52조(중요 기록물의 이중보존)는 이와 관련하여 다음을 규정하고 있다.

- 영구기록물 관리기관의 장은 매년 8월 31일까지 그 기관이 전년도에 제작한 보존매체 사본을 중앙기록물 관리기관의 장에게 제출하여야 한다.
- 기록관 및 특수기록관의 장은 매년 8월 31일까지 그 기관의 전년도 보존매체 수록 목록을 중앙기록물 관리기관의 장에게 제출하여야 한다.
- 중앙기록물 관리기관의 장은 기록관 및 특수기록관에서 제출한 목록 중 이중보존이 필요한 기록물을 선별하여 매년 10월 31일까지 해당 기록관 또는 특수기록관에 송부 대상 보존매체 사본 및 송부 시기를 통보하여야 한다.

■ 전자기록물의 보존 및 관리

「공공기록물 관리에 관한 법률」시행령 제36조(기록관 및 특수기록관의 전자기록물 보존)와 제46조(영구기록물 관리기관의 전자기록물 보존 및 관리)는 전자기록물의 보존 및 관리에 대해 규정하고 있다. 주요 내용을 정리하면 다음과 같다.

기록관 또는 특수기록관은
- 전자기록물 중 보존기간이 10년 이상인 경우에는 보존포맷으로 변환하여 관리할 수 있다.
- 전자기록물 중 보존기간이 30년 이상인 전자기록물을 10년 이상 보관하는 경우에는 장기보존패키지로 변환하여 관리해야 한다.
- 전자기록물의 손실을 방지하기 위해 백업(backup)과 복원 기능을 구비해야 한다.

영구기록물 관리기관은
- 기록관리 메타데이터와 행정전자서명 등에 대한 검증을 실시하고 장기보존패키지로 변환하여 관리해야 한다.
- 전자기록물을 진본성, 이용가능성 등이 유지될 수 있도록 저장하고, 승인받지 아니한 접근, 폐기 등으로부터 전자기록물을 보호하는 방안을 수립·시행하여야 한다.
- 재난으로부터 전자기록물을 보호하기 위해 전자적 복구체계를 수립·시행해야 한다.

중앙기록물 관리기관은
- 전자기록물의 장기간 보존을 위해 행정전자서명을 검증할 수 있는 관리방안을 수립·시행해야 한다.

동법 시행규칙 제23조(전자기록물의 기록매체 및 장치의 기준)는 전자기록물의 저장·이관·백업·복원·보존 등을 위한 기록매체 및 장치에 대해 다음을 규정하고 있다.

- 전자기록물을 정확하고 신뢰성 있게 수록 및 재생할 수 있어야 한다.
- 전자기록물을 현재의 저장환경으로부터 새로운 저장환경으로 손상 없이 옮길 수 있어야 한다.
- 동일한 매체로 복제본 제작이 가능하여야 한다.
- 수록된 전자기록물을 임의 수정·삭제·위조·변조 등으로부터 보호할 수 있어야 한다.

▣ 기록물 보안 및 재난 대책

「공공기록물 관리에 관한 법률」 제30조(기록물 보안 및 재난 대책)는 기록물 관리기관이 기록물에 대한 보안 및 재난 대책을 수립·시행해야 하고, 영구기록물 관리기관은 전자기록물에 대한 재난대비 복구체계를 구축·운영하여야 한다고 규정한다.

동법 시행령 제5조(전자기록물의 보안관리)는 「전자정부법」 제56조 제3항에 따라 보안 조치를 취하여 전자기록물의 생산·이관·보존 및 폐기 등 기록물관리 과정에서 전자기록물을 안전하게 관리하여야 한다고 규정하고 있다. 동법 시행령 제62조(기록물의 재난·보안대책)는 출입 인원, 보존시설, 전산장비 및 기록물 등으로 구분하여 보안대책을 수립·시행하여야 하며, 기록물의 대피 우선순위, 근무자 안전 규칙 등을 포함하는 기록물 재난대비책을 수립·시행하여야 함을 규정한다.

「전자정부법」 제56조 제3항 및 동법 시행령 제69조

「전자정부법」 제56조(정보통신망 등의 보안대책 수립·시행) 제3항은 전자문서를 보관·유통할 때 위조·변조·훼손 또는 유출을 방지하기 위하여 국가정보원장이 안정성을 확인한 보안 조치를 하여야 하고, 국가정보원장이 그 이행 여부를 확인할 수 있다고 규정하고 있다. 동법 시행령 제69조(전자문서의 보관·유통 관련 보안 조치)는 국가정보원장이 안정성을 확인한 보안 조치로 1. 국가정보원장이 개발하거나 안전성을 검증한 암호장치와 정보보호시스템의 도입·운용, 2. 전자문서가 보관·유통되는 정보통신망에 대한 보안대책의 시행을 규정한다.

■ 보존 방법

「공공기록물 관리에 관한 법률」 시행령 제29조(보존 방법)는 기록물관리기관이 보존 중인 전자적 형태로 생산되지 아니한 기록물은 다음 중 어느 하나의 방법으로 보존하여야 하며 기록물의 보존 방법별 구분기준을 규정하고 있다.

- 원본과 보존매체를 함께 보존하는 방법
- 원본을 그대로 보존하는 방법
- 원본은 폐기하고 보존매체만 보존하는 방법

또한 "원본은 폐기하고 보존매체만 보존하는 방법"으로 기록물을 보존하려는 경우에는 다음의 구분에 따라 보존매체에 수록하여야 함을 규정한다.

- 보존기간 10년 이하인 기록물: 보존용 전자매체 또는 마이크로필름
- 보존기간 30년 이상인 기록물: 마이크로필름

이외에도 "보존 가치가 매우 높은 전자기록물"에 대하여는 마이크로필름 등 맨눈으로 식별이 가능한 보존매체에 수록하여 관리하여야 함을 규정한다.

<표 1-1> 기록물의 보존 방법별 구분기준

구 분	대상 기록물
원본과 보존매체를 함께 보존하는 방법	1. 보존 가치가 매우 높아 병행보존이 필요하다고 인정되는 기록물 2. 증명자료 또는 업무참고자료로서 열람 빈도가 매우 높을 것으로 예상되는 기록물 3. 원본의 형상 또는 재질 등이 특이하여 문화재적 가치가 있을 것으로 예상되는 기록물 4. 그 밖에 원본과 보존매체의 중복보존이 필요하다고 인정되는 기록물
원본을 그대로 보존하는 방법	1. 보존 가치는 높으나 열람 빈도가 높지 아니할 것으로 예상되는 기록물 2. 그 밖에 어느 정도의 기간이 지난 후에 보존 방법을 결정하는 것이 타당하다고 인정되는 기록물
원본은 폐기하고 보존매체만 보존하는 방법	원본을 보존하지 아니하고 내용만 보존하여도 보존목적을 달성할 수 있다고 인정되는 기록물

*출처:「공공기록물 관리에 관한 법률」시행령 [별표 2]

■ 보존 장소

「공공기록물 관리에 관한 법률」시행령 제30조(보존 장소)는 보존기간이 10년 이하인 기록물은 보존기간 종료 시까지 관할 기록관 또는 특수기록관에서, 보존기간이 30년 이상인 기록물은 관할 영구기록물 관리기관으로 이관하여 보존해야 함을 규정하고 있다. 다만, 다음 어느 하나에 해당하는 기록물은 기록관 또는 특수기록관에서 보존할 수 있다고 정의한다.

- 영구기록물 관리기관의 장이 사료적 가치가 높지 아니하다고 지정한 기록물
- 공공기관의 기록물 중 국가적 보존 가치가 높아 관할 영구기록물 관리기관의 장이 수집·보존이 필요하다고 인정하여 지정한 기록물은 제외함
- 공공기관이 보존 중인 기록물이 영구기록물 관리기관의 장이 사료적 가치가 높지 아니하다고 지정한 기록물로서 그 기관의 기록관 또는 특수기록관에서 계속 관리하고자 하는 경우에는 관할 영구기록물 관리기관과 협의하여야 함

전자기록물의 보관 장소와 관련해서, 「공공기록물 관리에 관한 법률」 시행령 제31조2(관리권한만을 이전하는 방법으로 이관할 수 있는 전자기록물)는 이전처럼 기록물을 이관하지 않고 "관리권한"만을 이전하는 방법을 통해 이관할 수 있는 전자기록물을 규정하고 있다. 대상 전자기록물은 다음과 같다.

- 전자기록생산시스템과 기록관리시스템 간에 공유되는 저장 공간에 저장된 기록물
- 행정정보 데이터세트

■ 서고 관리

「공공기록물 관리에 관한 법률」 시행령 제38조(기록관 및 특수기록관의 서고 관리)와 시행령 제48조(영구기록물 관리기관의 서고 관리)는 서고 관리에 대해 규정하고 있다. 주요 내용을 정리하면 다음과 같다.

- 기록관, 특수기록관 및 영구기록물 관리기관의 장은 기록물의 안전한 보존 관리를 위해 보존 환경의 유지, 보안대책 및 재난 대비 계획의 수립·시행 등 필요한 조치를 취해야 한다.
- 기록물을 서고에 배치할 때에는 기록물 형태, 처리과(영구기록물 관리기관의 경우, 생산기관) 등을 구분하여 배치한다.
- 보존 중인 기록물에 대하여 상태검사와 정수점검을 실시하여야 하며, 이 경우 기록물의 상태검사 기준은 다음과 같다.

〈표 1-2〉 종이 기록물의 상태검사 기준

	구분	대상기록물
재질	1등급	한지류 또는 중성용지에 먹, 보존용 필기류, 사무용프린터로 작성한 기록물
	2등급	산성 또는 중성 재활용지에 흑색 및 청색볼펜, 잉크, 등사, 타자로 작성한 기록물
	3등급	산성 재활용지 또는 신문용지에 흑색 및 청색외의 색볼펜, 수용성 싸인펜, 형광 필기구류, 연필로 작성한 기록물
	구분	구분기준
훼손도	1등급	종이의 외양 상 변화가 거의 없고 기록내용을 판독하는 데에 거의 지장이 없는 온전한 상태
	2등급	종이의 파손·결실·변색이 있거나 잉크의 탈색·변색이 부분적으로 약간 있으나 기록내용의 판독에는 지장이 없는 상태
	3등급	기록내용이 포함된 부분의 훼손·변색·건조 또는 침수(浸水)되거나 곰팡이의 확산, 잉크의 탈색·변색 등으로 기록내용의 판독에 상당한 지장을 초래하는 상태

*비고: 종이의 수소이온농도(pH)가 7.0 이상이면 중성용지이고, 그 미만이면 산성용지로 구분함
*출처: 「공공기록물 관리에 관한 법률」 시행령 [별표 3]

〈표 1-3〉 행정박물류의 상태검사 기준

종류	구분	분류기준
행정 박물	1등급	외양상 변화가 거의 없어 내용을 판독하는 데에 거의 지장이 없으며 형태가 온전한 상태
	2등급	파손·결실·변색이 부분적으로 약간 있으나 기록내용의 판독에는 지장이 없으며, 형태의 확인에는 거의 문제가 없는 상태
	3등급	훼손·변색·부식·건조 또는 침수되거나 곰팡이의 확산 등으로 기록 내용의 판독에 상당한 지장을 초래하거나 형태 손실이 상당부분 일어난 상태

*출처: 「공공기록물 관리에 관한 법률」 시행령 [별표 3]

〈표 1-4〉 시청각 기록물의 상태검사 기준

	종류	구분	구분기준
재질	오디오 및 비디오류	1등급	- 재기록이 불가능한 비접촉판독식 광디스크
		2등급	- 디지털형 접촉판독식 테이프 및 플라스틱 재질의 음반
		3등급	- 아날로그형 접촉판독식 테이프
	영화 필름 및 일반 사진 · 필름류	1등급	- 폴리에틸렌·폴리에스테르를 기본재료로 한 흑백의 영화 필름 및 사진 필름 - 인화용지를 기본재료로 한 흑백의 사진
		2등급	- 폴리에틸렌·폴리에스테르를 기본재료로 한 천연색 영화 필름 및 사진 필름 - 인화용지를 기본재료로 한 천연색 사진
		3등급	- 셀룰로스아세테이트·질산염 또는 유리를 기본재료로 한 필름
	종류	구분	구분기준
훼손도	시청각 기록물	1등급	- 외형적인 훼손이나 오염의 흔적이 거의 없으며 - 내용 및 음성이 온전한 상태
		2등급	- 외형적인 훼손이나 오염이 발견되나 내용 및 음성 확인에는 거의 문제가 없는 상태
		3등급	- 외형적 훼손이나 오염이 심하며 내용 및 음성 확인이 불가능한 부분이 있는 경우 - 외형적 훼손이나 오염은 없으나 내용 및 음성 확인이 불가능한 부분이 있는 경우

*출처: 「공공기록물 관리에 관한 법률」 시행령 [별표 3]

동법 시행규칙 제31조(보존기록물의 점검)는 보존기록물에 대한 점검 및 검사주기를 다음과 같이 규정한다.

구분		정수점검	상태검사
종이 기록물	상태검사 1등급	2년	30년
	상태검사 2등급	2년	15년
	상태검사 3등급	2년	10년
시청각 기록물	영화필름	2년	2년
	오디오 · 비디오	2년	3년
	사진 · 필름	2년	10년
전자기록물	보존매체	2년	5년
행정박물	금속, 석재, 플라스틱 재질	2년	30년
	종이, 목재, 섬유재질	2년	10년

*출처: 「공공기록물 관리에 관한 법률」 시행규칙 [별표 14]

◼ 보존시설 · 장비

「공공기록물 관리에 관한 법률」 제28조(기록물관리기관의 시설 · 장비)는 중앙기록물 관리기관의 장이 기록물의 체계적 관리, 안전한 보존 및 효율적 활용을 위하여 대통령령으로 정하는 바에 따라 기록물관리기관별 시설 · 장비 기준을 정하여야 함을 규정한다. 또한 기록물관리기관의 장이 제1항에 따른 시설 · 장비 기준을 준수하여야 함을 규정한다. 동법 시행령 제60조(기록물관리기관의 보존시설 · 장비 및 환경기준)은 기록물관리기관별 시설 · 장비 및 환경기준을 다음과 같이 규정한다.

〈표 1-6〉 영구기록물 관리기관의 시설 · 장비 및 환경기준

구분		종이 기록물	시청각 기록물	전자 기록물	행정 박물
1. 서고 면적	고정식	1만권당 99m²	오디오 1만개당 25m² 비디오 1만개당 45m² 사진필름앨범 1만권 145m² 영화필름 1천캔당 30m²	보존대상량 실소요공간	
	이동식	고정식 면적의 40~60%			
2. 사무공간 면적	작업실	근무인원 1명당 7m²(장비공간 별도)			
	열람실	근무인원 및 열람좌석 1명당 7m²(특수매체 열람공간 별도)			
3. 시설 · 장비	공기조화 설비	항온 · 항습설비, 환경적응장비(시청각 기록물에 한정한다)			
	온 · 습도계	서고당 1대			
	소화 설비	자동소화시설(서고는 가스식 자동소화시설)			
	보안 장비	폐쇄회로 감시장치			
	탈산 · 소독 장비	설치			
	복원 · 시청각 장비	설치			
	매체수록 장비	설치(전자매체, 마이크로필름 수록 장비)			
4. 보존환경	온도(℃)	20±2℃	필름매체류: 0±2℃ 자기매체류: 15±2℃	20±2℃	
	습도(%)	50±5%	필름매체류: 30±5% 자기매체류: 40±5%	40±5%	50±5%
	공기질	미세먼지(PM-10): 50$\mu g/m^3$ 이산화황(SO2): 0.05ppm 이하 산화질소(NOx): 0.05ppm 이하 포름알데히드(HCHO): 120$\mu g/m^3$ 휘발성유기화합물(VOC): 400 $\mu g/m^3$			
	조명	보존서고 100~300럭스(자외선 차단등 설치) 전시관 50~200럭스(전시관을 운영하는 경우 원본전시 기준)			

*비고: 1. 흑백 사진필름, 마이크로필름은 자기매체류의 온 · 습도의 기준에 따른다.
    2. 탈산(脫酸: 산성 제거) · 소독 장비, 복원 · 시청각 장비, 매체수록 장비는 업무처리량, 보존기록물 종류 등을 고려하여 민간용역으로 처리하는 경우에는 이를 설치하지 않을 수 있다.
*출처: 「공공기록물 관리에 관한 법률」 시행령 [별표 6]

<표 1-7> 특수기록관의 시설 · 장비 및 환경기준

구분		종이 기록물	시청각 기록물	전자 기록물	행정 박물
1. 서고면적	고정식	1만권당 99m²	오디오 1만개당 25m² 비디오 1만개당 45m² 사진필름앨범 1만권 145m² 영화필름 1천캔당 30m²	보존대상량 실소요공간	
	이동식	고정식 면적의 40~60%			
2. 사무공간 면적	작업실	근무인원 1명당 7m²(장비공간 별도)			
	열람실	근무인원 및 열람좌석 1명당 7m²(특수매체 열람공간 별도)			
3. 시설 · 장비	공기조화 설비	항온 · 항습 설비			
	온 · 습도계	서고당 1대			
	소화 설비	자동소화시설(서고는 가스식 자동소화시설)			
	보안 장비	폐쇄회로 감시장치			
	소독 장비	설치			
	매체수록 장비	설치(전자매체 · 마이크로필름 수록 장비)			
4. 보존환경	온도(℃)	20±2℃	필름매체류: 0±2℃ 자기매체류: 15±2℃	20±2℃	20±2℃
	습도(%)	50±5%	필름매체류: 30±5% 자기매체류: 40±5%	40±5%	50±5%
	조명	서고 100~300럭스(자외선 차단등 설치) 전시관 50~200럭스(전시관을 운영하는 경우 원본전시 기준)			

*비고: 1. 흑백 사진필름, 마이크로필름은 자기매체류의 온 · 습도의 기준에 따른다.
　　　2. 소독 장비, 매체수록 장비는 업무처리량, 보존기록물 종류 등을 고려하여 민간용역으로 처리하는 경우에는 이를 설치하지 않을 수 있다.
　　　3. 시청각 기록물의 경우 관리대상이 소량일 경우, 별도의 공간을 확보하지 않고 저온함 등을 활용하여 관리 할 수 있다.
*출처: 「공공기록물 관리에 관한 법률」 시행령 [별표 6]

〈표 1-8〉 기록관의 시설 · 장비 및 환경기준

구분		종이 기록물	전자 기록물
1. 서고면적	고정식	1만권당 99m²	보존대상량 실소요공간
	이동식	고정식 면적의 40~60%	
2. 사무 공간 면적	작업실	근무인원 1명당 7m²(장비공간 별도)	
	열람실	근무인원 및 열람좌석 1명당 7m², (특수매체 열람공간 별도)	
3. 시설 · 장비	공기조화 설비	항온 · 항습 설비	
	온 · 습도계	서고당 1대	
	소화 설비	가스식 휴대형 소화기	
	보안 장비	이중 잠금장치 설치	
	매체수록 장비	설치(전자매체 · 마이크로필름 수록 장비)	
4. 보존환경	온도(℃)	20±2℃	20±2℃
	습도(%)	50±5%	40±5%
	조명	서고 100~300럭스(자외선 차단등 설치) 전시관 50~200럭스(전시관을 운영하는 경우 원본전시 기준)	

* 비고: 매체수록 장비는 업무처리량, 보존기록물 종류 등을 고려하여 민간용역으로 처리하는 경우에는
이를 설치하지 않을 수 있다.
*출처: 「공공기록물 관리에 관한 법률」 시행령 [별표 6]

■ 보존매체

「공공기록물 관리에 관한 법률」 제29조(기록매체 및 용품 등)는 기록물관리
기관이 기록물을 마이크로필름 또는 전자매체에 수록하여 관리할 때에는 중앙
기록물 관리기관과 상호 유통 및 활용이 가능하도록 중앙기록물 관리기관에서
정하는 기준에 따라 관리하여야 한다고 규정한다. 기록물관리에 사용되는 보존
매체의 종류와 규격은 다음과 같다.

〈표 1-9〉 보존매체의 종류와 규격

종 류	마이크로필름	전자매체
규 격	한국산업규격(KS)을 충족하는 안전필름	다음 각 호의 어느 하나의 규격을 충족하는 매체 1. 한국산업규격(KS) 2. 국제표준화기구(ISO) 또는 국제전기표준회의(IEC)가 정한 규격 3. 그 밖에 중앙기록물 관리기관의 장이 정하는 규격

*출처: 「공공기록물 관리에 관한 법률」 시행규칙 [별표 11]

■ 기록물의 편철 · 정리

「공공기록물 관리에 관한 법률」 제18조(기록물의 등록 · 분류 · 편철 등)는 공공기관은 업무수행 과정에서 기록물을 생산하거나 접수하였을 때에는 그 기록물의 등록 · 분류 · 편철 등에 필요한 조치를 하여야 한다고 규정하고 있다. 동법 시행령 제23조(편철 및 관리)와 제24조(기록물이 정리)의 주요 사항을 정리하면 다음과 같다.

- 공공기관은 업무수행과정이 반영되도록 단위과제의 범위 안에서 1개 이상의 기록물철을 만들어 해당 기록물을 편철하여야 한다.
- 공공기관이 기록물철을 작성한 경우에는 전자기록생산시스템으로 기록물철 분류번호를 부여하고 그 기록물철에 이를 표기하여야 하며, 중앙기록물 관리기관의 장이 정하는 등록정보를 생산 · 관리하여야 한다. 다만, 2권 이상으로 분철된 기록물철은 기록물철의 분류번호 중 기록물철 식별번호 다음에 괄호를 하고 괄호 안에 권 호수를 기입한다.
- 기록물철의 분류번호는 시스템 구분, 처리과 기관코드, 단위과제 식별번호 및 기록물철 식별번호로 구성한다.

- 공공기관은 기록물의 정리를 위해 매년 2월말까지 전년도에 생산을 완결한 기록물에 대하여 공개여부 · 접근권한 재분류, 분류 · 편철 확정 등을 하여야 한다.
- 기록물 정리 결과는 기록물 및 기록물철 등록정보에 반영하여야 한다.

동법 시행규칙 제9조(일반문서류의 편철 및 관리), 제10조(카드류의 편철 및 관리), 제11조(도면류의 편철 및 관리), 제12조(사진 · 필름류의 편철 및 관리)의 주요 사항을 정리하면 다음과 같다.

일반문서류의 편철 및 관리는
- 처리과에서 업무가 진행중에 있거나 또는 업무에 활용 중인 일반문서류는 발생순서 또는 논리적 순서에 따라 끼워 넣어 관리한다.
- 편철 시 기록물철의 맨 위에는 '기록물철 표지'([별표 2] 참고)를 놓고, 그 다음에는 '색인목록'([별지 제1호서식] 참고)을 놓은 다음 문서를 순서대로 배열하는 방법으로 편철한다.
- 기록물철당 편철량은 100매 이내로 함을 원칙으로 하되, 편철하여야 할 기록물의 양이 지나치게 많은 경우에는 2권 이상으로 나누어 편철하고, 각 기록물철에는 동일한 제목과 분류번호를 부여하고 괄호 안에 권 호수만 다르게 표시하여야 한다.
- 처리완결된 일반문서류는 '보존용 표지'([별표 4] 참고)를 추가로 씌워 편철용 클립 또는 집게로 고정시킨 후 '보존 상자'([별표 5] 참고)에 단위과제별로 넣어 관리한다.
- 보존 상자의 측면에는 '보존 상자 표지'([별표 6] 참고)를 붙여야 한다.

카드류의 편철 및 관리는
- 처리과에서 비치활용기간이 종료될 때까지 편철하지 않은 상태로 카드보관

함에 넣어 관리한다.

- 비치활용이 끝난 카드류는 카드류 '보존 봉투'([별표 7] 참고)에 넣어 편철한 후 이를 보존 상자에 넣어 관리한다.
- 보존 봉투에 넣어 편철하는 경우에는 각 보존 봉투의 맨 위에는 별지 색인 목록을 놓고 그 목록순서에 따라 카드를 배열하여야 하며, 보존 봉투당 카드의 편철량은 30건 이내로 함을 원칙으로 한다.

도면류의 편철 및 관리는

- 기록물철 단위로 도면류 '보존 봉투'([별표 8] 참고)에 편 상태로 넣어 관리한다.
- 편철하는 경우에는 맨 위에는 색인목록을 놓고 그 목록순서에 따라 도면을 배열하여야 하며, 보존 봉투당 도면의 편철량은 30매 이내로 함을 원칙으로 한다.
- 편철된 도면류의 보존 봉투는 도면보관함에 편 상태로 눕혀서 관리한다.

사진·필름류의 편철 및 관리는

- 기록물철 단위로 그 사진·필름의 규격에 적합한 사진·필름류 '보존 봉투'([별표 9] 참고)에 넣어 편철한 후 보존 상자에 넣어 관리한다.
- 편철하는 경우에는 맨 위에는 색인목록을 놓고 그 목록순서에 따라 기록물을 배열하여야 한다.

또한 동법 시행규칙 제14조(기록물의 정리)의 주요 내용을 정리하면 다음과 같다.

- 전자기록생산시스템에 등록되지 않은 기록물이 있는지 여부를 확인하여 누락기록물을 추가로 등록한다.

- 등록정보와 실제 기록물 상태가 일치되는지 여부를 확인하여 미비 사항을 보완한다.
- 접근권한, 공개여부, 비밀여부를 확인하여 해당 항목의 변경이 필요한 경우에는 등록정보를 수정한다.
- 생산등록번호 또는 접수등록번호가 표시되지 않은 기록물이 있는지 여부를 확인하여 누락된 기록물의 생산등록번호 또는 접수등록번호를 표기한다.
- 전자적 형태로 생산되지 않은 기록물의 경우 등록정보상의 쪽수와 실제 기록물의 쪽수가 일치되는지 여부를 확인한 후 기록물철 단위의 면 표시를 최종적으로 확정·표기한다.
- 기록물철을 생산연도별·보존기간별로 구분하여 보존 상자에 담는다. 이 경우 생산연도는 그 기록물철의 종료 연도를 기준으로 한다.
- 비치활용이 종료된 카드류를 보존 봉투에 담아 이관할 수 있도록 편철·정리한다.

2. 보존처리 및 복원 규정

■ 보존처리

「공공기록물 관리에 관한 법률」 시행규칙 제30조(기록물의 보존처리)는 기록물의 소독, 탈산처리 및 매체변환에 관한 사항을 규정하고 있다. 주요 내용은 다음과 같다.

- 보존기간이 30년 이상인 기록물은 미생물과 해충에 의하여 손상이 발생되지 않도록 서고에 입고하기 전에 소독을 실시하여야 한다.
- 그럼에도 불구하고, 기록물관리기관의 장은 기록물의 보존상태 및 보존환경

등을 점검하여 그 결과에 따라 소독 제외 대상 기록물을 선별할 수 있다.
- 보존기간이 30년 이상인 종이류 기록물 중 산성화 정도가 수소이온농도 (pH) 6.5 이하인 기록물은 탈산(脫酸: 산성 제거)처리를 해야 한다.
- 시청각 기록물 및 행정박물은 안전한 보존 및 활용을 위하여 매체변환, 매체수록 등 필요한 조치를 취하여야 한다.
- 기록물관리기관의 장은 상기한 보존처리를 행하는 경우 '기록물 보존처리서'([별지 제6호서식] 참고)를 작성하여야 한다.

■ 보존 · 복원 기술

「공공기록물 관리에 관한 법률」 제30조의2(보존 · 복원 기술의 연구개발)는 중앙기록물 관리기관의 장이 기록물의 과학적이고 체계적인 보존 및 복원기술의 개발과 개발된 기술의 확산을 위하여 노력해야 함을 규정한다. 이와 관련해서 동법 시행령 제51조(영구기록물 관리기관의 기록물 복원)는 다음의 사항을 규정한다.

- 영구기록물 관리기관의 장은 '기록물의 상태검사 기준'에 따라 훼손 정도가 3등급으로 판정된 기록물 중 사료적 또는 증빙적 가치가 높다고 인정되는 기록물에 대하여는 복원을 시행하여야 한다.
- 기록물을 복원하는 경우에는 기록물의 변형을 최소화할 수 있도록 필요한 조치를 강구하여야 한다.

1. 「공공기록물 관리에 관한 법률」에서 규정하는 '중요 기록물의 이중보존 원칙'을 설명하시오.

2. 「공공기록물 관리에 관한 법률」에서 규정하는 보존매체의 종류에 대해 나열하시오.

3. 「공공기록물 관리에 관한 법률」은 기록물 중 전자적 형태로 생산되지 아니한 기록물에 대해 원본과 보존매체를 함께 보존하는 방법, 원본을 그대로 보존하는 방법, 원본은 폐기하고 보존매체만 보존하는 방법 중 어느 하나의 방법으로 보존해야 함을 규정하고 있다. 이중 원본과 보존매체를 함께 보존해야 하는 대상기록물의 종류를 나열하시오.

4. 「공공기록물 관리에 관한 법률」 시행령 제30조는 '보존 장소'에 대해 규정하고 있다. 보존기간이 30년 이상인 기록물은 관할 영구기록물 관리기관으로 이관하여 보존해야 함을 규정하고 있다. 몇 가지 예외 조항의 경우 기록물은 기록관 또는 특수기록관에서 보존할 수 있다고 규정한다. 몇 가지 예외조항을 나열하시오.

2 장

보존계획

이 장에서는 다음과 같은 내용에 대해 살펴본다.

기록관리기관은 보존계획을 구체적으로 수립하기 전에, 그 목적 및 기본 전제, 보존 목표와 보존 인력, 보존예산 등을 먼저 정의하고 결정해야 한다. 각 영역을 합리적으로 확정하기 위해 요구되는 필요한 지식을 제공함으로써 보존계획 수립의 효과를 최대화한다.

체계적인 보존계획 수립을 위해 절차별로 상세 이행방안을 설계한다. 우선 예비조사는 기관 차원의 보존 상태조사와 컬렉션 차원의 보존수요를 조사하고, 다음으로 우선순위는 재질의 안정성과 훼손도, 이용 수준 및 유형, 가치에 근거하여 선정한다. 이후 본격적으로 보존계획을 수립할 때에는 기본계획과 중장기계획으로 범주화하여 체계적으로 접근하고 일반적인 조치뿐만 아니라 구체적인 조치를 마련한다. 최종적으로 보존계획에 대한 평가를 실행한다.

■ 보존계획 수립 전 고려해야 할 영역 정의 및 각 영역별 주요 사항 정리
■ 보존계획 수립 절차별 필요 지식 습득

1. 보존계획 수립의 전제

■ 보존계획 수립의 중요성

보존계획을 세우는 일은 영구보존 기록물을 잘 관리하기 위한 필수적인 업무이다. 본래 예방적인 성격을 지니는 보존 업무는 사후 손상을 복구하는 데 자원과 시간을 들이는 것보다는 평상시에 기록물을 제대로 통제하는 편이 낫다. 예방적 보존 조치에 집중하기 위해선 적절한 환경적, 물리적 통제를 구축하는 것이 중요한데 이를 위해선 무엇보다도 체계적인 보존계획의 수립이 필요하다.

■ 보존계획 수립 시 고려사항

보존계획을 수립할 때, 특정 기록물에 대한 수리·복원처리에 관심을 집중하기보다는 전체 기록물의 예방적인 보존, 그리고 적절한 환경적·물리적 통제를 확보하는 것에 중점을 두는 것이 중요하다. 기록관리자가 보존계획의 수립을 통해 최대의 이익을 성취하기 위해선 개별 기록물의 관리보다는 기록관 차원에서 전체 기록물에 대해서 긍정적인 영향을 가지는 행위에 중점을 두어야 한다. 또한 보존계획은 여타 기관의 조직적 요구사항과 조화를 이룰 필요가 있다. 기록관리자는 기록물에 대한 보존 작업이 기관업무의 전체적인 기획 과정 내에서 고려될 수 있도록 하고, 원본 기록물 취급 시 주의사항 등 보존 업무 전반에 관한 세부적인 지침을 마련해야 한다.

2. 보존 목표 및 보존 인력

■ 보존 목표

보존계획을 수립하는데 있어 기관의 보존 목표를 명확히 설정하는 것은 중요한 출발점이다. 보존 목표는 먼저 재정적인 차원(저비용, 중간비용, 고비용 등)과 시간적인 차원(단기, 중기, 그리고 장기)을 범주화해서 설정하는 것이 유용하다. 보존 목표가 기관의 정책뿐만 아니라 재정과 관련되기 때문에 기록관리자는 기관의 기록업무 담당자, 주요 행정업무직원, 그리고 간부 등의 합의를 구해야 한다. 이 경우 기관의 사명과 연계된 보존 목표 설정은 기관 전체의 합의 구현에 용이하다. 그러므로 기록관리자는 보존 목표를 설정할 때, 기관의 사명이나 비전을 담은 문서를 반드시 검토하여야 한다(Mary Lynn Ritzenthaler 2010, 18-21).

■ 보존 인력

기관의 모든 직원이 사실상 보존 인력으로 보존에 대한 책임을 지닌다. 직원에 대한 모든 직무기술서에는 직무수행에 있어 기록물이 보존 규정 속에서 다루어져야 함을 명시해야 한다. 또한 기관은 보존계획의 수립 및 업무수행을 전담할 보존담당자를 임명해야 한다. 보존담당자의 임명은(정규직이든 파트-타임직이든 간에) 적어도 한 명의 직원에게 주요 보존책임을 할당한다는 의미에서 중요하다. 새로운 직원을 임명하든 아니면 기존의 기록관리자에게 직무를 부가하든

간에 보존은 반드시 한 명의 직원의 공식적인 업무로 규정되어야 한다.

기록관의 크기와 조직에 따라 보존 업무의 행정 점유율은 차이가 난다. 기관이 클 경우, 보존 관리부서가 여러 명의 직원을 고용하면서 운영되지만 작은 기관의 경우에는 파트-타임 보존담당자가 더 현실적일 수 있다. 보존담당자는 기관의 기록보존 정책의 본질 및 취지를 충분히 이해하고 기록물의 물리적 보존 실무에 어느 정도 숙련되어야 한다. 그리고 기관 전체의 범위에서 기록물 보존을 위한 합의와 협력을 이끌고, 보존에 있어 발전적 변화를 모색해야 한다. 이를 위해 보존담당자는 보존 관련 정보를 모으고, 기록관의 시설 및 환경을 평가한 뒤 보존계획의 수립을 시작해야 한다. 보존담당자가 기본적으로 수행해야 하는 보존 임무는 다음과 같다(Mary Lynn Ritzenthaler 2010, 14-17).

- 정책적 차원에서 전체 기록물을 대상으로 상태검사를 통해 예방적인 보존 조치를 수립한다.
- 기관 내 모든 보존 관련 업무를 조정하고 지도한다. 보안, 시설·장비 및 유지보수 등을 담당하는 직원들과 협업하고 소통한다.
- 기관 내 모든 보존 관행들을 모니터링한다.
- 보존 업무를 수행하는 외부 기관과 인적 네트워크를 발전시킨다.
- 온도, 상대습도 등 보존 환경을 통제한다.
- "보존 위험 평가(Preservation Risk Assessment)" 도구를 개발하고 이를 적용한다.
- 보안 프로그램을 실행한다.
- 비상대책프로그램을 기획하고 이행한다.
- 보존 관련 업무를 직원들에게 교육한다.
- 제조업자와 공급자들의 카달로그를 활용해서 보존 용품의 품질을 지속적으로 업데이트한다.

직원 교육은 보존담당자의 지속적인 책임이다. 보존담당자는 모든 직원들이 기록물 보존과 관련된 철학, 관행, 기술을 인식할 수 있도록 고위 관리직에서부터 인턴, 자원봉사자에 이르기까지 모든 직급의 직원들에게 교육과 훈련, 오리엔테이션을 실시하여야 한다. 지속적인 직원 교육 메커니즘을 위해 보존 매뉴얼의 개발과 보존 정책문의 수립은 중요하며, 특히 '해야 할 것'과 '하지 말아야 할 것'의 목록을 개발해서 공유하는 것은 효과적이다. 직원들이 능동적으로 보존에 참여하도록 독려할 수 있는 다양한 방법들을 개발하는 것 역시 중요하다. 예를 들면, 문제해결 세션(problem solution session)을 운용한다든지, 시청각이나 온라인 매체를 활용해서 교육 도구를 개발하는 것은 직원들이 보존에 관심을 가지도록 하는데 도움이 되며 교육적인 효과도 높일 수 있다.

학문적으로 교육받고 실무 경험이 있는 보존담당자를 고용하면 좋지만, 이것이 현실적으로 가능하지 않다면, 기관은 보존담당자로 지정된 사람에게 적절한 교육과 훈련 기회를 제공해야 한다. 어느 경우에든, 보존담당자가 보존에 관한 연구 및 조사를 계속 수행하여 발전적으로 성장할 수 있도록 지원하는 것은 중요하다. 보존담당자가 지역적·국가적인 차원에서 운용되는 보존전문가를 위한 교육 세미나 등에 참여하는 것은 좋은 방법이다. 또한 체계적인 보존계획을 수립한 기관에 대한 견학은 가치있는 교육 경험의 기회를 제공할 것이다.

3. 보존예산 책정

■ 보존예산 책정 시 고려사항

보존 업무에 배정하는 예산은 기록물 보존의 수량, 보존의 수요, 보존 업무를 (전적으로 또는 부분적으로) 담당하는 직원의 수 등에 따라 다르게 책정되며,

보존장비 및 용품, 그리고 보존 서비스 비용이 포함된다. 즉 보존예산은 보존 인력, 보존 공간, 보존 장비 및 용품, 보존 서비스 등의 범주에 예산이 얼마나 필요한 지를 계산한다.

대부분의 기록관리기관이 보존예산을 제대로 책정하지 않는 것으로 알려져 있다. 기록관리기관의 약 1/3이 보존예산을 전혀 책정하지 않고 있고, 예산이 책정된 경우에도 그 예산액이 상당히 적은 것이 현실이다. 예산의 부족은 모든 보존 관련 이슈의 핵심이다. 적정한 보존예산은 기록관리기관의 전체 예산 중 약 10~15% 정도를 보존예산으로 책정하는 것이다. 보존에 책정된 예산은 보존 관련 프로그램이 안정적으로 정착할 때까지 매년 증가해야 한다. 보존담당자는 보존 목표를 설정하고 이를 성공적으로 달성한 경우 이 사례들을 문서화해서 관리자, 직원 및 다른 고위급 관료들에게 보고해야 한다. 보존예산 책정을 통해 수행된 보존 프로그램의 성공사례는 고위 관리자들로부터 지속적이고 확장된 예산 지원을 얻을 수 있는 계기를 제공할 수 있다. 보존담당자는 또한 외부의 보존 기금들을 적극 찾아 나서야 한다. 예산 책정 없이는 보존을 기획하고 우선 순위를 정하고 직원을 고용하는 일 자체가 불가능하기 때문이다.

보존예산이 책정되고 나면, 보존담당자는 적절한 보존 업무에 예산을 할당해 야 한다. 예산 배정의 초점은 가장 기본적인 보존 업무, 즉 기록물을 안전하게 유지·보존하고 열람 서비스(reference service)를 제공하는데 필요한 복사, 매체 전환 등에 관련된 비용에 두어야 하며, 보존시설 및 장비 비용을 비롯해서 인건 비도 포함된다(Mary Lynn Ritzenthaler 2010, 37-41).

■ 보존예산의 요소

보존예산은 매년 보존계획에 따라 다르게 책정된다. 보존예산의 요소 중 일부는 지속적으로 되풀이되는 지출인 반면, 일부는 일회적이거나 주기적인 지출이다. 보 존예산에 반영되는 구체적 요소는 다음과 같다(Mary Lynn Ritzenthaler 2010, 40).

- 물리적 장비(HVAC 시스템, 모니터링 장비, UV 필터 등) 비용
- 보존담당자의 급여와 복지 혜택
- 직원 교육비용
- 보존 용품 구입비
- 비상용품 구입 및 비상대책 (관련) 계약 비용
- 보존 관련 출판물 및 기술표준 구입비
- 사본 제작 및 매체전환 비용
- 보존처리(소독 및 탈산) 비용 등

1. 보존계획 수립 시 고려사항을 세 가지 이상 기술하라.

2. 보존담당자는 직원들이 기록물 보존과 관련된 철학, 관행, 기술을 인식할 수 있도록 모든 직급의 직원들에게 교육과 훈련, 오리엔테이션을 실시하여야 한다. 지속적인 직원 교육 메커니즘을 위해 보존담당자가 할 수 있는 효과적인 방법으로 어떤 것이 있을까? 세 가지 이상 나열하시오.

3. 적정한 보존예산은 전체 기록관 예산 중 몇 %인가?

4. 보존예산에 반영되어야 하는 요소들을 빠짐없이 열거하시오.

1. 예비조사

■ 예비조사의 목적

예비조사는 보존 업무에 필요한 일들을 확정하고, 보존계획의 우선순위를 수립하기 위하여 보존 관련 시설 및 프로그램과 자료를 검토하는 업무를 말한다. 예비조사를 통해 현재 기관의 물리적 환경과 기록물의 상태를 파악하고, 처리과나 기록관의 상황을 모니터링하여 기록보존의 문제점을 보완하는 구체적인 계획을 수립할 수 있다.

예비조사를 바탕으로 기관의 기록보존의 현황과 관행을 점검한 후, 보존계획의 우선순위를 결정한다. 정보를 모으고 분석하는 동안, 보존담당자는 정기적인 보고를 통해 관리자와 다른 직원들에게 예비조사의 진행 과정을 알리고 보존계획과 다른 기록관리 기능을 통합하는 것의 중요성을 알려야 한다. 최종적으로는 예비조사에서 드러난 보존의 문제점을 찾아내고 문제점에 대한 해결방안을 제시한다. 예비조사는 크게 두 가지 방법, 즉 기관 차원의 보존상태조사와 컬렉션 차원의 보존수요평가를 통해 수행된다.

■ 기관 차원의 보존상태조사

기관 차원의 보존상태조사는 기관의 정책, 건물과 시설·장비, 직원, 보존정책과 계획 등 네 가지 넓은 범주로 나누어 실시한다. 다음과 같은 질문은 기관의 보존상태조사를 위한 유용한 출발점을 제공할 것이다. 먼저 기관의 정책에 대해서는 다음과 같은 질문이 유용하다(Mary Lynn Ritzenthaler 2010, 21).

- 명시화된 기관의 사명에 보존이 언급되었는가?
- 기관의 사명에 보존과 관련된 목표가 포함되어 있는가?
- 기관 예산의 몇 %를 보존에 배정하는가? 이 범주에 포함되는 구체적인 보존 항목은 무엇인가?

건물과 시설·장비에 대한 보존상태조사는 다음의 질문들이 유용하다.
- 기록물이 보관되고, 이용되고, 전시되는 구역의 환경 상태는 어떠한가?
- 환경 상태는 모니터링되고 기록되는가?
- 누수 및 홍수와 같이 지속적으로 재발생하는 문제가 있는가?
- 해충이나 다른 병충해와 관련된 문제가 발생하는가?
- 어떤 보안 조치(시스템)를 취하는가?
- 화재 감지나 경고, 진압 장치가 설치되어 있는가?
- 누수 감지 시스템이 설치되어 있는가?
- 모든 시스템이 제대로 작동하는가?
- 시스템을 매년 정기적으로 점검하는가?

직원에 대해서는 다음과 같은 질문들이 고려될 수 있다.
- 직원이 기록물의 보존과 관련해서 자신의 역할과 책무를 인식하는가?
- 기관이 전문성을 가진 보존담당자 및 보존처리전문가를 고용하고 있는가?
- 직원들과 자원봉사자들이 기록물의 취급, 이용 및 보존에 적합한 방법을 교육받는가?
- 직원의 몇 %가, 일주일에 몇 시간을 보존 업무에 할당되는가?

마지막으로, 보존정책과 계획에 대해서는 다음과 같은 질문이 고려될 수 있다.

- 기관이 정기적으로 평가·업데이트하는 비상대책계획을 가지고 있는가?
- 직원들이 정기적으로 비상대책계획을 잘 이해하고 수행하는가?
- 이용자들의 열람이 모니터링되는가? 이용자들이 기록물을 취급하는 안전한 방법에 대해 지도를 받는가?
- 원본 기록물이 전시되는가?
- 기록물에 대한 매체전환과 복제 서비스가 가능한가? 이러한 것이 내부적으로 또는 외부 계약을 통해 수행되는가? 이러한 서비스가 어떻게 평가되는가?
- 기록물에 대해 보존처리가 행해지는가? 보존처리가 내부적으로 또는 외부 계약을 통해 수행되는가? 보존처리가 어떻게 평가되는가?

보존담당자는 이러한 질문들에 답변하기 위해 기관의 행정지침이나 보존정책, 기록물의 보관 및 취급에 관한 지침이나 매뉴얼, 환경 상태를 파악할 수 있는 정보, 직무기술서, 비상대책계획, 보존 서비스 계약서, 보존 지출을 위한 예산 자료 등을 수집·분석해야 한다. 이때 다른 기록관리기관으로부터 관련 정보와 계획서를 수집하는 것도 도움이 된다. 타 기관의 정보는 보존담당자가 기관의 부족하고 개선이 필요한 보존 영역뿐만 아니라 보존 관행을 비교·분석하는데 유용하다.

기관이 스스로 보존상태조사를 수행할 수도 있지만, 외부 기관에 의뢰할 수도 있다. 일부 영역은 전문성을 요구하거나 복잡해서 외부 전문가의 도움이 필요하다. 그럼에도 불구하고, 보존책임을 가지고 지속적인 노력을 경주해야 하는 것은 당해 기관과 보존담당자임을 명심해야 한다.

■ 컬렉션 차원의 보존수요조사

기관의 보존상태조사에 이어, 보존담당자는 소장 기록물의 보존상태, 매체전환 현황, 그리고 불안정한 기록물의 전반적인 상황을 파악해야 한다. 컬렉션 차원의 보존수요조사를 위해 일반적으로 다음과 같은 질문이 고려될 수 있다.

- 보존하고 있는 기록물과 매뉴스크립트의 성격은 무엇이며 범위와 규모는 어느 정도인가? 지배적인 시기, 매체, 포맷은 무엇인가?
- 컬렉션의 전반적인 보존상태는 어떠한가?
- 높은 가치를 가진 기록물과 이용 빈도가 높은 기록물에 대해 원본 대신 사본을 제공하는가?
- 불안정한 기록물(질산염·초산염 필름 등)을 파악했는가? 이러한 기록물에 대해 별도의 보존 조치를 취하고 있는가?
- 높은 가치를 지닌 기록물이 보안을 위해 별도로 분리되어 관리되는가?
- 기록물을 누가 어떤 목적에서 주로 이용하는가? 매년 기록물의 이용에 대한 정보가 수집·활용되는가?

컬렉션 차원의 보존수요조사는 10년 주기로 적절한 샘플링을 이용하여 수행할 수 있다. 이 경우, 샘플링을 통해 무작위로 선택된 기록물을 대상으로 보존위험평가를 실행한다. 보존위험평가는 기록물의 보존상태가 가지는 문제점과 개선 사항을 파악하기 위한 것으로, 일반적으로 기관은 기록물의 컬렉션이나 시리즈 수준에서 체크리스트를 개발해서 사용한다. 보존위험평가의 체크리스트에는 다음과 같은 항목들이 포함될 수 있다(Mary Lynn Ritzenthaler 2010, 26-30).

- 소장 기록물의 유형(포맷과 매체)
- 일반적 상태
- 열화·훼손의 증거
- 화학적 불안정성의 증거
- 보관의 수준과 적절성

- 보존용 사본이나 활용본의 유무
- (기록의) 가치
- 이용의 크기와 수준

보존위험평가는 기록물의 일반적인 상태검사뿐만 아니라 사본의 유무, 기록의 가치, 이용 빈도 등의 요소를 고려해서 판단한다. 보존위험평가는 보존 작업량을 수량화하고, 소장물 전반에 걸친 보존 문제의 유형을 발견할 수 있도록 한다. 또한 예산을 계획하고 비용−이익 분석을 지원하여 화학적으로 불안정한 기록물의 보존처리 결정에 대한 유용한 정보를 제공한다. 무엇보다도 즉시 처리되어야 할 것과 지속적인 처리가 필요한 기록물을 제시함으로써, 보존 조치에 있어 우선순위 선정의 토대가 된다.

2. 우선순위 선정

▣ 재질의 안정성과 훼손도

보존담당자는 보존위험평가에 기초하여 기록물의 보존 조치에 대한 우선순위를 정할 수 있다. 만약 보존 조치가 취해지지 않은 채 계속 기록물이 이용된다면 기록물의 정보적 가치가 손실되고 훼손되는가라는 질문은 유용할 수 있다.

기록물의 재질은 우선순위를 결정할 때 중요하게 고려되어야 하는 사항이다. 예를 들면, 재질이 화학적으로 안정적인 기록물인 경우 불안정한 기록물에 비해 보존 조치의 우선순위 대상이 아니다. 상대적으로 빠르게 열화하거나 다른 기록물에 나쁜 영향을 미치는 불안정한 필름은 냉동 보관하거나 정보가 소실되기 전에 복제를 해야 한다. 또한 젖어있거나 곰팡이 등에 오염된 기록물은 긴급

한 보존 조치를 필요로 하기 때문에 높은 우선순위를 차지한다.

　재질의 안정성은 매체별로 다르게 평가되어야 한다. 종이, 시청각 기록물, 그리고 전자기록물 모두 고유의 열화 경로와 보존 개입의 필요성을 가지고 있다. 재생장비의 노후화는 시청각 기록물에 보존 우선순위를 부여해야 하는 주요 원인이다. 기관별로 다양한 매체에 기반한 고유한 컬렉션을 가지고 있기 때문에 기관 고유의 재질 안정성에 대한 평가 기준들을 발전시켜 이를 우선순위 결정에 반영해야 한다.

■ 이용 수준 및 유형

　보존 조치의 우선순위를 정함에 있어 기록물 이용 수준 및 유형은 중요한 고려 사항이다. 예를 들어, 거의 이용되지 않는 기록들은 일반적으로 이용에 근거한 보존수요에 있어 우선순위를 차지하지 못한다. 모기관의 고위급 직원이나 타겟 이용자에 의해 자주 이용되는 기록물은 기관에 매우 중요한 기록물일 수 있고, 잦은 취급으로 인해 물리적 상태가 많이 훼손된 기록물은 보존 조치에 있어 높은 우선순위를 차지한다. 이용 수준 및 유형은 이용자의 기록열람신청서를 통해 파악이 가능하다. 매체 유형에 따라 이용이 미치는 영향은 다르게 정의할 필요가 있다. 필름 매체의 이용이 기록물에 미치는 영향은 종이 매체의 이용이 미치는 영향보다 크기 때문이다.

■ 가치

　보존담당자는 기록물을 다양한 관점에서 고려해서 가치를 부여해야 한다. 무엇보다도 '내재적 가치'를 지니는 기록물은 원본을 그대로 유지해야 하며 이 중 이용이 많은 기록물은 훼손으로부터 원본을 보호하기 위해 사본 제작에 있어 우선순위를 차지한다.

수명(age)은 오래된 기록물이 희귀하다는 측면에서 기록물 가치의 또 다른 기준이 된다. 조직이나 기관의 설립에 관련된 오랜 역사적 기록물, 즉 헌장, 창립자에 관한 문서 등은 일반적으로 높은 가치를 지녀 기관의 역사기록물 수집의 초점이 된다. 기관은 기록물의 (상대적인) 가치를 정의하기 위해 합의된 기준을 수립할 필요가 있다.

대부분의 기록관리기관은 수집정책이 정립되기 전에 또는 기록관이 새롭게 건립되었을 때 기존에 획득한 기록물들을 이미 많이 보관하고 있다. 시간이 지남에 따라 수집정책이 새롭게 정립되고, 보관 공간은 점차 줄어드는 상황 속에서 이전에 수집한 기록물은 현재의 가치 기준을 충족하지 못하는 경우가 발생한다. 그럼에도 불구하고 기록물을 처분하는 것의 어려움으로 직원이나 연구자에게 사용되지 않은 채 부족한 공간을 차지하면서 남아있다. 이러한 기록물의 가치는 극히 제한적이기 때문에 능동적인 보존 개입 대신, 환경적 통제와 보안 그리고 화재 감지와 진압의 최소한의 요구사항을 충족하는 오프－사이트 저장소에 보관하는 것이 바람직하다(Mary Lynn Ritzenthaler 2010, 32-33).

이처럼 재질의 안정성과 훼손도, 이용의 정도와 유형, 가치 등은 기관이 기록물의 보존 우선순위를 결정할 때 고려해야 할 중요한 요소이다. 기록물의 보존 우선순위를 정하는 것만큼 기존의 인프라를 포함한 환경조건을 모니터링하고, 개선을 필요로 하는 부분을 반영하여 환경의 보존 우선순위를 결정하는 것 역시 중요하다. 현실적으로 환경 인프라의 개선은 비용이 많이 들고 시일이 오래 걸린다. 그러나 서고에 온·습도 측정기를 설치하고 조명에 자외선 차단 필터를 씌우는 것 등은 적은 비용으로 안정적인 보존 환경을 구축할 수 있는 좋은 방법이다. 마지막으로 보존시설의 보수 및 용품의 구입에 있어서도 우선순위를 정해서 이를 보존계획에 반영할 수 있다(Mary Lynn Ritzenthaler 2010, 34-35).

기록의 물리적 특성에서 비롯되는 것으로, 내용과는 독립적으로 기록의 원형에 내재되어 있는 가치를 말한다. 기록물의 형태, 레이아웃, 재료로 인해 부여될 수 있고, 기록 원형 그대로를 보존해야하는 근거가 된다. 내재적 가치는 재생산을 하게 되면 진본 여부를 따지기 매우 힘들어지기 때문에, 원본(형)을 그대로 유지해서 무결성을 확보한다.

3. 보존계획 정립

■ 보존정책(문) 개발

보존정책은 보존에 대한 기관의 목표와 우선순위를 명확히 하고, 기관의 거시적인 차원의 사명, 비전 및 목표와 연계(반영)해서 개발하여야 한다. 다음 〈표 2-1〉은 기록관의 보존정책(문)을 예시한 것이다.

〈표 2-1〉 보존정책(문)의 예시

기관 소개

본 기록관은 1960년 설립 이래 오늘날에 이르기까지 ○○ 지역의 모든 생활상을 기록한 1,000만 개 이상의 기록물을 보유하고 있다. 이 보존정책은 기록들이 최적의 물리적 상태 아래 보존되어, 최대한 오래 존재하고, 이용가능한 상태로서, 증거적·정보적 가치를 유지할 수 있도록 하기 위한 것이다.

보존원칙

기록관의 핵심 보존원칙은 다음과 같다.
• 기록은 원본 형식을 유지하고, 역사적·문자적·시각적·물리적 특성을 지키며 가능한 한 오래, 장기보존적 관점에서 보존되어야 한다.
• 모든 컬렉션과 개별 기록물을 효과적으로 보호·보존하기 위하여, 사전적 예방책을 우선적으로 적용한다.

- 적극적·사후처방적(remedial) 보존처리의 경우, 그 필요성이 명확하게 식별되었을 때만 사용한다. 기록물의 활용 혹은 복제가 필요한 경우, 기록물의 안정화에 필요한 최소한의 처치만을 허용한다.
- 원본 자료는 (가능하다면) 언제든 사용 가능하나, 원본이 심하게 손상되거나 쉽게 망가질 수 있는 경우 원본의 열화를 막기 위해 복사본으로 대체하여 제공될 수 있다.
- 모든 기록물은 기록관리자(archivists)와 보존처리전문가(conservators)에 의한, 최고 수준의 전문적인 관리 아래 보관된다.

보존 조치 원칙

실제 보존처리(conservation) 또는 복원(restoration)은 원본 보존에 해당 조치들이 필수적이라고 판단될 때, 그리고 복제나 디지털화 등의 대안이 적절하지 않은 경우에만 이뤄진다. 조치들은 아래와 같이, 보존처리 및 복원에 관한 일반 원칙을 준수하여 시행된다.
- 모든 보존처리는 원본 문서의 무결성(integrity)을 훼손해서는 안된다.
- 기록물의 안정화에 필요한 최소한의 보존처리만 우선적으로 수행한다.
- 보존처리는 그 모든 과정을 문서로 남겨야 한다.
- 보존처리 과정 중 덧댄 추가 소재들은 제거할 수 있어야 하며, 기록이 영구적으로 변형되지 않도록 한다.
- 향후 이루어질 수 있는 검증이나 다른 조치를 방해할 수 있는 행위를 하여서는 안 된다.

보존 기능

보존정책의 목표를 지원하기 위하여, 본 기록관은 다음의 구체적인 의무를 지닌다.
- 기록관은 기관의 시설, 소장품, 정책 및 절차를 주기적·체계적으로 평가하여야 하며, 모든 매체의 소장 기록물에 있어 적절한 관리를 보장하는데 필요한 조건을 갱신하거나 조정한다.
- 기록관은 모든 소장 기록물의 보존과 이용을 위해 안전한 환경을 제공하기 위해 온도, 상대습도, 조명 및 공기질 관리를 모니터링한다.
- 기록관은 해충, 화재, 홍수, 고의적 파괴, 도난 및 잘못된 조치로 인한 손상으로부터 소장 기록을 보호한다.
- 기록관은 직원들의 관리 책임을 지원하며, 적절한 보존 기법 및 방법에 대한 교육을 받을 수 있도록 보장하여야 한다.
- 기록관은 기록물의 수명을 연장하고 컬렉션에 대한 이용접근을 개선하는데 자원을 할당한다. 여기에는 매체전환, 복제, 기타 적절한 개별 조치가 포함된다.
- 기록관은 개인 기증자 또는 해당 지역의 공공기관으로부터 인수한 모든 디지털 기록의 안전한 관리와 보호를 위해 지속적으로 자원을 투입한다.
- 기록관은 해당 정책을 정기적으로 검토하고 필요 시 갱신한다.

관련 자료

- 기록관의 수집정책, 2020.

- 기록관의 기록물 처리 절차, 2018.
- 기록관의 디지털 아카이브 등록 및 처리 절차, 2021.
- 기록관의 열람 정책, 2017.

승인 담당자

이 ○○, 기록관 관장, 2022년 12월 17일

재검토 일자

이 문서는 2027년 12월 31일(필요할 시 그보다 이른 시기)에 평가 및 개정한다.

*출처: 위의 보존정책(문)은 Laura Millar 2017, 173-175를 일부 수정·보완한 것이다.

◼ 보존계획 수립

보존정책이 개발되면, 이는 보존계획 수립을 통해 구체화한다. 보존계획은 기관의 여력과 자원을 집중하는 것을 돕거나, 기관의 후원자 또는 정책결정자에게 기록관리 작업이 신중하고 체계적으로 진행되고 있음을 입증하는 유용한 도구가 된다. 이러한 계획이 없다면, 정책결정자들은 보존 상자에 왜 예산을 지원해야 하는지, 혹은 기록관이 어째서 새로운 화재진압 설비를 필요로 하는지 등에 대해 의문을 제기할 수 있다. 보존계획 수립을 통해 이러한 지출을 체계적으로 제시하고, 그것에 걸맞는 예산이 제대로 배정될 수 있도록 보장하는 것은 기록관리기관이 위임받은 책무를 효과적이고 전략적으로 수행하는 데에 도움이 된다.

보존계획은 다음의 범위 안에서 수립한다(신종순 외 2011, 226).

- 보존시설을 이용한 온·습도의 조절, 공기조화기에 의한 공기의 순환 등 보존 환경의 유지관리
- 안전한 환경 유지를 위한 건축물의 설계 및 시설물 관리

- 소장 기록물 유지관리를 위한 서고 및 서가의 청결 유지
- 기록물을 적절한 방법으로 보관하는 일
- 기록물을 안전하게 취급하고 함부로 다루지 못하도록 하는 일
- 기록물의 매체 전환
- 기록물 수명 연장을 위한 보존처리 및 복원
- 기록물의 재난대비책 작성
- 기록물 보존의 중요성 교육

보존계획 수립 시 다음과 같은 사항에 유의하여야 한다(ICA · IRMT, 조호연 역 2002, 98).

- 기록관리자는 보존계획을 매년 예산에 반영하고 기타 부서의 업무계획과 통합하는 것이 좋다.
- 보존계획에는 일반적인 조치와 구체적인 조치에 대한 개요가 기술되어야 한다. 또한 단기와 중장기 목표를 포함하고 큰 비용이 드는 항목과 적은 비용이 드는 항목을 함께 포함하는 것이 좋다.
- 보존계획에는 구체적인 방침과 절차에 관한 정보가 포함되어 있어야 한다. 이를 위해 보존과 관련한 국제표준(예를 들면, ISO 9706: 영구보존용 용지 국제표준, ISO 14000: 환경인증제도, ISO/TC46/SC11: 문서의 물리적인 보호 상태에 대한 표준 등)을 확인하는 것은 중요하다.

■ 기본계획과 중장기 계획 정립

보존계획은 기본계획과 중장기 계획으로 나누어 정립하는 것이 효과적이다. 기본계획은 보존계획 중에서 소장 기록물의 전반적인 물리적 보존상태를 통제하기 위한 가장 기본적인 계획으로 다음과 같은 영역이 포함된다(ICA · IRMT,

조호연 역 2002, 98, 106).

- 기록물의 보호와 취급에 대한 계획
- 물리적인 보존 환경과 보존매체 표준화 계획
- 기록물의 이용 중 유지와 보호 계획(ex. 국가기록원 열람실 운영규정)
- 보안계획
- 기록물 재난계획
- 보존처리 계획

중장기 계획은 기본계획을 기반으로 중장기적 차원에서 계획되어 수행되어야 할 보존계획으로, 다음과 같은 것들이 포함될 수 있다.

- 원본에 대한 광범한 처리나 마이크로필름 작업처럼 상당한 비용이 들어가는 기록물의 매체변환 수록에 대한 계획
- 매년 예상 자료의 유입량에 기반한 공간 확장 또는 제2의 보관소설치 계획 등

4. 보존계획 평가

■ 보존계획 평가의 필요성

수립된 보존계획에 대해 재검토와 평가를 진행한다. 보존의 이름으로 수행된 모든 행동은 기록물의 상태를 개선할 수 있다. 그러나 잘못된 노력, 정당화될 수 없는 우선순위, 또는 기술적으로 잘못된 보존계획의 이행은 비용적인 면에서 뿐만 아니라 정보의 소실, 또는 기록물에 대한 훼손을 야기할 수 있다. 이로

인해 기관을 당혹스럽게 만들고 기관의 평판을 손상시키기 때문에 보존계획에 대한 재검토와 평가 작업은 중요한 업무이다.

■ 보존계획 평가 방법

합의된 내부 보존계획을 외부 보존기관의 보존계획과 비교해서 평가하는 것은 좋은 방법이다. 또한 내부적 평가 메커니즘을 구축하는 것도 유용할 수 있는데 예를 들면, 보존계획 평가를 위한 정기적인 일정을 마련하는 것은 효과적이다. 보존계획 수립의 성공 여부는 철저하고 정기적인 모니터링에 달려있다. 보존계획의 구체적인 활동이 잘 실행되고 있는지 정기·장기적으로 평가하고 문제점에 대해서는 보완 조치가 이루어지도록 해야 한다.

1. 예비조사의 목적을 기술하고 목적 달성을 위한 상세 수행내역을 서술하시오.

2. 기록물 보존계획의 우선순위 선정을 위해 고려해야 할 요소들을 서술하시오.

3. 보존계획의 정립 시 기본계획의 범주에 포함되어야 할 영역들을 모두 기술하시오.

3 장

기록생산 매체

개 요

이 장에서는 다음과 같은 내용에 대해 살펴본다.

다양한 기록생산 매체별 보존 환경에 대한 이해를 돕기 위해 종이류, 시청각류, 자기·광 매체류 및 기타 매체류의 물리적·화학적 속성과 특성을 살펴본다.

기록생산 매체별로 보존수명을 예측할 수 있는 지표들을 살펴보고, 매체별 보존수명을 연장하기 위한 방법과 기록물의 열화 및 훼손을 최소화할 수 있는 보존 환경의 조건을 파악한다.

■ 기록생산 매체별 물리적 재질과 특성의 이해
■ 기록생산 매체별 보존수명 예측 지표와 보존 환경의 조건 학습

1. 종이의 특성 및 유형

■ 종이의 원료 및 제조공정

종이 기록물은 나무 등의 섬유 식물에서 뽑아낸 펄프(pulp)가 주원료이다. 펄프 제조공정에는 여러 가지 목재가 사용되는데, 그중에서 가장 많이 사용되는 것이 침엽수이다. 펄프는 식물성 셀룰로오스가 결합된 물질로서 셀룰로오스(cellulose), 헤미셀룰로오스(hemicellulose), 리그닌(lignin)으로 구성되어 있다.

펄프의 가장 중요한 구성 물질인 셀룰로오스는 수소, 탄소, 그리고 산소로 구성되며, 자연스럽게 생성되는 다당류의 일종으로 안정적이다. 헤미셀룰로오스는 셀룰로오스와 마찬가지로 다당류의 일종으로 셀룰로오스와 비슷한 물성을 가지고 있긴 하지만 셀룰로오스가 단지 글루코오스만으로 구성된 고분자인 것과는 대조적으로 5개의 서로 다른 당들로 구성되어 있다(윤대현 외 2011, 30). 셀룰로오스와 달리 불안정하여 잘 분해되고 용해된다. 한편, 리그닌은 섬유들을 결합시켜 종이의 단단함을 지탱하지만 비탄수화물과 비섬유질 물질로 이루어져 있어 종이 질의 저하를 야기하는 주성분이다.

펄프 제조공정을 살펴보면, 먼저 목재를 잘게 부수고, 이것을 화학약품(아황산수소칼슘, 가성소다, 황산소다 등)의 수용액에 넣고 130~160°C의 온도로 약 8시간 동안 쪄서 리그닌, 펜토산 등을 제거한다. 그리고 다시 표백 등의 처리를 거친다. 이렇게 해서 만들어진 펄프를 화학펄프라고 한다. 화학펄프는 섬유길이가 길고 구조적·화학적으로 안정적이라 이를 사용해서 만든 종이는 질이 견고하고 인쇄가 잘된다. 반면, 화학약품 처리를 하지 않고, 물과 함께 잘게 부셔진 목재를 갈아 부수기만 한 것도 있다. 이것을 쇄목(碎木) 펄프 또는 기계펄프라고 하는데 리그닌과 그 밖의 성분을 함유하고 있어 값싸기는 하지만 변색되기 쉬워 신문용지 등에 사용된다.

손으로 제작하는 종이는 종이 제작자가 물통에서 지형을 들어 올린 후 지형을 조작하기 때문에 섬유질이 무작위로 정렬되어 지배적인 세로결을 가지지 않아 질기다. 즉 수공제작 종이는 항상 한쪽 방향이 다른 방향에 비해 더 잘 찢어지거나 접히지 않는다. 수공제작 종이는 개별시트로 제작되기 때문에 섬유질의 배열이 동일하지 않고 두께에 있어서도 차이가 난다. 닥나무의 인피섬유를 주원료로 해서 만든 한지는 우리나라의 대표적인 수공제작 종이다.

기계로 제작하는 종이의 제조공정도 비록 규모가 더 크고 과정들이 기계화되긴 했지만 본질적으로는 수공제작 공정과 동일하다. 그러나 종이가 개별적인 시트로 만들어지는 것이 아니라 롤 기계에 의해 생산되고, 일방향의 정확한 세로결을 갖는다. 이 세로결 방향은 다른 방향에 비해 더 잘 찢어지고 쉽게 접힌다. 또한 이전에 수공제작 공정에서 종이의 표면을 평활하고 윤기나게 하는 도침(방망이질)은 기계에 의한 캘린더링으로 대체되었다.

■ 종이의 산성도

약 1850년부터 알카리성 제지가 소개될 때까지의 시기는 '나쁜 종이'의 시기로 간주된다. 종이의 질은 고도의 산성화를 야기하는 명반−로진 사이징(rosin sizing)과 쇄목펄프의 사용으로 점차 나빠졌다. 이외에도 종이의 산성화를 야기하는 원인으로는 잔류하는 화학약품(접착제, 표백제, 사이징제 등), 잉크, 이산화황, 다른 산을 형성하는 오염물질들, 그리고 산성 전이 등이 있다. 산성 전이 또는 이전(acid migration or transfer)은 공기 중의 산성 증기에 노출되거나 직접적인 접촉에 의해 산성이 산도가 높은 기록물에서 산도가 낮거나 거의 없는 기록물로 이동하는 것을 말한다. 즉 산이 산성 물질로부터 산성이 상대적으로 적은 물질로 옮겨가는 것이다.

산성은 종이 열화의 주요한 원인이다. 산성은 셀룰로오스의 강도를 떨어뜨려 중합체 사슬이 점차적으로 깨져서 종이를 약하고 부스러지고 하고 탈색을 야기한다. 수공으로 제작된 종이가 300년 이상 양호한 상태를 유지하는 반면 오늘날 생산된 종이가 50년에도 못 미치는 수명을 가진 이유는 산성으로 인한 열화·훼손 때문이다.

산성과 알칼리성은 산성도(pH)를 이용해 측정한다. pH가 7이면 중성이며 7 이하는 산성, 7 이상은 알칼리성이다. 산성도가 너무 높으면 종이 강도가 떨어져 부스러지는 등 열화의 원인이 되며, 종이 물성을 약화시킨다. 산성도(pH)는 log 함수의 배율로 나타내기 때문에 숫자 1의 변화는 산성과 알칼리성도에 있어 10배의 변화를 반영한다. 예를 들면, pH 5는 pH 6보다 10배 더 산성이고 pH 4는 pH 6보다 100배 더 산성이다. 따라서 pH를 조금만 변화시켜도 화학적 변화는 매우 크다.

산성뿐만 아니라 알칼리성도 보존기록물에 파괴적일 수 있다. 종이의 산성이 현대 종이의 원료 및 제조공정, 그리고 환경에 의해 야기되지만, 높은 알칼리성(pH 11~ pH 14)도 화학적인 작용이 다르지만 종이에 해를 끼친다. 그러나 산성이 알칼리성보다 상대적으로 심각한 손상을 야기하는 것으로 알려져 있다.

사이징(sizing)

종이에 내수성을 가지게 하고, 또 잉크의 번짐을 방지하기 위해 종이의 표면 또는 섬유를 아교 물질로 피복시키는 공정을 말한다.

▣ 종이의 유형

종이의 유형은 우선 제지용 원료에 따라 한지와 양지로 나눌 수 있다. 한지는 닥나무 등의 인피섬유와 천연 풀인 황촉규를 사용해서 만든 종이를 말하고, 양지는 침엽수, 활엽수 등 목재펄프를 주원료로 화학 풀로 만든 종이를 말한다. 또한 산성도(pH)에 따라 산성지와 중성지로 구분하고, 천연펄프 함량에 따라 백상지·아트지(천연펄프 100%), 중질지(천연펄프 60%, 재생펄프 40%), 갱지/신문용지(재생펄프 100%) 등으로 나눌 수 있다. 도공(코팅)처리 유무에 따라서, 도공지(아트지와 코트지)와 비도공지(백상지, 신문용지)로 구분하기도 한다. 상태검사 시 백상지, 특급 인쇄용지, 신문용지 등 기록물에 대한 재질 정보가 〈표 3-1〉과 같이 서식으로 인쇄되어 있는 경우 기재된 내용을 그대로 활용할 수 있다.

〈표 3-1〉 인쇄 서식이 있는 기록물의 재질 사례

구분	설명	이미지
백상지	표백 화학펄프만으로 제조된 고급 인쇄용지 ※ 특급·1급 인쇄용지 등으로 표기	
중질지	표백 화학펄프에 기계펄프를 섞어서 제조된 중질 인쇄용지 ※ 2급·3급 인쇄용지 등으로 표기	
갱지/ 신문용지	기계펄프와 재생펄프로 제조된 종이. 평판으로 재단된 것을 갱지라 함	

*출처: 국가기록원 NAK 36:2020(v1.0), 9.

2. 종이 기록물의 보존수명

■ 보존수명 예측 지표

종이의 보존수명은 다양한 방법에 의해 예측 가능하다. 산성도(pH)는 가장
대표적인 종이의 보존수명 예측 지표이다.

- 산성도(pH): 종이의 수명에 직접적으로 영향을 미치는 요소로 중성 또는 약
  알칼리성 영역(pH 7~8)일 때 가장 보존성이 우수하다(신종순 외 2011, 285-288).
- 내절강도(folding endurance): 종이의 동일한 부분을 인장 응력(일반적으로
  0.5~1.5kg의 하중)을 가해 한 번은 뒤로, 다음은 앞으로 접기를 반복하여 끊
  어질 때까지의 횟수를 강도로 표시한 것이다. 측정은 쇼퍼(Schopper), MIT
  시험기 등을 사용한다(KS M ISO 5626: 2006 종이 – 내절 강도 시험). 초지기
  의 방향(MD)과 반대 방향(CD)의 물성이 다르기 때문에 반드시 측정값에는
  방향을 기록한다(신종순 외 2011, 286).
- 인열강도(tearing resistance): 종이의 찢어짐에 대한 내구성을 수치로 계량화
  한 것으로 측정은 엘멘도르프(elemendorf) 인열 시험기를 사용한다(박도영
  외 2005, 241).
- 내광견뢰도(내광성, light resistance): 일광의 작용에 대하여 변화하기 어려운
  성질, 즉 일광에 대한 저항하는 정도를 의미한다. 측정은 내광성 시험기
  (fade-o-meter) 또는 내후성 시험기(weather-o-meter)를 사용한다.
- 색차(ΔE): 종이, 판지 따위가 빛(자외선)을 받아 바래는 정도를 수치로 계측
  하여 나타낸 것이다. 색도계를 사용하여 색좌표를 측정하는데 Lab 표색계를
  많이 사용한다(신종순 외 2011, 288).

■ 보존수명 연장 방법

종이 기록물의 보존수명은 탈산처리와 저온·저습의 환경 유지를 통해 연장할 수 있다(신종순 외 2011, 300).

- 탈산처리: 탈산처리를 통하여 pH를 상승시키면 보존성(내구연한)이 약 2~3배 정도 증가한다.
- 저온·저습의 환경 유지: 종이는 온·습도의 영향을 많이 받는 기록매체이다. 저온·저습의 환경 유지를 통해 종이의 보존수명을 연장할 수 있다.

■ 보존용지의 조건

종이를 영구적으로 보존하기 위해서는 섬유의 질, 섬유질의 길이와 결합 정도, 잔류 화학약품에 의한 펄프의 오염, 산성도, 그리고 사이징 등과 같은 요소를 통제해야 한다. 리그닌이 완벽하게 제거된 펄프로 만들어진 중성 종이는 보존용지뿐만 아니라 기록물과 직접적인 접촉을 하는 모든 보존 용품, 즉 폴더, 봉투, 간지 등에도 사용되어야 한다. 보존용지는 「공공기록물 관리에 관한 법률」에 명시된 조항과 함께 다음과 같은 조건들을 충족해야 한다.

- 산성도(pH)는 중성이 가장 이상적이다. 기록물에서 방출되는 산성 기체와 공기 중의 산성 유해 기체를 흡수하여 중화할 수 있는 완충 능력을 가져야 하기 때문에 pH 7.5 이상이어야 한다.
- 산성도가 약알칼리성으로 유지되기 위해서는 탄산칼슘 함량이 종이의 무게를 기준으로 2~3% 이상이어야 한다.
- 펄프에 종이의 물성을 약화시키는 리그닌이 함유되지 않아야 한다.
- 화학펄프 또는 면, 닥섬유 등을 종이의 주원료로 사용하여야 하며 쇄목펄프가 함유되어서는 안 된다.

- 일정한 평량에서 기계방향과 세로방향에 각각에 대하여 일정 값 이상의 인열강도와 내절강도를 충족시켜야 한다.
- 백색도는 1종, 2종의 구분없이 75% 이상이어야 하며 색상은 흰색을 원칙으로 하나 경우에 따라 유색으로 할 수도 있다.
- 「공공기록물 관리에 관한 법률」은 30년 이상 보존기록물의 기록재료 기준에 따르면 보존용지 1종의 규격은 화학펄프 100%, pH 7.5 이상, 탄산칼슘 2% 이상이고, 보존용 판지 규격은 pH 7.5 이상, 탄산칼슘 3% 이상으로 규정하고 있다.

3. 필기구의 특성 및 유형

■ 필기구의 유형별 특성

종이 위에 쓰여지는 다양한 기록매체로서 필기구는 종이만큼이나 오랜 역사를 지니고 있다. 현대에 가장 많이 사용되는 대표적인 필기구의 유형별 특성은 다음과 같다(신종순 외 2011, 27-32).

- 연필: 연필은 흑연 가루와 점토를 일정 비율로 섞어 물을 뿌려 반죽하는데 점토와의 혼합비율이 높아지면 연필이 단단해지고 점토와의 혼합비율이 낮아지면 연필이 물러진다. 성분이 탄소이기 때문에 보존성은 우수하나 지우개 등으로 쉽게 지워지는 단점이 있다. 단단한 정도(H. Hardness)와 진한 정도(B. Blackness)로 종류를 나누며, 9H, 8H, 7H, 6H, 5H, 4H, 3H, 2H, H, HB(F), B, 2B, 3B, 4B, 5B, 6B로 구분한다. 9H~7H는 금속·석재 등 경질면에 사용하고, 6H~3H는 정밀제도 설계용, 2H~B는 학습·사무 필기용 및 설계제도용, 2B~3B는 속기용, 4B~6B는 미술용으로 사용한다.

- 잉크: 잉크는 크게 필기용(기록용) 잉크와 인쇄용 잉크로 나뉘며 필기용 잉크는 수용성과 유용성 잉크로 나뉜다. 수용성 잉크는 만연필과 사인펜에 사용되는데 이는 종이에 주로 쓰이며 색은 선명하나 물에 약한 단점이 있다. 유용성 잉크는 볼펜에 주로 사용되는데 내구성이 뛰어나다. 인쇄용 잉크는 안료를 매질에 고르게 혼합시킨 콜로이드 상(狀) 또는 액상의 물질로, 인쇄에 적합하다.
- 볼펜: 볼펜은 오늘날 가장 일반적인 필기구로 잉크를 따로 가지고 다니며 찍어서 사용하는 펜의 불편함을 개선하기 위해 2차 대전 무렵 고안된 필기류이다. 연필과 펜의 결점을 보완하는 동시에 값이 저렴하여 가장 대중적인 필기류로 자리 잡았다. 크게 유성 볼펜과 수성 볼펜으로 구분한다.
- 마킹펜: 볼펜으로 필기할 때 잉크 찌꺼기가 생겨 불쾌감을 주는 문제점을 해소하기 위해 개발된 것으로, 용기 속에 유성 잉크를 넣은 흡수체를 집어넣고 여기에 섬유제 또는 플라스틱 펜촉을 부착시킨 펜을 말한다. 크게 펠트펜류, 사인펜류, 그리고 플라스틱펜으로 구분된다.

4. 필기구의 보존수명

■ 보존수명 예측 지표

필기구는 대체로 수성 필기구가 유성 필기구보다 보존수명이 더 우수하다. 탄소형 필기구가 안료형·염료형 필기구보다 우수하며, 검은색 필기구가 청색이나 적색보다, 중성(또는 알칼리성) 필기구가 산성 필기구보다 우수하다. 알칼리성인 OA용 잉크의 보존성이 우수하고, 토너는 주성분이 탄소분말이기 때문에 보존성은 우수하지만, 고전압에 의해 열착(熱着)성을 높이기 위해 아크릴(acrylic), 폴리에스테르(polyesters), 안정 안료(stable pigment) 등이 함유되어 인쇄된 종이가 압력을 받았을 때 다른 면에 들러붙는 경우가 발생한다(신종순 외 2011, 297). 다음은 필기구의 보존수명 예측 지표들이다.

- 내광성: 한국산업규격 KS K 0700에 규정한 시험기 또는 이에 준하는 퇴색시험기를 사용하여 필기 용지 시험편에 일정 기간(20, 40시간) 광을 쬐어 필적의 퇴색을 조사한다.
- 내수성(耐水性): 필기 용지 시험편을 상온에서 증류수에 24시간 침지한 후 건조하여 필적의 상태를 조사한다.
- 내유성(耐油性): 필기 용지 시험편에 피마자유를 한 방울씩 적당히 떨어뜨려 3일간 방치한 후 필기 선의 상태를 조사한다.
- 내약품성
  · 내산성(耐酸性): 필기구로 종이 위에 균일하게 칠한 시험편을 상온에서 1시간 방치한 것을 10% 염산 수용액(HCl) 중에 24시간 침지한 후, 10분간 증류수로 세척하고 건조하여 필적상태를 조사한다.
  · 내알칼리성: 필기구로 종이 위에 균일하게 칠한 시험편을 상온에서 1시간 방치한 것을 10% 암모니아수 용액 중에 24시간 침지한 후, 10분간 증류수로 세척하고 건조하여 필적상태를 조사한다.
  · 내알코올성: 필기구로 종이 위에 균일하게 칠한 시험편을 상온에서 1시간 방치한 것을 95% 알코올 수용액 중에 10분간 침지한 후 건조하여 필적상태를 조사한다.
  · 내표백성(耐漂白性): 내표백성 시험 필기구로 종이 위에 균일하게 칠한 시험편을 상온에서 1시간 방치한 것을 3% 클로라민-T(Chloramin-T) 용액 중에 5분간 침지한 후, 건조하여 필적상태를 조사한다.
- 내열성(耐熱性): 필기구로 종이 위에 균일하게 칠한 시험편을 80℃의 항온기에 넣고 25, 50시간 경과마다 꺼내어 필적의 상태를 조사한다.

■ 보존용 필기구의 조건

일정한 환경에서 장기간 보존하여도 필기구의 중요한 물성이 오랫동안 중요한 변화 없이 지속되기 위해서는 다음과 같은 조건들을 갖추어야 한다(신종순 외 2011, 297).

- pH는 수성과 유성 모두 pH 7.0~8.0이어야 한다.
- 내광성은 4급 이상이어야 한다.
- 내수성은 번짐과 색상의 변화가 없어야 한다.
- 내열성은 색상의 변화가 없고 필적이 명확해야 한다.
- 내유성은 번짐과 색상의 변화가 없어야 한다.
- 내약품성은 번짐과 퇴색이 없고 필기 선이 명확해야 한다.
- 「공공기록물 관리에 관한 법률」은 30년 이상 보존기록물의 기록재료 기준에 따르면 잉크와 필기구는 pH 7.0 이상, 내광성 4호 이상, 산·알칼리용액(표백제 포함)에 무변화 조건을 규정하고 있다.

〈표 3-2〉 30년 이상 보존기록물의 기록재료

구 분	재 료 기 준	비 고
1. 종이	- 문서의 작성은 한지류 및 보존용지 1종인 보존복사용지, 보존백상지, 보존아트지로 작성 - 문서의 보관은 보존용 판지로 제작된 장기보존용 표지 또는 보관용기에 보관	- 보존용지 1종 규격 - 화학펄프 100퍼센트, pH 7.5 이상, 탄산칼슘 2퍼센트 이상 - 보존용 판지 규격 - pH 7.5 이상, 탄산칼슘 3퍼센트 이상
2. 잉크	- 먹, 탄소형·안료형 잉크, 보존용 잉크 사용	- pH 7.0 이상, 내광성 4호 이상, 산·알칼리용액(표백제 포함)에 무변화
3. 필기구	- 사무용프린터용 토너, 탄소형 싸인펜, 흑색 안료형 필기구류 및 보존용 필기구류	- pH 7.0 이상, 내광성 4호 이상, 산·알칼리용액(표백제 포함)에 무변화

*출처: 「공공기록물 관리에 관한 법률」 시행규칙 [별표 15]

1. 산성 전이 또는 이전(acid migration or transfer)을 설명하시오.

2. 종이의 원료를 나열하고, 원료별 화학적 특성을 서술하시오.

3. 「공공기록물 관리에 관한 법률」에서 규정하는 보존용지의 조건에 대해 모두 쓰시오.

4. 필기구의 종류별 보존수명을 비교하라.

1. 사진·필름류의 특성 및 유형

■ 사진·필름류의 구조적 특성

사진·필름류는 크게 필름과 인화지로 구분된다. 각각의 종류에 따라 구조적 특성이 다르다.

- 필름: 셀룰로이드와 같은 투명한 지지체에 감광유제를 도포해서 만든 것으로, 빛에 화학적·물리적으로 반응하여 감상을 형성한다. 필름의 구조는 다음과 같다.
  - 보호층: 각종 먼지 및 긁힘으로부터 보호하기 위한 젤라틴 도포층
  - 감광유제층: 필름이나 인화지가 빛에 반응하도록 그 위에 바르는 감광성(感光性)을 지닌 액체 상태의 물질을 일정한 두께로 균일하게 도포한 층. 감광유제로는 보통 빛에 빠르게 반응하도록 은과 할로겐 원소를 결합하여 만든 할로겐화은(AgX)이 쓰이는데, 아교와 비슷한 성질의 젤라틴과 혼합하여 사용하는 것이 일반적이다.
  - 밑처리층: 감광유제가 지지체에 잘 도포되도록 하는 일종의 접착제 층
  - 지지체: 광학적으로 투명하고 무색이며 균일하여야 하고, 화학적으로 안정적이고 유제의 도포가 쉬워야 한다. 물리적으로 장력이 강하고 온·습도의 변화에 따른 신축성이 없어야 한다. 셀룰로스(celluloid) 또는 폴리에

스터(polyesther) 베이스(대부분 필름에 사용) 또는 에스터(estar) 베이스
(Kodak 테크니컬 팬 필름, 적외선 필름, 대형 시트 필름 등에 사용)가 있다.
· 할레이션 방지층: 필름 내로 입사한 빛의 난반사 방지층으로, 필름의 맨
  밑에 할레이션 방지층을 도포하여 필름 내에서 난반사가 일어나지 못하
  도록 한다.

〈그림 3-1〉 필름의 구조

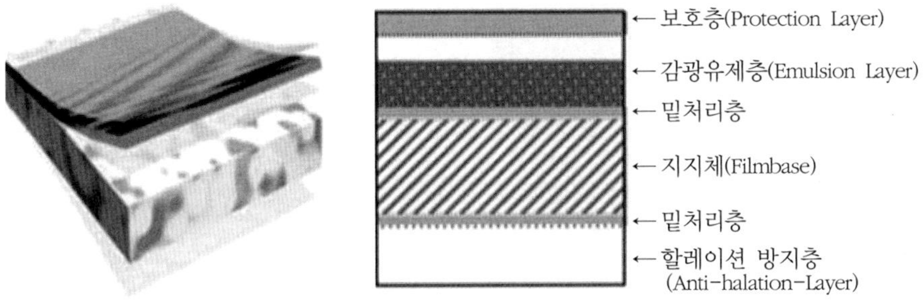

- 보호층(Protection Layer)
- 감광유제층(Emulsion Layer)
- 밑처리층
- 지지체(Filmbase)
- 밑처리층
- 할레이션 방지층
  (Anti-halation-Layer)

*출처: 국가기록원 NAK 22:2009(v2.0), 84.

- 인화지: 현상한 필름의 네거티브 상(像)을 피사체와 같은 명암의 포지티브
  상으로 만들기 위해 감광유제를 도포한 종이를 말한다. 인화지의 구조는 다
  음과 같다.
  · 보호층: 각종 먼지 및 긁힘으로부터 보호하기 위한 젤라틴 도포층
  · 감광유제층: 감광유제를 일정한 두께로 도포한 층
  · 바라이터(barayta)층: 젤라틴에 황산바륨($BaSO_4$) 분말과 젤라틴을 주성분으
    로 지지체 표면에 도포한 층. 인화지면의 반사율을 높이고 도포하는 감광
    유제가 지지체에 스며드는 것을 방지한다.
  · 지지체: 사진의 지지체로서 원지(paper)는 사진의 유제에 얼룩이 생기거나
    포그 현상이 일어나지 않도록 잘 조정되어야 한다.

〈그림 3-2〉 인화지의 구조

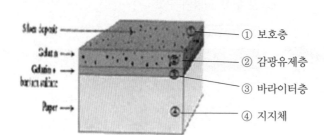

① 보호층
② 감광유제층
③ 바라이터층
④ 지지체

*출처: 국가기록원 NAK 22:2009(v2.0), 85.

■ 용도에 따른 분류

사진·필름류는 용도, 형태, 재질 등에 따라 다르게 구분할 수 있다. 우선 용도에 따라 크게 카메라용, 영화용, 마이크로필름용으로 나눌 수 있다(신종순 외 2011, 47-49).

- 카메라용 필름: 감광유제를 투명한 지지체 위에 도포한 것으로 하여 감광유제에 포함된 색감제에 따라 흑백 필름과 컬러 필름으로 구분한다.
- 영화필름: 카메라용 필름과 재질과 구조는 같지만 영사(映寫)를 위하여 인장·파열강도 등이 카메라용보다 우수해야 한다. 영화필름은 크기에 따라 8mm, 16mm, 36mm로 나누고 제작 기능에 따라 오리지널, 마스터, 듀프, 프린트 등으로 구분한다(신종순 외 2011, 37).
  · 오리지널(original): 영상이나 음성이 수록된 최초의 필름으로 네거티브 필름

- 마스터(master): 듀프 필름을 만들기 위해 오리지널 필름을 복사한 포지티브 필름
- 듀프(dupe): 마스터를 복사한 네거티브 필름
- 프린트(print): 듀프 네거티브 필름을 복사한 포지티브 필름

- 마이크로필름(microfilm): 일반적으로 문서, 도면, 자료 등 각종 기록물을 고도로 축소 촬영하여 초미립자, 고해상력 상태로 된 미소(微小) 사진 (像)의 필름을 말한다. microform, micrographics, microimage, microfilm system 등의 용어로도 사용되며, 원본에 충실하고 추가 정정 및 삭제가 불가능하여 정확한 기록을 할 수 있어 신뢰성이 높고, 내구력이 뛰어나 중요 기록물의 장기 보존매체로서 적합하다. 마이크로필름의 종류에는 은염 필름(silver halide), 베시큘라 필름(vesicular film), 디아조 필름(diazo film) 등이 있다.

- 은염 필름: 할로겐화은을 감광제로 한 초미립자, 고해상도의 필름으로 이미지는 흑백이다. 온·습도에 안정적이라 기대수명이 500년으로 보존용 사본 제작에 주로 쓰인다. 스크래치에 약한 단점이 있다.

- 베시큘라 필름: 플라스틱 층위에 디아조늄(diazonium)염 감광층을 포함한다. 마스터 필름과 밀착하여 자외선으로 노광하면 노광부의 디아조니움염이 분해하여 플라스틱에 질소가스를 형성하고 작은 질소가스 방울들이 생성된다. 방울들은 빛을 산란시키고 시각적인 이미지를 생성한다. 열람용 청색 필름으로 복제 품질과 내구성이 뛰어나지만 온도에 민감한 것이 특징이다. 비록 할로겐화은만큼 오래 지속되지는 않지만 적절한 환경에서 보존된다면 최소한 수십 년의 기대수명을 갖는 것으로 알려져 있다. 베시큘러 필름은 단지 이미지 반전 형식으로(즉, 네거로부터 포지로, 포지로부터 네거로) 이용할 수 있다(국가기록원, 기록보존, 118).

- 디아조 필름: 감광성 디아조늄염을 필름 지지체에 도포한 필름이다. 이들은 이미지를 형성하기 위하여 열과 암모니아로 현상된다. 베시큘러 필름처럼 할로겐화은보다 훨씬 제한된 기대수명을 갖지만, 적절한 환경에 보존한다면 최소한 수십 년 지속된다. 디아조 필름은 단지 이미지 유지 형식으로(즉, 포지에서 포지로, 네거에서 네거로) 이용할 수 있다(국가기록

원, 기록보존, 118).

■ 형태 및 지지체의 재질에 따른 분류

사진·필름류는 형태에 따라 판상형과 롤형으로 구분한다(신종순 외 2011, 32-36).

- 판상(plate)형: 퍼포레이션(perforation)이 없는 프레임이 하나인 필름으로 카메라용 원판 사진필름 등이 있다.
- 릴(reel)형: 코어(core)나 스풀(spool)을 사용하여 보관, 촬영, 재생 등이 가능한 감긴 상태의 필름으로 영화필름, 사진필름 등이 있다.

또한 사진·필름류는 지지체(기재)의 재질에 따라 다음과 같이 구분한다.

- 질산염(cellulose nitrate) 필름: 1890년대에서 1950년대까지 사용된 필름 원판용 네거티브 필름. 화학적으로 불안정하여 연소성이 강해 폭발 및 화재의 위험이 있다. 통상 안전필름(safety film)으로 복제하여 사용한다(국가기록원 NAK 36:2020(v.1.0), 3).
- 초산염(cellulose acetate) 필름: 연소성 때문에 보존에 취약한 질산염 필름을 대체할 새로운 지지층 재질의 개발을 위해 1910년에 만든 필름. 초기에 안전필름의 재료로 각광을 받았으나 매우 느린 속도로 분해되어 초산 냄새(vinegar syndrome)를 유발한다.
- 폴리에스터(polyester) 필름: 화학적으로 안정되어 안전필름으로 불리며 보존수명이 반영구적이다.

2. 사진·필름류의 보존수명

■ 보존수명 예측 지표

사진·필름의 보존수명은 현상 전과 현상 후 각각이 다른 보존수명 예측 지표를 통해 알 수 있다. 사진·필름류의 현상 전 보존수명 예측 지표는 다음과 같다(신종순 외 2011, 290-291).

- 물리적 강도: 인장강도, 인열강도 등이 우수해야 한다.
- 지지체의 재질: 안전성이 확인된 폴리에스터, 폴리스티렌, 폴리프로필렌 등이 적합하며 폴리염화비닐(PVC)은 부적합하다.
- 내화성: 150℃에서 43시간 이상의 조건에서도 발화하지 않는 내화성을 지녀야 한다.

현상 후 사진·필름의 보존수명 예측 지표는 다음과 같다.

- 농도 값: 필름 막면이나 사진 인화면의 흑화(Darkening) 정도를 말한다. 이상적으로는 배경과 이미지 영역 사이에 가능한 많은 대비(contrast)를 주는 것으로, 네거티브 필름의 어두움의 정도를 말한다. 농도는 밀도로 계산하는데, 덴시토미터(densitometer)로 측정할 수 있다.
- 잔류 화학약품: 수세 과정이 불완전하면 필름 막면이나 사진에 유해한 화학약품이 남아 막면을 손상시키거나 곰팡이 등 미생물의 착근을 유도하여 열화·훼손을 가속화 한다. 잔류약품의 측정 방법에는 메틸렌블루법과 요오드법이 있다.
  · 메틸렌블루(methylene blue)법: 가장 일반적으로 사용되는 잔류 화학약품 시험 법으로 현상된 필름에 잔류하는 티오황산염(thiosulfate) 레벨을 측정한다. 정밀도가 높지만 수세 후 2주 이내에 실시하여야 하고 매우 비싸다.

최대 허용가능한 티오황산염 농도는 $0.7\mu g/cm^2$이다.

· 요오드(iodine-amylose)법: RC 인화지상의 잔류물을 측정하는 데 많이 이용
되며 잔류 하이포와 요오드의 화학반응으로 청색이 감색되는 정도로 잔
류약품의 양을 측정한다.

■ 보존수명 연장 방법

사진·필름류의 보존수명을 연장하기 위해서는 다음과 같은 방법을 사용할
수 있다(신종순 외 2011, 301-302).

- 컬러 필름의 색분해: 색광의 3원색인 RGB(Red, Green, Blue)로 분해하여 단
색 필름(monochromatic film)을 제작하면 보존성이 향상되고 실온 보관이 가
능하다. 하지만 일반 필름보다 4배의 공간을 더 필요로 하므로 공간 효율성
이 떨어지고 색분해에 비용이 많이 든다.
- 매체전환: 원본 필름의 보호 및 재생 장비의 노후화를 대비해 매체전환을
수행한다.
- 수세를 철저하게 할 것: 현상처리·공정 과정에서 수세를 철저하게 해서 잔류
화학약품을 깨끗하게 씻어내어 잔류 화학약품으로 인한 열화·훼손을 막는다.
- 보존 환경의 통제: 사진·필름에 적합한 보존 환경(온·습도 등)을 유지한다.

■ 보존용 사진·필름류의 조건

보존용 사진·필름류는 다음의 조건을 충족시켜야 한다(신종순 외 2011, 300).

- 지지체는 폴리에스터, 폴리프로필렌 등 안정성이 입증된 재료이어야 한다.
- 현상 처리 후 감광유제의 보존에 영향을 미치는 잔류 화학약품 성분이 기준
치 이하여야 한다.

1. 필름의 구조적 특성을 설명하시오.

2. 사진·필름의 현상 전 보존수명 예측 지표를 나열한 다음 간단히 설명하시오.

3. 사진·필름의 보존수명을 연장하는 방법을 쓰고, 간단히 설명하시오.

4. 보존용 사진·필름의 조건을 모두 쓰시오.

1. 자기 매체의 특성 및 유형

■ 자기 매체의 구조적 특성

자기 매체는 자성을 가진 물질을 폴리에스터, 폴리에틸렌의 투명한 필름 또는 알루미늄계의 금속성 재질 위에 도포한 것이다. 구조적으로 크게 자기테이프와 하드디스크로 구분할 수 있다. 우선 자기테이프는 자성층과 지지층으로 구성되어 있다.

- 자성층: 철, 산화물 등 자기 성질을 갖는 자기 안료에 내마모제, 윤활제, 안정제, 방정전제, 바인더 등을 혼합하여 자기적으로 정보를 저장하는 층이다. 기록은 자기 신호의 세기를 나타내는 잔류자기나 자기 안료의 소자화에 저항하는 보자력이 퇴화하면 손실된다. 보자력은 온도상승에 급격히 감소한다.
- 지지층(지지체): 폴리에스터 또는 폴리에틸렌 테라프탈레이트(PET)필름으로 구성되며 화학적으로 안정적이어서 산화작용 및 가수분해에 저항력이 높다. 지지층 코팅은 온습도 변화로 인해 트레킹 에러 혹은 재생 불능 상태를 초래한다.

다음으로 하드디스크(hard disk)의 구조적 특성은 다음과 같다.

- 자성층: 알루미늄 등의 금속성 재질 표면에 자성물질과 내마모제, 윤활제 등을 도포하였다. 수평에서 수직으로 자기기록 방식이 변화하면서 저장용량이 급격히 증가하였다.
- 루테늄층: 아주 단단하고 은백색을 띠는 전이금속 루테늄을 하드디스크의 기억 용량을 늘리기 위해 삽입한 층이다.
- 지지층: 알루미늄 등의 금속성 재질로 구성된다.

〈그림 3-3〉 자기테이프와 하드디스크의 구조

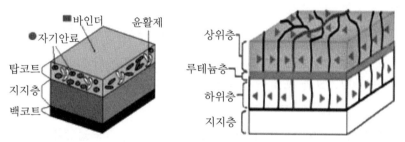

*출처: 국가기록원 NAK 22:2009(v2.0), 89.

■ 자기 매체의 유형

자기 매체는 형태에 따라 테이프류와 디스크류, 용도에 따라 아날로그와 디지털, 기록 유형에 따라 오디오, 비디오, 전자기록물로 구분된다. 테이프류는 오디오 테이프, 비디오 테이프, 릴테이프, 디지털(오디오, 비디오, 데이터)테이프 등이 있다. 비디오(녹화) 테이프의 자성 입자가 오디오(녹음) 테이프보다 더 미세하다(신종순 외 2011, 51).

디스크류는 플로피 디스크, 집드라이브, 하드디스크, 광자기디스크 등이 있다. 빠르게 회전하기 때문에 비틀림과 회전력에 강한 재질 위에 자성층을 형성한다(신종순 외 2011, 37). 하드디스크는 주로 알루미늄과 유리와 같은 딱딱한 재질을 사용하지만 플로피 디스크는 유연한 플라스틱 재질을 사용한다.

2. 광 매체의 특성 및 유형

■ 광 매체의 구조적 특성

광 매체는 광자기디스크와 광디스크로 구분할 수 있다. 광자기디스크는 디스크 층 사이의 자성물질을 레이저를 이용하여 큐리 온도로 가열하여 자화 방향을 바꾸는 방법으로 데이터를 수록하는 매체이다. 광디스크는 은이나 알루미늄을 얇게 도포한 플라스틱 원반 위에 홈(pit)을 새겨 정보를 기록하는 매체이다. 새겨진 표면에 레이저를 쐬어 홈과 랜드에 따라 다른 세기로 반사되는 원리를 이용하여 내용을 재생한다.

광 매체는 디스크의 보호 표면을 레이저에 의해 읽힌다는 점에서 다른 기계 가독 매체들과 다르다. 그러므로 표면손상에는 덜 민감하지만, 제조 결함에는 매우 취약하다. 다층 포맷의 1개의 결점은 모든 보존 정보를 제거할 수 있다. 광 매체의 보존수명에 대한 평가는 다양하지만 일반적으로 약 10년 정도는 안정적인 것으로 평가된다. 투명한 화학물질이 기록 층을 감싸고 있어 먼지나 오물이 묻는 것을 방지하기 때문에 안전하고, 온도나 습도의 영향을 적게 받아 장기간 보관이 가능하다. 또한 자기 매체만으로는 급속도로 늘어나는 자료량을 감당할 수 없었고, 이러한 대량 정보의 저장이라는 시대적 요구에 부응하기 위해 등장한 매체다.

■ 광 매체의 유형

광 매체는 크게 기록방식, 기록 유형, 저장용량 등에 따라 구분할 수 있다. 기록방식에 의한 구분은 재생 전용, 한 번 수록 반복 재생, 반복적 수록 및 재생 등이다.

- 재생 전용: CD, CD-ROM, DVD-ROM 등
- 한 번 수록 반복 재생: CD-R, WORM, DVD-R 등
- 반복적 수록 및 재생: CD-RW, DVD-RW, MOD(광자기디스크) 등

기록 유형에 의한 구분은 오디오(음악 CD), 비디오(영화 CD, DVD 등), 전자기록(디지털 기록 CD, DVD) 등이다. 저장용량에 따라서도 CD(0.7GB), DVD(4.7GM), HD-DVD(15-30GB) 등으로 구분할 수 있다.

3. 자기·광 매체의 보존수명

■ 보존수명 예측 지표

자기·광 매체의 보존수명 예측 지표는 다음과 같다(신종순 외 2011, 292).

- 보자력(coercive force): 자성체의 자화(磁化) 방향의 반대 방향으로 자기장을 걸어 그 자화를 0으로 하기 위해 필요한 자기장의 크기 또는 자성체를 포화 상태까지 자화시켰을 때의 값을 말하며 자성 매체의 안정성을 측정할 수 있는 주요 지표이다.
- 코팅재의 안정성: 정보가 기록되는 면의 물리적 안정도로 수록 상태의 안정성을 말한다. 자기 매체의 경우 자성층의 안정성을 말한다.
- 수록 상태: 자기 매체에 수록되어 있는 데이터의 오류 및 매체의 물리적 결함 여부를 확인하는 과정으로 검사장비로 오류 위치를 찾을 수 있으며 정기적인 추적관리가 필요하다. 자기 매체에 수록되어 있는 데이터는 5~10년마다 백업이 필요하다.

■ 보존수명 연장 방법

자기 · 광 매체의 보존수명을 연장하는 방법으로는 백업 자료의 확보와 정기적인 업그레이드, 마이그레이션, 데이터 수록 상태의 검사 등으로 이를 통해 멸실 가능성이 있는 데이터를 보호할 수 있다(신종순 외 2011, 302). 또한 다른 매체와 마찬가지로 안정적인 보존 환경을 유지하는 것이 중요하다.

■ 보존용 자기 · 광 매체의 조건

보존용 자기 · 광 매체는 다음의 조건을 충족시켜야 한다(신종순 외 2011, 300).

- 보자력이 우수하고 정해진 방법(데이터 체계)에 따라 기록되어야 한다.
- 지지층이 무기성 재료이거나 유기성 고분자물질이어야 한다.
- 코팅재가 화학적으로 안정되어야 한다.

[별첨] 자기·광 매체의 종류 및 특성

- 플로피 디스켓: 자기 매체이며, 대부분의 개인용 컴퓨터에 사용되었으나 지금은 사용되지 않는다. 플로피 디스켓의 유형은 다음과 같다.

플로피 디스켓의 유형

유 형	출시년도	용 량
8 Inches	1971	175kB ~ 1.2MB
5.25 Inches	1976	110kB ~ 1.2MB
3.5 Inches	1982	264kB ~ 200MB
3 Inches	1982	360kB
2 Inches	1985	720kB

*출처: 국가기록원 2011, 100.

- CD·DVD: 광 매체(optical media)이며 플로피 디스켓에 비해 용량이 크다. 오디오 및 비디오 전용 매체에서 지금은 파일(데이터)을 수록하는 매체로 그 사용 폭이 넓어졌으며, 읽기 전용(read only)부터 재수록(rewritable)기능까지 다양한 종류가 있다. DVD(4.7GB, 8.5GB)는 국가기록원의 전자기록 수록 매체로 사용되고 있다.

CD-DVD의 유형

유 형	콘텐츠	용 량
CD	오디오 파일	700MB
DVD	오디오·비디오 파일	4.7GB ~ 17GB

CD/DVD

*출처: 국가기록원 2011, 100.

- MOD(Magneto Optical Disk 광자기디스크): 자기와 빛(레이저)을 동시에 이용해 저장하는 매체이다. 대부분의 매체가 자력에 약한데 비해 광자기디스크는 데이터 기록 시 아주 강력한 자력을 지닌 물질을 이용하여 어지간한 자력으로는 데이터가 손상되는 일이 없다. 속도는 느리지만 보관성이 좋아 백업용으로 사용한다. CD-R, CD-RW의 저장이 더 편해진 지금

MOD는 점점 사라지는 추세이다. 2007년 이후 국가기록원은 MOD를 DVD로 대체하였다.

MOD의 유형

유 형	콘텐츠	용 량
MOD	오디오 · 비디오 파일	5.2GB

*출처: 국가기록원 2011, 101.

- SSD(Solid State Device): 하드 디스크 드라이브(HDD)와 비슷하게 동작하면서도 기계적 장치인 HDD와는 달리 반도체를 이용하여 정보를 저장한다. 차세대 대용량 저장장치로 주목받고 있는 것으로 HDD와 달리 빠른 데이터 접근 속도와 안정성 등이 뛰어나다는 장점이 있다. MP3 플레이어, 디지털 카메라, USB에 주로 사용된다. 대용량 스토리지로 사용범위가 확산되고 있다.

- 블루레이 디스크(Blue-ray Disc): 고선명(HD) 비디오를 위한 디지털 데이터를 저장할 수 있도록 소니가 주도하는 BDA(Blue-ray Disc Association)에서 정한 광기록 방식 저장매체이다. 블루레이 디스크는 저장된 데이터를 읽기 위해 DVD 디스크에 비해 훨씬 짧은 파장을 갖는 레이저를 사용함으로써 같은 크기인데도 더 많은 데이터를 담는 것이 가능하다. 컴퓨터 데이터용 블루레이 디스크(BD-ROM), 기록 가능(recordable) 블루레이 디스크(BD-R), 재기록 가능(rewritable) 블루레이 디스크 등(BD-RE) 등 여러 변형이 존재한다. 블루레이 디스크에 담긴 비디오 테이프의 무단 복제를 막기 위해 강력한 복제방지 기술이 구현되어 있다(신종순 외 2011, 86).

- 하드 디스크 드라이버(HDD): 고정형 매체로, 자성물질을 코팅한 원형의 금속판(aluminium disk)에 자장을 형성하여 정보를 기록 또는 재생한다. 컴퓨터의 보조기억장치로 가격이 저렴하고 기술 향상으로 대용량화가

가능해져 MB에서 GB, TB의 용량을 수용한다.

블루레이 디스크와 하드디스크

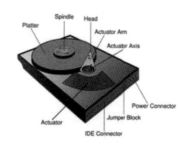

블루레이 디스크   하드디스크 드라이버

*출처: 국가기록원 2011, 102.

1. 광 매체의 기록방식에 따른 구분과 각 구분 항목별 종류를 나열하시오.

2. 자기·광 매체의 보존수명을 연장하는 방법을 쓰시오.

3. 자기·광 매체의 보존수명 예측 지표를 나열한 다음 간단히 설명하시오.

4. 보존용 자기·광 매체의 조건을 쓰시오

4절　기타 매체류

1. 동물 가죽의 특성 및 보존수명

■ 동물 가죽의 특성

동물 가죽은 기록을 생산하기 위하여 또는 종이를 묶기 위하여 오랜 시간 사용해 왔다. 다양한 동물의 가죽이 사용되었지만, 양피지와 독피지가 가장 많이 사용되었다. 양피지는 양이나 염소 가죽의 안쪽 부분을 말한다. 무두질을 하지 않고 붙어 있는 살점, 털, 지방질, 근육 등을 제거한 다음에 석회 용해제에 담가 놓았다가 문질러서 윤을 내는 방식으로 제작한다. 독피지는 보통 6주 이하가 된 송아지 가죽을 말한다.

동물 가죽은 가죽의 특성상 산성에 강하다. 그러므로 제대로 보관한다면 내구성이 아주 좋다. 하지만 동물 가죽은 상대습도가 높고 낮거나, 자주 변하는 환경에서는 취약하다. 예를 들어 동물 가죽의 기록물을 아주 건조한 곳에 둔 다음에 펼치거나 접으려고 할 때 부서질 수가 있다. 또한 둘둘 말아 놓은 경우 펴기가 쉽지 않다. 뿐만 아니라 습기가 지나치게 높은 곳에 두면 펴기는 쉽겠지만 곰팡이가 쉽게 증식할 수 있다(ICA · IRMT, 조호연 역 2002, 120).

■ 동물 가죽의 보존수명

동물 가죽은 수분의 흡수성이 뛰어나다. 습기가 존재하면 수분을 흡수하여 섬유질이 늘어나 용적률이 커지고 건조한 상태가 되면 수분을 방출하여 섬유질의 수축현상이 발생되므로 갈라짐 등의 변형과 곰팡이 등 미생물에 의한 훼손이 발생된다. 또한 빛(적외선, 자외선 등)에 의해 조직의 뒤틀림과 변·퇴색을 일으켜 손상이 가속화된다. 그러므로 동물 가죽 및 피혁 기록물의 보존처리는 취약한 온·습도 변화의 안정화와 물리적 훼손 등을 억제함으로써 영구히 보존할 수 있다. 동물 가죽의 보존수명을 연장하는 방법은 다음과 같다.

- 어두운 곳에 보관해야 하고 가능한 한 빛을 적게 쪼여야 한다.
- 상자, 서랍, 혹은 튼튼한 기록철 폴더 속에 넣은 채 선반 위에 보관해야 한다.
- 자료는 접히지 않은 상태로, 평평한 모습으로 최소한의 압력을 받은 상태로 보관해야 한다.
- 접힌 상태라면 물기를 적신 다음에 펴야 한다.

동물 가죽의 보존수명 예측 지표는 다음과 같다.
- 상대습도: 50%에서 55% 사이가 좋고, 일정하게 유지하는 것이 중요하다.
- 온도: 18℃에서 20℃ 사이거나 이보다 좀 더 시원해야 한다. 온도 역시 일정하게 유지하는 것이 중요하다.

2. 섬유류의 특성 및 보존수명

■ 섬유류의 특성

일반적으로 섬유 기록물은 모직, 견, 마, 나일론, 폴리에스테르 등 동·식물성 및 화학섬유로 분류된다. 이 중 동·식물성 섬유는 온·습도의 변화에 의하여 곰팡이인 미생물, 단백질 섬유에 발생하는 좀벌레 등의 충해, 광선에 의한 안료·염료의 퇴화 및 섬유질의 노화 현상, 공기 중의 아황산가스 등 유해 가스에 의한 재질 변화, 낮은 습도에서의 저항력 감소 등이 화학섬유보다 급속하게 진행된다.

■ 섬유류의 보존수명

섬유류의 관리상의 문제는 전시 중이거나 보관 중 일어나는 곰팡이나 해충에 의한 피해와 찢기거나 물감의 색이 퇴색하는 표면손상을 들 수 있다. 화학섬유를 제외한 식물성과 동물성 섬유는 빛이나 조명광선에 안료의 색이 퇴색하고 낮은 습도에서는 저항력이 떨어지는 현상을 보인다. 특히 식물염료로 염색한 섬유들은 염료가 생지(生地)를 변색시키는 경향이 있으며 습도가 높으면 높을수록 광선에 의한 퇴색이 심하다.

섬유 재료는 고분자 유기화합물로서 외부로부터의 오염물질이나 화학작용에 대해서는 비교적 안전한 상태를 유지하기 때문에 보존관리를 잘하면 재질의 노화 현상을 예방할 수 있다. 섬유류의 재질에 변화를 주는 외부 조건으로는 빛이나 공기 중의 먼지, 산소, 아황산가스 등인데 가장 유해한 요소는 직사광선이다.

직사광선이 비추는 곳은 퇴색 작용이 가장 심하게 일어나며 습기와 접촉했을 경우 변질이 가장 빠르게 진행된다. 또한 고온 다습한 환경에 섬유가 장기간 놓여 있을 때는 곰팡이나 좀 등에 의해서 냄새가 발생하고 구멍이 생기는 현상이 발생한다. 사상균(締狀菌)인 곰팡이 포자 및 세균의 발육에는 수분과 온도·산소·영양물질이 필요하며, 가장 좋은 조건은 온도 20℃~32℃, 습도 70%~90%, pH 측정치가 6~7.5일 때이다. 우리나라의 경우, 7~8월 사이의 장마철은 온도가 20℃ 이상, 습도가 70%를 상회하기 때문에 곰팡이가 발생하기에 가장 좋은 시기이다.

섬유의 재료 중 면직물은 가장 곰팡이가 발생하기 쉬운 재료이다. 흑색 곰팡이와 청색 곰팡이가 가장 잘 번식하며 피해도 제일 크게 입히는 편이다. 이러한 피해를 방지하기 위한 예방책으로는 번식요인을 제거하는 것이 무엇보다 선행되어야 한다. 해충류는 4월부터 10월 사이가 활동기간이며 겨울철이라도 10℃ 이상 상온의 온도에서는 활동이 가능하므로 정기적으로 관찰하여 예방하는 것이 좋다. 섬유류의 보존수명을 연장하는 방법은 다음을 고려할 수 있다.

- 온도와 습도가 높은 여름철에는 환경조건을 온도는 16℃, 습도는 50%~60% 정도로 유지하며 보통 ±3%~4%를 넘지 않도록 유지한다.
- 가능한 한 일광 접촉을 피하고 저온, 저습한 장소를 선택하여 보존한다.
- 장기간 보존 시는 초산 소다수나 탄산소다 용액이 1% 정도 함유된 물에 담갔다가 그늘에 건조하여 보관한다.
- 면직물은 건열 처리가 가장 효과적이며. 60℃에서 30분간, 80℃에서 10분 정도 살균 처리하면 곰팡이가 제거된다.
- 곰팡이가 번식하기 쉬운 섬유질 작품은 살균성이 우수한 계면 활성제나 화학약품을 사용하여 방부, 방취효과를 얻도록 훈증가공 처리를 한다.
- 방충제를 사용한다. 파라디클로로밴젠은 승화도(昇函度)가 높고 자극성 냄새가 강하므로 방충 효과가 비교적 높다.

섬유류의 보존수명 예측 지표는 다음과 같다.
- 상대습도: 50%에서 55% 사이가 좋다. 가능한 한 일정하게 유지하는 것이 중요하다.
- 온도: 18℃에서 22℃ 사이이거나 이보다 좀 더 시원해야 한다. 가능한 한 일정하게 유지하는 것이 중요하다.
- 빛: 직사광선을 되도록 피하는 것이 좋으며 전시 시에는 조명을 50lx 이하를 유지한다.

1. 동물 가죽의 보존수명 예측 지표와 지표별 보존 요건을 쓰시오.

2. 섬유류의 보존수명을 연장하는 방법을 세 가지 이상 쓰시오.

3. 섬유류의 보존수명 예측 지표를 나열하고 지표별 보존 요건을 쓰시오.

4 장

열화와 훼손

열화와 훼손의 개념을 정확히 이해하고, 기록 매체별 열화·훼손의 유형과 원인을 살펴봄으로써 기록관리기관에서 발생하는 전반적인 기록 매체별 열화·훼손 상황에 대비한다.

기록물이 열화·훼손되는 데에는 많은 요인이 있다. 기록물이 가지는 내재적 속성 및 자연환경에 의한 자연적 요인과 인간의 부주의한 취급과 관리로 인한 인위적 요인이 그 주요 요인이다. 주요 요인들에 대한 상세 내역을 살핌으로써 기록 매체별 열화·훼손의 요인을 정확히 이해하고 이를 통해 예방적 보존 조치를 강구한다.

종이, 필름, 자기·광 매체 등 기록 매체별로 다양한 열화·훼손 유형을 파악하여 기록물의 상태검사 시 보존위험평가 및 보존수요평가를 위한 기초자료로 적극 활용한다.

- 열화와 훼손의 개념이해
- 열화·훼손의 요인 파악
- 열화·훼손의 기록 매체별 유형 습득

1절 　열화와 훼손의 이해

1. 열화 및 훼손의 정의

■ 열화와 훼손의 개념

열화(劣化)는 기록물이 주변 환경에 의해 상태변화 등의 손상을 입는 것을 말한다. 부분적인 손상이나 색 변화 등이 발생한 경우이며 내용판독은 가능한 정도이다. 훼손은 기록물이 주위의 환경에 의해 물리적 파손 및 손실로 내용판독이 어려운 상태로, 전문가에 의해 복원이 가능한 경우를 말한다.

2. 열화 및 훼손의 유형·분포

■ 열화·훼손의 유형

국가기록원을 비롯한 국내 기록물보존기관(중앙행정기관, 지방자치단체, 정부투자기관, 공공도서관 등)에서 보존하고 있는 기록물에 대한 보존상태를 조사한 결과 기록 매체별 주요 열화·훼손 유형은 다음과 같다.

<표 4-1> 기록물의 열화 · 훼손 유형

기록물	종류	주요 훼손유형
종이 기록물	문서, 카드, 도면, 대장	파손, 황변화, 변퇴색, 건조화, 바스러짐
사진 · 필름류	사진, 필름	황반점, 바스러짐, 수축, 젤라틴 경화, 말림, 막면 탈리, 변색
자기 · 광 매체	자기테이프, 광디스크	구겨짐, 수축, 끊어짐 스크래치, 내용 소거

■ 종이 기록물의 열화 · 훼손 유형

종이 기록물의 열화 · 훼손 유형은 파손, 잉크탈색, 재질 변색, 건조화, 오염, 산성화 등이다. 파손은 기록물의 손실, 찢김, 심한 마모, 구겨짐, 접힘 등의 훼손된 상태를 말한다. 잉크탈색은 잉크의 탈색, 변색, 오염 등으로 기록내용의 가독성이 떨어지는 것을 말한다. 재질 변색은 종이의 종류에 따라 자연적으로 노화되어 황변한 상태로, 주로 건조화를 동반하며 갱지/신문용지에서 상대적으로 심하게 나타난다. 건조화는 기록물을 넘길 때 유연성에 문제가 있거나 심한 경우 바스라짐이 발생하는 것을 말한다. 오염은 곰팡이, 충해, 이물질 등으로 기록물이 오염 또는 훼손된 것을 말한다. 산성화는 산성화 정도가 pH 6.5 이하인 경우 산성화가 진행된 것으로 판단한다(국가기록원 NAK 36:2020(v.1.0), 11-12).

■ 사진 · 필름류의 열화 · 훼손 유형

사진 · 필름 기록물의 열화 · 훼손 유형은 황색 반점 · 황변화, 젤라틴층 경화, 부분적인 얼룩, 구겨짐, 말림, 곰팡이 번짐, 막면 분리, 바스러짐, 은거울화 등이 있다. 황색 반점 · 황변화는 필름의 표면에 노란 반점이 형성되는 상태를 말한다. 현상 과정에서 불완전한 수세로 인하여 필름상에 하이포(티오황산나트륨)가 잔류하게 되고 공기 중에서 황을 먹이로 살아가는 황박테리아가 기생하여 유발된다. 젤라틴(층) 경화는 사진이나 필름의 감광유제층이 딱딱해지고 탄력이 상실되는 상태를 말한다. 유기성 아교 성분과 감광 물질과의 혼합체인 감광유제층이 장시간 동안 저습 환경에 노출될 때 발생한다. 부분적인 얼룩은 필름이나 사진에 물이 묻었거나 동물의 배설물 등이 묻어 생기는 현상이다. 구겨짐은 취급상 부주의로 인한 물리적인 접힘 현상으로, 비교적 간단하게 그래픽 처리 등으로 원본 복구가 가능하다. 말림은 과도하게 건조한 상태가 오래 지속되거나 온도가 높을 때 나타난다. 감광유제층과 지지체의 수축률이 틀려 필름이나 사진이 말리는 현상이다. 막면 분리는 열, 저습 환경 등에 의해 필름 기재의 물리적 변형이 생기고, 막면의 상이 떨어져 나간 경우를 말한다. 곰팡이 번짐은 필름이 다습환경에 놓이면 감광유제의 젤라틴 성분이 영양원이 되어 곰팡이가 생기면서 발생한다. 스크래치는 필름이나 사진 표면에 흠집이 가는 상태를 말하는데, 필름을 보관할 때 먼지의 존재로 인하여 발생한다. 바스라짐은 필름이 장시간 적정하지 않은 온·습도 환경에 노출되면 발생하고, 필름의 감광유제층이 직사광선에 노출될 때 젤라틴층의 광화학분해 작용으로 젤라틴층이 파괴되면서 발생하기도 한다. 은거울화는 필름의 감광유제층에 포함된 할로겐화은이 오랜 시간 동안 환원 반응을 일으켜 금속은으로 석출되어 마치 거울같이 번쩍거리는 현상이다(국가기록원, 기록보존, 87-88).

■ 자기·광 매체의 열화·훼손 유형

자기·광 매체의 열화·훼손 유형은 스크래치, 구겨짐·늘어짐, 자성층 파괴·찢어짐, 수록 내용의 소실 및 변형, 곰팡이에 의한 파괴, 절단 등이 있다. 스크래치는 사진·필름에서와 마찬가지로 먼지, 이물질의 접촉, 취급 부주의로 인한 물리적인 손상이 원인이 된다. 구겨짐·늘어짐은 자기테이프를 손으로 직접 만지거나 꺼낼 때 부주의 또는 기계의 구동 장치에 물려 꺾여 접히는 것으로 흔히 발생하는 사례 중 하나이다. 자성층 파괴·찢어짐은 온도와 습도의 변화가 클 때 자성층의 박리 및 변형 등 현상이 나타나 수록 내용이 파괴되는 경우를 말한다. 자기테이프가 물에 오랫동안 노출되면 자성층이 가스분해되거나 습한 환경에 장기간 노출되면 그대로 들러붙어 재생이 불가능한 사례도 있다. 수록 내용의 소실 및 변형은 온·습도의 변화뿐만 아니라 강한 자기장에 노출되어도 수록 내용의 훼손을 유발할 수 있다. 이외에도 압력, 먼지, 열·빛 등에도 쉽게 변화를 유발한다. 곰팡이에 의한 파괴는 흔한 사례는 아니지만 곰팡이가 자성 재료의 표면이나 지지체에 부착되어 갉아먹거나 변형을 유발하는 경우를 말한다. 절단은 녹음 또는 녹화된 테이프를 재생장치에 재생할 때 주행하는 테이프가 기계 장치에 걸려 찢어지는 현상을 말한다(국가기록원, 기록보존, 88-89).

■ 열화·훼손의 유형 분포

국가기록원의 소장 기록물에 대한 상태검사(표본검사) 결과 종이 기록물은 전체 소장 기록물의 약 55%가, 시청각 기록물은 전체 소장량의 약 10%가 열화·훼손이 있는 것으로 나타났다. 훼손 유형에 대한 분포는 다음과 같다.

〈표 4-2〉 기록물의 훼손 유형 및 분포

기록물	훼손 유형	분포(%)
종이 기록물	황변화	70
	부스러짐/강도저하	5
	변퇴색	5
	찢어짐/마손	15
	곰팡이/기타	5
사진·필름, 자기·광 매체	황반점	70
	경화	10
	수축/말림	10
	흠집(스크래치)	7
	내용소거/기타	3

1. 열화와 훼손의 차이점을 기술하시오.

2. 종이 기록물의 열화·훼손 유형에 대해 세 가지 이상 쓰시오.

3. 시청각 기록물의 훼손 유형 중 가장 높은 비율을 차지하는 것은 무엇인가?

1. 물리적 요인

▣ 부적절한 취급

유감스럽게도 영구보존 기록물에 대한 가장 심각한 위험 요인은 사실상 인간이다. 고의적이든 우연이든, 기록연구사에 의한 것이든 이용자에 의한 것이든 영구보존 기록물에 대한 부적절한 취급은 결국 귀중한 기록의 소실을 야기한다. 취급 부주의에 대한 구체적인 사례로는 부피가 큰 기록물을 무리하게 보관하려는 행위, 기록물 이송 시 잘못되거나 부적절한 장비를 사용하는 행위, 기록물을 부적절하게 쌓아두는 행위 등이 있다. 또한 기록물의 절단, 파손, 도난도 부적절한 취급의 예이다.

▣ 부적절한 관리

기록물의 부적절한 관리는 고위 관리직의 영역에서 그리고 기관의 정책이나 프로그램으로 인해 발생하는 손실까지도 포괄하는 보다 더 광범위한 차원에서의 손실을 말한다. 부적절한 취급보다 지속적이고 장기간에 걸친 손실을 야기한다. 자격요건을 갖추지 못한 보존담당자 임명, 엉성한 보존 절차, 부적절한 보존처리, 관련 지침의 부재, 보안 프로그램이나 비상대책의 부적합성이나 부재 등이 이에 해당한다.

■ 부적절한 취급 · 관리로 인한 열화 · 훼손 유형

매체별로 부적절한 취급 · 관리로 인한 열화 · 훼손 유형은 다양하다. 종이 기록물은 찢어짐, 가장자리 마모, 구겨짐 및 말림, 오염 등을 들 수 있다.

- 찢어짐: 취급 부주의로 인해 발생하는 것으로 떨어져 나간 조각은 즉시 적합한 수단으로 보수하여야 한다.
- 가장자리 마모: 가장자리 부분이 닳아 마모된 경우를 말하며, 기록물에 대한 취급 부주의로 인해 발생한다. 기록물철 혹은 도면 기록물에 많이 나타난다.
- 구겨짐 및 말림: 기록물에 대한 취급 부주의로 발생하거나 부득이하게 기록물 크기를 기록물철에 맞게 접어야 하는 경우 발생한다. 구겨진 기록물의 경우는 구겨진 부분의 강도가 저하되어 마모 및 파손을 가져오거나 더 나아가 찢어져 없어지는 경우도 생길 수 있다.
- 오염: 기록물 위에 음식물을 엎지르는 행위, 불결한 손으로 자료를 다루는 행위, 페이지를 넘기기 위하여 손가락에 침을 묻히거나 물을 바르는 행위, 청소나 건물 관리를 게을리하는 행위 등으로 자료가 훼손될 수 있다(ICA · IRMT, 조호연 역 2002, 42).

사진 · 필름 기록물에 대한 부적절한 취급 · 관리로 인한 열화 · 훼손 유형은 다음과 같다.
- 파손(찢김): 물리적인 손상으로 취급 부주의로 인해 발생한다.
- 스크래치: 필름이나 사진 표면에 흠집이 가는 상태를 말하며 취급 부주의로 인해 나타나게 된다.
- 구겨짐: 취급 부주의로 생기는 물리적인 접힘(꺾임) 현상이다.

자기 · 광 매체의 부적절한 취급 · 관리로 의한 열화 · 훼손 유형은 다음과 같다.
- 구겨짐, 늘어짐: 구겨짐과 늘어짐은 비디오, 오디오 테이프, 광자기 기록물을 손으로 직접 만지거나 꺼낼 때 부주의로 꺾여 접히거나 테이프가 늘어지

는 것으로 무척 흔한 사례이다.

- 절단: 녹음 또는 녹화된 테이프를 재생장치에서 재생할 때 주행하는 테이프가 기계 장치에 걸려 찢어지는 현상이 흔히 있다(신종순 외 2011, 153).
- 스크래치: 사진·필름류와 마찬가지로 먼지, 이물질의 접촉, 취급 부주의로 인한 물리적 손상이 원인이 된다.

2. 화학적 요인

◼ 산성화

종이 기록물이 산성화되는 가장 큰 원인은 19세기 후반부터 지금까지 종이 제작의 대부분에 사용되는 목재펄프와 섬유질의 화학 공정에 첨가된 산성 물질 때문이다. 목재펄프 속에 있는 강한 산성은 종이의 자연적 열화를 야기하여 백 년이 채 되기도 전에 종이의 훼손을 야기한다. 단적으로 신문용지를 햇빛에 내놓고 10분만 지나면 누렇게 변하는 것을 볼 수 있는데 이것을 종이의 황변(黃變)이라고 한다. 이것은 종이에 남아있는 산성 물질이 산화를 촉진시켜 시간이 흐르면서 섬유질이 분해되어 색이 변화하고 종이가 열화하여 파손되는 현상이다. 이런 용지는 너무나 빨리 열화되며 다른 재질에도 해를 줄 수 있는 산성과 먼지를 발산한다. 그러므로 만약 기록관리기관에서 신문 스크랩을 보관할 필요가 있다면 중성 용지에 그 내용을 복사하고 원본을 파기하는 것이 최상의 방법이다.

종이의 제조공정에 첨가되는 명반(알루미늄 황산염) 역시 산성화를 촉진한다. 종이를 강하게 하고 물기가 잘 흡수되지 않도록 하기 위하여 사이징을 하는데, 이때 사용되는 명반-로진 사이즈제는 산성화를 야기한다. 명반-로진 사이징은 종이에 황산염을 첨가하는데 결국 이 산성 성분은 종이의 셀룰로오스 섬유질을 공격한다. 1850년대 이후에 제작된 종이가 산성에 의해 크게 열화되는 원인은 주로 이 명반−로진 사이징 때문이다(ICA · IRMT, 조호연 역 2002, 20-25).

이외에도 종이 기록물은 잉크와 접착제의 산성으로 인해 산성화된다. 잉크는 강한 산성 성분을 함유하는 경우가 있다. 17, 18세기에 유행했던 단단한 담즙(Iron gall) 잉크는 강한 산성을 지녔는데, 종이 속에 침투하면서 산성화 작용을 일으키다가 시간이 흐르면서 변색을 야기한다. 탄소 잉크가 상대적으로 더 안정적이긴 하지만, 현재 사용되는 잉크는 대부분 합성염료로 만들어진다. 합성염료로 만들어진 잉크는 종이에 해를 주지 않지만 영구적인 성질을 지니지 못하고 시간이 지남에 따라 특히 빛에 쪼였을 경우 변색된다(ICA · IRMT, 조호연 역 2002, 20-25). 마지막으로 종이와 서적에 사용되는 접착제는 아교, 식물성 풀, 밀랍, 수지(樹脂), 에폭시 수지, 그리고 셀로판이나 마스킹 테이프 등으로 강한 산성을 함유하는 경우가 많다. 밀로 만든 녹말풀이나 메틸 셀룰로오스(methyl cellulos) 접착제처럼 기록물에 해를 주지 않는 것 이외의 접착제를 가지고 영구 기록물을 수선하지 않는 것이 중요하다(ICA · IRMT, 조호연 역 2002, 20-25).

산성으로 인한 열화 · 훼손 유형으로는 종이 기록물의 변색 및 바스러짐(건조화)이 대표적이다. 신문용지의 황변 현상은 종이 기록물의 산성화로 인한 변색의 대표적인 사례이고, 종이가 마치 과자처럼 부스러지는 현상이 바스러짐이다. 산에 의해 종이의 주성분인 셀룰로오스의 수소결합이 깨어져 종이의 강도가 저하되고, 종이가 건조한 환경에 장기간 노출될 때 종이에 함유된 수분이 날아가 건조한 상태가 되고 산성 물질(공해가스)이 복합적으로 작용하여 발생하기도 한다. 또한 잉크의 탈색도 산성으로 인한 열화로 볼 수 있다.

■ 온도와 상대습도

온도는 어떤 물체에 접촉할 때 차갑거나 따뜻한 느낌이 드는 정도를 수치로 나타낸 것이다. 온도가 높으면 기록물이 더 빨리 열화된다는 것은 일반적인 법칙이다. 온도가 높으면 열화를 초래하는 화학작용이 보다 빠르게 진행되기 때문이다. 이상적으로 말하자면 영구기록물은 높은 온도보다는 낮은 온도 속에서 보관되어야 한다.

상대습도는 현재 대기 중의 수증기의 질량을 현재 온도의 포화 수증기량으로 나눈 비율(%)로 나타낸다. 기록물의 보존 환경에서는 상대습도의 통제가 중요하다. 상대습도가 특히 고온을 수반할 경우 기록물의 화학적 질 저하 현상이 가속화된다. 높은 상대습도는 잉크의 글씨가 퍼지도록 만들 수 있다. 만약 상대습도가 너무 낮고, 따라서 공기가 너무 건조하다면 기록물이 부서지기 쉽고 금이 가거나 갈라진다. 반면, 상대습도가 너무 높다면 기록물이 습기를 머금게 되어 팽창하고 뒤틀어질 수 있다. 또한 높은 상대습도는 곰팡이를 증식시킴으로써, 영구기록물에 커다란 위험을 초래할 수 있다. 상대습도가 변하면 기록물이 팽창하거나 수축하여, 결국 기록물의 물리적인 구조를 약화시킨다. 온도와 상대습도에 급격한 변화가 생긴다면, 온도나 상대습도가 지속적으로 높거나 낮은 상태보다도 더 해롭다. 즉 온도와 상대습도의 급격한 변동이 가장 해롭다(신종순 외 2011, 122-124).

온도 및 상대습도로 인한 열화·훼손 유형은 다음과 같다(ICA·IRMT, 조호연 역 2002, 26).

- 온도와 습도가 모두 낮은 경우: 기록매체의 변형을 유발한다.
- 온도와 습도가 모두 높은 경우: 습한 환경이 되어 곰팡이가 빠르게 증식하고 뒤틀림과 열화현상이 일어난다.
- 온도가 높고 습도가 낮은 경우: 건조한 환경이 되어 자료가 부서지기 쉽다.
- 온도가 낮고 습도가 높은 경우: 습한 환경이 되어 응축 현상 발생한다.
- 온·습도의 급격한 변화는 온·습도가 지속적으로 높거나 낮은 상태보다 기록물에 더 해롭다.

온·습도 변화로 인한 매체별 열화·훼손 유형은 다음과 같다.

〈표 4-3〉 온·습도의 변화로 인한 매체별 열화·훼손 유형

기록물		열화·훼손의 유형
종이		바스러짐(건조화)
사진·필름	바스러짐	필름이 장시간 동안 적정하지 않은 온·습도 환경에 노출되면 바스라짐 등이 발생함
	막면 분리	열, 저습 환경 등에 의해 필름 기재의 물리적 변형이 생기고, 막면의 상이 떨어져 나간다.
	은거울화	흑백사진, 필름에서 주로 나타나며 필름의 유제층에 포함된 할로겐화은이 오랜 시간 동안 환원반응을 일으켜 금속은으로 석출되어 마치 거울같이 번쩍거리는 현상이다.
	말림, 수축변형	건조한 상태가 오래 지속되거나 온도가 높을 때 나타나며 유제층과 지지체의 수축률이 틀려 필름이나 사진이 말리는 현상이다. 더 나아가 수축변형으로 막면과 지지체의 수축 변형 및 막면 부풀음 현상이 이에 해당된다.
자기·광 매체	자성층파괴, 찢어짐	온도와 습도의 변화가 클 때 자성층의 박리 및 변형 등 현상이 나타나 수록내용이 파괴되기도 한다. 자성 테이프가 물에 오랫동안 노출되면 자성층이 가수분해(hydrolysis)되거나 습한 환경에 장기간 노출되면 테이프 형태의 기록물 중 그대로 들러붙어(sticky tape) 재생이 불가능한 사례도 있다.
	수축변형	자기 매체의 지지체는 열에 약한 재료이어서 쉽게 수축되거나, 또한 강한 열에도 쉽게 매체의 형태가 변형되어 수록내용의 파괴를 가져온다.

*출처: 국가기록원 NAK 25:2022(v1.1)
*주: 국가기록원의 지침, NAK 25:2022(v1.1)은 현행 표준이 아니고 폐지된 상태이나 온·습도 변화로 인한 열화·훼손과 관련해서 참고할 사항이 있어 인용함.

◼ 공기 오염

공기 오염을 유발하는 주요 요인으로 먼지, 분진, 공해 기체가 있다. 먼지는 공기 중에 부유하고 있는 입자상 물질을 말한다. 특히 최근 심각한 문제가 되고 있는 미세먼지는 우리 눈에 보이지 않을 정도로 작은 먼지 입자로서 입자 크기에 따라 직경 10㎍ 이하(10㎍=0.001cm)인 것을 미세먼지(PM10)라고 하며, 직경 2.5㎍ 이하인 것을 초미세먼지(PM2.5)라고 한다. 분진은 먼지 중에 흙, 모래, 암석,

식물 등 고형물이 파쇄되어 생긴 지름 0.1μm~수십μm의 고형 미립자를 말한다. 대기 중에 부유하는 미립자상 물질 전체를 가리킬 때에는 에어로졸(aerosol)이라고 한다(신종순 외 2011, 127). 공해 기체는 화석연료(fossil fuel)의 연소 생성물로 질소산화물(NOx), 황산화물(SOx), 수소염화물(HCl) 등 공기 중의 유해기체를 말한다(신종순 외 2011, 130).

공기 오염으로 인한 열화·훼손 유형으로, 먼저 미세먼지는 산성이자 부식성을 지니고 있어 기록물에 흡착될 경우 물리적, 화학적 열화를 촉진한다. 종이의 경우 종이를 구성하는 셀룰로스의 수소결합을 파괴하여 종이의 강도를 저하한다. 필름이나 자기 매체의 표면에 부착된 분진은 기록매체의 표면에 물리적 손상을 일으켜 기록 내용을 파괴하기도 한다. 미생물이 쉽게 착근하는 매개체로 분진은 기계장비의 고장을 유발하고, 특히 영화필름을 영사할 때 필름이나 렌즈의 손상을 발생시킨다(ICA·IRMT, 조호연 역 2002, 34).

■ 빛

빛은 사람이 사물을 인지함에 있어 필수 불가결한 요소이지만 기록물의 보존에 있어서는 반드시 통제해야 할 요소이다. 빛은 전자기파(electromagnetic wave)의 일종으로 비교적 파장이 짧고 파동성과 입자성을 동시에 가진다. 특히 자외선(ultra-violet)은 화학작용이 강해 화학선으로 불리며, 기록매체와 광화학반응을 일으켜 기록물의 열화를 촉진한다.

자외선은 가장 해로운 빛이다. 자외선의 특이한 파장은 아주 활동적이어서, 보다 많은 열을 발산하기 때문이다. 열이 많이 발산되면, 화학적 열화 속도가 빨라지게 된다. 자외선은 햇빛과 형광등에서 발견되기 때문에, 기록관리기관에서는 이러한 광선을 차단할 필요가 있다.

조명은 빛을 인간 생활에 유효하게 사용하는 기술이다. 그러나 조명으로 가장 일반적으로 쓰이는 백열등, 형광등은 열을 발산하고 자외선을 방출하여 기록물의 화학적 열화를 촉진한다. 즉 종이의 산성을 촉진할 뿐만 아니라 표백작용이나 색상의 변화를 야기한다.

빛(과 조명)은 광도, 광속, 조도 및 휘도 등 다양한 방법으로 표현할 수 있다.

- 광도(luminous intensity): 빛의 세기를 나타내는 기본 단위로서 광원으로부터 어느 한 방향으로의 빛의 세기를 말한다. 단위는 칸델라(Candela)이고 표기는 Cd, 단위기호는 I를 사용한다.
- 광속(luminous flux): 광원에서 나오는 빛의 총량을 말한다. 단위는 루멘(lumen)이고 표기는 lm, 단위기호는 F를 사용한다.
- 조도(illumination): 광원에 의해 비추어진 대상면에 도달하는 빛의 양이다. 단위는 lux이고 표기는 lx, 단위기호는 E를 사용한다.
- 휘도(luminance): 광원이 빛나고 있는 정도 또는 빛이 반사되는 반사면의 밝기 정도이다. 단위는 nit(또는 nt), 단위기호는 L을 사용한다.

〈그림 4-1〉 광도, 광속, 조도, 휘도의 이해

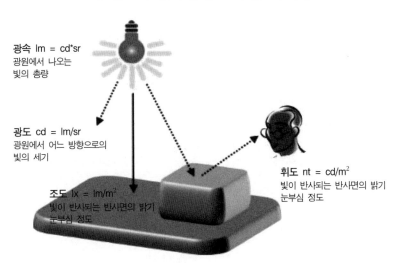

*출처: https://m.blog.naver.com/e077/220427648682

빛은 기록매체와 광화학(광분해) 반응을 일으킨다. 빛에 의한 열화·훼손 유형은 다음과 같다(신종순 외 2011, 129).

- 종이 중의 유기성 중합체(섬유, 사이즈제, 첨가물 등)의 쇄상 결합파괴로 인한 바스러짐
- 금속성 또는 유기성 불순물(리그닌, 수지, 전분 등)과의 반응으로 인한 탈색과 화학결합의 파괴로 인한 황화 또는 흑색화
- 염료의 분해로 인한 탈색 및 변색 등

3. 생물학적 요인

▣ 설치류 동물과 해충

〈표 4-4〉 기록물에 영향을 미치는 해충

종 류	훼손 종류 및 내용
좀	인조견, 모직물 등 피복류에 주로 해를 가하고, 서적류의 풀을 칠한 제본 부위를 공격. DDT의 출현 이후 그 발생이 현저히 감소.
바퀴벌레	잡식성으로 주택, 병원, 아파트 등 어디서나 볼 수 있는 해충. 문서나 도서의 표지를 많이 갉아 먹음.
흰개미	습도가 높거나 곰팡이가 번진 책자류에서 많이 발견. 목재로 만들어진 서가도 공격하며, 먹이는 대부분 목재 등의 식물질로 셀룰로오스와 헤미셀룰로오스를 분해·흡수함과 동시에 글루코오스를 발효.
책다듬이	책갈피에서 발견되기 때문에 책이(booklice)라고 함. 도서관에서 서적에 풀을 바른 부분을 공격.
딱정벌레	·권연벌레류 - 서적류에 주로 영향을 미침. ·수시렁이과 - 동식물 표본을 공격, 가죽에 영향을 미침. ·가루나무좀과 - 서적이나 목재 서가에 영향을 미침.

*출처: 국가기록원 2011, 43.

설치류는 쥐목 포유류의 총칭으로 쥐는 서고에서 가장 많은 피해를 준다. 해충은 일반적으로 인간 생활에 직접 또는 간접으로 해를 주는 곤충의 총칭이다. 서고 내에서 흔히 발견되는 해충에는 기록매체를 먹이로 삼아 기록물에 직접적으로 영향을 미치는 좀, 바퀴, 흰개미 등이 있고, 해충의 배설물로 인하여 각종 기록물을 오염시켜 간접적으로 손상을 입히는 파리, 벌 등이 있다(신종순 외 2011, 131).

▣ 미생물(microorganism)

미생물은 육안의 가시 한계를 넘어선 0.1mm 이하의 크기인 미세한 생물을 말한다. 주로 단일 세포 또는 균사로 이루어진 생물이다. 종이(의 셀룰로오스)나 필름(의 감광유제)을 영양원으로 서식하는 미생물(세균과 곰팡이)은 현재까지 약 40여 종이 알려져 있다(신종순 외 2011, 135).

곰팡이는 습기 있고 따뜻한 공기 속에 놓인 물체 속에서 생겨나는 미세한 잔균류로서 양털이나 모피 모양으로 증식한다. 푸른곰팡이, 흰곰팡이, 누룩곰팡이 등이 서적류와 필름 등에서 광범위하게 발견된다. 세균은 단세포 생물로 균의 크기는 $0.5 \sim 2 \mu$m이다.

▣ 생물매개체에 의한 열화 · 훼손 유형

종이는 셀룰로스 성분과 수분을 먹이로 하는 해충, 미생물, 설치류 등에 의해 열화 및 훼손이 야기된다. 종이 기록물에 해를 미치는 곤충은 대개가 가벼운 피해를 입히는 정도이다. 동물에 의한 피해는 주로 쥐에 의한 것이라고 하여도 좋을 것이다. 기록물을 갉아 없애거나, 가죽이나 양피지 등의 제본 재질류에 영향을 미칠 가능성이 높다. 기록물이 보관되어 있는 장소에 미생물, 해충 등이 서식하여 종이 기록물을 훼손시키면 복원이 불가하다(신종순 외 2011, 131-136).

필름은 동물의 배설물이나 곰팡이균의 번식으로 열화 및 훼손이 발생한다. 고온·고습한 상태에서 사진 표면에 곰팡이가 발생하여 곰팡이가 분비하는 분해효소 및 유기산에 의해 반점 등이 생긴다. 다습환경에 놓이면 감광유제의 젤라틴 성분이 영양원이 되어 곰팡이가 쉽게 발생하는데, 이럴 경우 세척 및 항균 처리를 해야 한다(신종순 외 2011, 131-136). 자기·광 매체는 흔한 사례는 아니지만 곰팡이의 일종이 자성 재료의 표면이나 지지체, 케이스 부분에 착근하여 갉아먹거나 변형을 유발하는 경우가 있다.

4. 전자기적 요인

■ 전자기장과 정전기

전자기적 환경은 전자기록 매체 및 자기 매체에 중대한 영향을 미친다. 먼저 전자기장이란 전기력과 자기력이 작용하는 공간을 말하는데, 자화 배향의 조정을 통하여 정보를 기록하는 자기 매체의 보존성에 막대한 영향을 미친다. 정전기는 접촉이나 마찰에 의해 부도체의 물체에 발생하는 전기를 말한다. 정전기에 의해서도 자기 매체는 영향을 받는데 자화 배향의 조정, 즉 기록을 수록한 배열을 재조정함으로써 수록 내용이 소실되거나 변형된다.

1. 종이 산성화의 원인에 대해 설명하시오.

2. 온·습도 변화로 인한 필름의 열화·훼손 유형을 나열하시오.

3. 온도 및 상대습도 환경은 항상 동시에 기록물에 영향을 미치는데, 온도가 낮고 습도가
   높은 경우에 발생하는 기록물의 열화·훼손의 유형을 쓰시오.

4. 빛이 종이 기록물에 야기하는 화학적 열화·훼손의 유형을 설명하시오.

5 장

보존 환경, 시설, 장비

개 요

열화·훼손의 주요 요인인 온·습도, 공기질, 빛, 생물매개체, 전자기 등에 대한 올바른 측정 방법과 열화·훼손 방지를 위해 이들 요소의 관리 및 통제를 위한 기준들을 검토함으로써 보존 환경의 조성을 위한 기본적 관리 요소들을 숙지한다.

적합성, 안전성, 경제성에 기반한 보존서고 부지의 조건과 보존서고 및 서가 배치의 설계, 업무 및 서비스 공간 등의 설계를 위한 고려사항들을 살펴보고 이들 공간을 지원하는 시설체계를 점검한다.

■ 보존 환경 조성을 위한 기본 고려사항 검토
■ 보존시설의 설계와 장비 마련을 위한 지식의 습득

1. 온·습도 관리

■ 온·습도 환경의 통제

기록물을 안정적으로 보존할 수 있는 최적의 온·습도 환경은 기록매체마다 다르다. 기록 매체별 온·습도 환경의 통제기준은 다음과 같다.

〈표 5-1〉 기록물관리기관의 보존시설 및 장비의 기준
(보존 환경 유지기준 중 온·습도 기준)

기록 매체		온도(℃)	습도(%)
종이 기록물		20±2℃	50±5%
전자 기록물		20±2℃	40±5%
시청각 기록물	필름매체류	0±2℃	30±5%
	자기매체류	15±2℃	40±5%
행정박물		20±2℃	50±5%

*흑백 사진필름, 마이크로필름은 자기매체류의 온·습도의 기준에 따른다.
*출처: 「공공기록물 관리에 관한 법률」 시행령 [별표 6]

온·습도를 통제하기 위한 조치에는 다음 사항이 고려될 수 있다(ICT·IRMT, 조호연 역 2002, 29).

- 시설 내에 환기를 잘 시켜 실내 온도와 습도가 올라가지 않도록 한다.
- 기록물을 외벽으로부터 떨어진 곳에 놓아 외부 환경의 변화로부터 영향을 적게 받도록 한다.
- 지하실 혹은 다락 등 상대습도가 높거나 공기 순환이 잘 안되는 장소에 기록물을 보관해서는 안 된다.
- 상자, 서가, 혹은 캐비닛 속에 문서를 너무 촘촘하게 채워서는 안 된다.
- 냉난방 장치를 사용할 경우 반드시 온도와 상대습도의 급격한 변화를 막기 위하여 정기적으로 모니터링해야 한다.
- 사진, 마이크로필름, 자기테이프 등 열과 습기에 민감한 기록물들은 온도와 상대습도가 조절될 수 있는 특정 장소(특수매체 보존시설 등)에 따로 보관해야 한다.

■ 온·습도의 점검과 조치

온도와 습도의 점검을 위한 온·습도 측정 장비와 장비 사용 시 유의 사항은 다음과 같다(국가기록원 NAK 11-2: 2021(v1.1), 부속서 A).

- 온·습도 측정 장비: 서고 내에 설치된 온습도계 사용을 원칙으로 하되, 필요에 따라 아스만식 온습도계나 디지털 온습도계 등을 사용할 수 있다. 온습도계는 측정 분해능이 각각 1℃와 1% 이하 성능의 기기를 사용하여야 한다.
- 측정 위치: 주변 시설이나 부착물 등의 장애물이 없고, 서고 내의 온·습도를 대표할 수 있는 곳을 측정 위치로 선정하여야 한다. 서고 내 내벽 또는 천정으로부터 1m 이상, 바닥 면으로부터 1.2~1.5m 떨어진 곳을 선정하여야 한다. 서고 내에 자연 환기구나 기계 환기 시스템이 설치되어 있는 경우, 환기 시스템에 의한 직접적 공기유동 경로에 위치하지 않도록 각각의 급배기 구로부터 최소 1m 이상 떨어진 지점을 선정하여야 한다.

- 측정 조건: 측정지점에서의 실내기류는 0.3 m/s 이내가 되어야 한다. 관측자가 온습도계에 너무 가까이 가면 호흡 또는 체온으로 인하여 간섭받게 되므로 관측자와 온습도계와의 거리가 적어도 30 cm 이상은 떨어져야 한다.

디지털 온습도계를 사용할 경우에는 3회 이상 측정하여 그 평균값을 측정값으로 사용하는 것이 바람직하다. 측정기기는 매년마다 표준기관에 의뢰하여 검·교정을 받아야 하고, 서고 내 온·습도의 측정 시에는 날씨, 실외의 온·습도, 측정자의 성명 등 측정 정보를 함께 기록하여야 한다.

그 외에도 기록물은 종류 및 재질별로 최적의 보존 환경에서 보존하기 위해 항온항습체계를 필수적으로 갖추어야 한다. 영구기록물 관리기관의 항온항습체계는 다음을 고려해야 한다(국가기록원 NAK 11-2: 2021(v1.1), 16-17).

- 기록물 보존 환경 유지를 위해 항온과 항습은 매우 중요한 기능이므로 항온항습 설비는 시스템의 안정성을 고려해야 하며, 오염이 잘 안되고, 일상적 관리·수리·청소 등이 용이해야 한다.
- 보존기록물이 급격한 온·습도 변화를 겪게 되면 팽창, 수축 및 습기 발생이 있을 수 있으므로 안정적으로 유지되어야 하며, 저온 서고에서 보존되는 시청각 기록물의 반·출입 시에는 밀폐된 공간에서 온도의 변화에 대하여 충분한 적응 시간을 주어야 한다.
- 상대습도는 미생물의 활성이 발생하는 습도 이하로 관리되어야 하나, 너무 낮을 경우 보존기록물의 부서짐 현상이 발생하므로 적절한 범위에서 조절되어야 한다.
- 서고 내 온도와 습도는 주기적으로 모니터링해야 하며, 서고 내 대표성을 지니는 곳뿐만 아니라 외벽과 인접한 곳과 같이 극단적인 조건을 보이는 곳의 환경도 확인되어야 한다.

2. 공기질 관리

■ 공기질의 통제

기록물관리기관의 서고 내 공기질 통제기준은 다음과 같다.

〈표 5-2〉 기록물관리기관의 보존시설 및 장비의 기준
(보존 환경 유지기준 중 서고 내 공기질 기준)

오염물질	기 준
미세먼지(PM-10)	$50\mu g/m^3$
이산화황(SO_2)	0.05ppm 이하
산화질소($NO\chi$)	0.05ppm 이하
포름알데히드(HCHO)	$120\mu g/m^3$
휘발성유기화합물(VOC)	$400\mu g/m^3$

*출처:「공공기록물 관리에 관한 법률」시행령 [별표 6]

공기질을 통제하기 위한 조치에는 다음 사항이 고려될 수 있다(ICT · IRMT, 조호연 역 2002, 34-35).

- 미세먼지는 일반적으로 공조기를 가동하여 여과 · 제거하며, 공조기가 가동될 때 순환되는 공기 중의 공해 기체는 활성탄이나 기타 흡착력이 강한 재료를 이용한 여과장치를 가동하여 제거한다.
- 기록물에 먼지와 티끌이 쌓이지 않도록 상자나 보관 용기, 파일 캐비닛 속에 보관한다.
- 목재 미립자가 기록물에 흡착되지 않도록 목재 서가에 실내용 라텍스 페인트를 칠한다. 페인트를 칠한 경우 유해가스 성분이 완전히 날아가도록 하기 위해서 적어도 30일 동안 기록물 보관 구역에 두어서는 안 된다.

- 신문용지처럼 재질이 나쁜 종이 제품은 자체에서 오염물질을 만들어내므로 다른 기록물과 별도로 보관한다.
- 복사기는 기록물 보관 구역으로부터 떨어진 통풍이 잘되는 장소에 둔다.
- 엔진, 기계류, 배기 송풍기, 혹은 기타 공기를 오염시키는 장비로부터 떨어진 곳에 기록물을 보관한다.
- 기록물이 있는 곳에서는 흡연, 음식물 요리나 섭취를 금지한다.
- 먼지 미립자의 수를 최소화하기 위해 정기적으로 철저하게 먼지를 털고 청소한다.

■ 공기질의 점검과 조치

공기질의 점검을 위한 공기질 측정 장비와 공기질 측정 시 유의 사항은 다음과 같다(국가기록원 NAK 11-2: 2021(v1.1), 부속서 B).

- 공기질 측정 장비: 공기질 측정 장비는 실내 공기질 공정시험방법(환경부고시 제2004-80호)에서 정하는 측정 방법을 만족하는 장비 사용을 원칙으로 하되, 상황에 따라 현장 측정 장비를 사용할 수 있다. 현장 측정 장비를 사용하여 측정한 결과가 보존 환경 기준의 70%를 초과하는 경우, 실내 공기질 공정시험 방법으로 확인시험을 하여야 한다.
- 공기질 측정 위치: 주변 시설이나 부착물 등의 장애물이 없고, 서고 내의 공기질을 대표할 수 있는 곳을 측정 위치로 선정하여야 한다. 서고 내 내벽 또는 천정으로부터 1m 이상, 바닥 면으로부터 1.2~1.5m 떨어진 곳을 선정하여야 한다. 서고 내에 자연 환기구나 기계 환기 시스템이 설치되어 있을 경우, 환기 시스템에 의한 직접적 공기유동 경로에 위치하지 않도록 각각의 급배기구로 부터 최소 1m 이상 떨어진 지점을 선정하여야 한다.
- 측정 조건: 시료 채취, 시료의 운반 및 보관, 분석 방법 등 측정 조건은 실내 공기질 공정시험 방법에서 정하는 조건을 따라야 한다. 현장 측정 장비를

사용하여 측정하는 경우 각 장비가 규정하는 측정 조건을 준수하여 측정하되, 측정 장소에서 최소 30분 이상 안정화 과정을 거친 후 측정한다.

1개소에서 3회 이상 측정하여 그 평균값을 측정값으로 사용하는 것이 바람직하다. 측정기기는 매년마다 표준기관에 의뢰하여 검·교정을 받아야 한다. 서고 내 공기질 측정 시에는 날씨, 실외의 온·습도, 공조기의 운전상태 및 측정자의 성명 등 측정 정보를 함께 기록하여야 한다. 그 외에도 기록물은 종류 및 재질별로 최적 보존 환경에서 보존하기 위해 공기정화 체계를 필수적으로 갖추어야 한다. 영구기록물 관리기관의 공기정화 체계는 다음을 고려해야 한다(국가기록원 NAK 11-2: 2021(v1.1), 17).

- 서고 내에서 발생하는 유해 기체 및 출입 인원에 의한 오염물질 배출을 위해 충분한 공기 순환을 실시하되, 외부의 깨끗한 공기를 공급하여 청정도를 높이도록 희석과 여과를 이용한 공기정화 체계를 갖추는 것이 바람직하다.
- 공기정화 체계는 물리적인 여과뿐만 아니라 화학흡착 및 촉매 분해에 의한 유해 물질 제거 기능을 갖춘 것을 선택하는 것이 바람직하다.

3. 빛(조도) 관리

■ 빛의 통제

기록물관리기관의 보존 서고 및 전시관 내 빛의 통제기준은 다음과 같다.

<표 5-3> 기록물관리기관의 보존시설 및 장비의 기준
(보존 환경 유지기준 중 조명기준)

공간	조명 기준
보존서고	100~300 럭스(자외선 차단등 설치)
전시관	50~200럭스(전시관을 운영하는 경우 원본전시 기준)

*출처:「공공기록물 관리에 관한 법률」시행령 [별표 6]

빛을 통제하기 위한 조치에는 다음 사항이 고려될 수 있다(ICT · IRMT, 조호연
역 2002, 30-33).

- 창문에 UF 3 플랙시글리스(plexiglas), 플라스틱 스크린, 혹은 플라스틱 차일
  등 여광기를 설치하여 자외선을 차폐하면 기록물의 퇴색, 변색, 탈색 등의
  현상을 현저히 감소시킬 수 있다.
- 자외선을 흡수하는 재료로 만든 필름(UV-filtering sleeves)을 조명에 설치하
  거나 감아 자외선 차단 효과를 증대시킨다.
- 이산화티타늄(TiO_2)과 같은 자외선을 흡수하는 물질을 함유한 흰색 도료를
  실내에 칠하여 옥내에 복사되는 자외선을 흡수시킬 수도 있다.
- 창문에 커튼이나 차일을 설치하고 직사광선을 받는 장소에서는 창문 바깥
  에 천막을 설치한다.
- 조도가 너무 높으면 기록물을 건물 내의 그늘진 곳이나 직사광선으로부터
  멀리 떨어진 방으로 옮겨 보관한다.
- 건물 내의 모든 형광등의 소재를 파악하고 기록물 보존구역이나 열람구역
  에 가까이 있는지 확인한다.
- 형광등은 보다 적은 광선을 발산하는 백열등으로 교체하거나 일부 형광 전
  구를 제거함으로써 총 광선의 양을 조절한다.
- 기록물이 이용되지 않을 때는 덮개를 씌워놓거나 상자에 보관한다.

- 기록물 보존서고에서는 빛을 제한하고, 기록물이 사용된 이후에는 반드시 다시 정리한다.
- 기록물을 복사할 때 높은 조도의 광선과 열이 발생하므로 빈번하게 이용되는 기록물의 경우 원본 문서를 복사하여 복사본을 재복사하는 것이 최선이다.
- 전시되는 기록물은 국부적인 조명을 장시간 받기 때문에 뒤틀림, 변형 등 훼손의 염려가 있으므로 3개월 이상의 원본 전시는 금지하는 것이 원칙이다. 3개월마다 전시 기록물을 교체하거나 복제본을 만들어 전시하는 것이 바람직하다.

■ 빛의 점검과 조치

빛의 점검을 위한 빛 측정 장비와 빛 측정 시 유의 사항은 다음과 같다(국가기록원 NAK 11-2: 2021(v1.1), 부속서 C).

- 빛 측정 장비: 측정자의 숙련도와 측정 장소 등에 의한 제약이 적은 광전지 조도계를 사용하는 것이 바람직하다. 광전지 조도계는 측정 분해능이 1럭스 이하의 성능을 가진 기기를 사용하여야 한다.
- 빛 측정 위치: 조도는 주변 시설이나 부착물 등 장애물에 의한 영향을 많이 받으므로 서고 내 다양한 측정 위치를 선정하여야 한다. 측정지점은 10개소 이상으로 하되, 수평면 조도를 측정하여 산술평균값을 평균 조도로 하여야 한다. 측정 면의 높이는 일반적으로 바닥 위에서 40cm로 하는 것이 바람직하다.
- 빛 측정 조건: 측정개시 전에 전구의 경우 5분 이상, 방전등의 경우 30분 이상 점등하여야 한다. 수광기는 초기효과 방지를 위하여 측정 전 5분 이상 노광하며, 수광면의 위치와 방향 설정을 정확히 하여야 한다. 측정 위치와 수광기와의 거리는 15cm 이내여야 한다. 측정자의 위치(그림자)와 복장이

측정치에 영향을 주지 않도록 하여야 한다. 측정 시 블라인더 등으로 외부의 광원을 차광하여 외부 광원에 의한 간섭이 없도록 하여야 한다.

1개소에서 3회 이상 측정하여 그 평균값을 측정값으로 사용하는 것이 바람직하다. 측정기기는 매년마다 표준기관에 의뢰하여 검·교정을 받아야 한다. 서고 내 조명의 측정 시에는 조명기구의 형식과 크기, 조명기구의 배치상태 및 간격, 날씨와 실내 온도, 측정자의 성명 등 측정 정보를 함께 기록하여야 한다.

영구기록물 관리기관의 보존서고 조명은 다음의 기준을 충족해야 한다.

영구기록물 관리기관의 보존서고 조명

· 보존서고 조명은 자외선을 방출하지 않는 조명을 사용하거나 자외선 차단시설을 설치하여야 한다.
· 보존서고의 조명은 100~300lux 가 적당하며 직사광선은 차단되어야 한다.
· 보존기록물은 조명시설과 충분히 떨어진 거리에 위치하여 열이나 빛에 의한 피해가 없도록 하여야 한다.
· 비상시 자동적으로 켜지는 보조 조명시스템도 갖추는 것이 바람직하다.

(국가기록원 NAK 11-2: 2021(v1.1), 9)

---

4. 생물매개체 관리

▣ 생물학적 요인의 통제

기록물관리기관의 보존 서고 내 생물학적 요인의 통제기준들은 다음과 같다.

- 기록물의 소독: 보존기간이 30년 이상인 기록물은 미생물과 해충에 의하여

손상이 발생되지 않도록 서고에 입고하기 전에 소독을 실시하여야 한다(「공공기록물 관리에 관한 법률」 시행규칙 제30조).

- 서고 내부: 서고의 출입문은 대형 구조물 설치 작업 등이 가능한 크기로, 방화 기능 및 해충과 오염물질 유입을 방지할 수 있도록 밀폐유지가 가능한 구조이어야 한다. 창문은 두지 않는 것이 이상적이나, 설치해야 할 경우 이중 밀폐 창을 달고 창문에 철망 또는 봉을 달아 외부의 침입을 막을 수 있어야 한다(국가기록원 NAK 11-2: 2021(v1.1), 9).
- 서가 배치: 곰팡이 등의 미생물 발생 방지 및 공기 내부 오염원의 농도를 감소하기 위해 공기 순환이 원활하게 되도록 외벽에 부착시키지 않아야 한다(국가기록원 NAK 11-2: 2021(v1.1), 8).

생물학적 요인을 통제하기 위한 조치는 요인별로 다양하다. 우선 설치류 동물의 경우, 다음 사항이 고려될 수 있다.

- 건물과 보존 장소에 설치류가 침입할 수 있는 지점을 철저히 찾아서 막거나 침입 지점을 가능한 한 축소시키기 위하여 창문과 출입문 위에 차단막을 설치한다.
- 설치류 동물은 덫을 사용하는 것이 최상의 방책이다. 독극물은 설치류 동물을 죽일 수 있지만, 사체를 발견할 수 없다면 그것을 먹이로 또 다른 설치류 동물이 증식할 수도 있기 때문이다.

해충은 통제를 위해 다음의 조치들이 고려될 수 있다.

- 해충이 보존 서고나 기록물에 접근하지 못하도록 하기 위해서는 새로운 기록물이 반입될 때 철저히 살피고 청소하여야 한다.
- 해충이 있다고 의심되는 종이 기록물은 다른 기록물이 있는 장소에 두기 전 72시간 동안 냉동시키면 해충과 유충, 해충의 알을 제거할 수 있다.

- 보존서고 내에 음식물 반입을 금지하고 온도와 상대습도가 조절되어야 한다.
- 창문과 외벽 위에는 차단막을 설치하고 외부로부터의 해충 진입을 제한하기 위하여 바닥과 벽에 생긴 틈과 파이프 주변의 구멍은 막아야 한다.
- 기록물관리기관 특히 보존서고 가까이에는 식물이나 꽃이 있어서는 안 된다.
- 보존서고의 서가 뒤와 어두운 장소는 정기적으로 청소한다.

미생물은 통제를 위해 다음의 조치들이 고려될 수 있다.

- 곰팡이의 생육에는 적당한 온도, 습도, 영양, 산소 등의 조건이 충족되어야 한다. 곰팡이 포자가 영양분에 접근하지 못하도록 막을 수 없으므로 보존환경을 통제함으로써 곰팡이 증식을 억제하여야 한다.
- 곰팡이는 상대습도가 높은 환경(상대습도 70% 이상, 온도 25℃ 이상)에서 빠른 속도로 증식하며 공기의 흐름이 없으면 증식이 더욱 빨라지므로 온도와 상대습도를 이상적인 수준으로 유지하고 공기 순환이 잘되도록 한다.
- 목재로 된 서가는 미생물이 서식하기 좋은 재료이므로 금속성 재질의 서가로 하고 항균 도장 처리해야 한다.
- 높은 상대습도를 지닌 환경에서는 어느 정도 빛을 쪼여주면 공기를 건조하게 만들고 상대습도가 낮아져 곰팡이 증식이 억제된다.
- 곰팡이는 먼지와 음식물 미립자를 먹이로 하므로 보존서고 내에 음식물을 반입해서는 안 되며 정기적으로 청소하고 먼지를 털어주어야 한다.
- 새로운 기록물이 반입될 때 곰팡이나 습기가 확인되면 다른 기록물과 격리하여 건조하고, 곰팡이가 건조되거나 "미활동 상태"에서 기록물을 청소한다.
- 기록물이 단단한 상태라면 다른 기록물과 격리된 장소에서 저속 흡입 진공청소기를 사용하고, 진공청소기가 없다면 부드러운 붓을 사용하여 마른 곰팡이를 털어낸다.
- 젖은 상태의 기록물에서 곰팡이를 털어서는 안된다. 이 경우 곰팡이 포자가

기록물 속으로 깊이 박혀 색을 변질시키고 얼룩이 생기게 된다.

- 곰팡이 슨 기록물을 복사할 때에는 장비를 철저히 청소해 다른 기록물에 곰팡이가 옮겨가지 않도록 한다.

5. 전자기적 요인 관리

■ 전자기적 요인의 통제

전자기적 요인은 자화 배향의 조정을 통하여 정보를 기록하는 자기 기록물의 보존성에 영향을 준다. 보존서고, 특히 자기 매체 서고의 전자기적 요인의 통제를 위한 기준은 다음과 같다(신종순 외 2011, 137-138).

- 전자기파를 흡수 또는 반사하여 차폐기능을 갖는 재료로 물리적 단속을 실시한다.
- 전자기 차폐재를 이용한 전자기장 차폐 공간을 형성하고 유도 전류의 접지를 통한 차폐 등 다양한 기술이 응용될 수 있다.
- 정전기 방지를 위한 봉투, 매트, 테이프, 커튼, 도료, 도전성 스펀지 등 정전기를 차단하거나 유도할 수 있는 재료로 자기 기록물을 보호하여야 한다.

1. 온도와 습도를 통제하기 위한 조치를 세 가지 이상 쓰시오.

2. 기록물관리기관에서 유지해야 하는 시청각 기록물(사진·필름) 및 자기·광 매체류의 온·습도 기준을 쓰시오.

3. 공기질 측정 위치의 세 가지 조건을 쓰시오.

4. 보존서고와 전시관의 조명기준을 쓰시오.

1. 기본 고려사항

◼ 적합성

기록물관리기관은 기록물의 수집, 정리, 보존, 열람 등 기록물과 관련된 전반적인 기능을 수행한다. 따라서 기록물관리기관의 시설·장비는 기록관리 업무수행에 적합하도록 설계하여야 한다. 특히 영구기록물 관리기관의 경우, 기록물의 수집, 정리·기술, 공개 재분류, 보존기간 재평가, 보존·기술 연구, 열람, 교육 등의 기능을 종합적으로 수행하므로 이 모든 업무수행에 적합하도록 설계하여야 한다(국가기록원 NAK 11-2: 2021(v1.1), 4).

◼ 안전성

기록물관리기관의 기능 중 기록물의 안전한 보존(영구기록물 관리기관의 경우, 장기 보존)이 가장 중요하므로, 기록물 및 보존 환경의 안전성이 최우선 과제이다. 안전성에 최적화된 보존시설과 장비를 구축하여야 한다.

◼ 경제성

시설·장비 운영 시 유지·관리비용이 적게 드는 설비를 채택하여 경제성을 높이는 것이 바람직하다.

2. 보존서고 부지 선정

■ 부지 선정 시 고려사항

기록물 보존서고의 부지는 자연환경과 업무수행환경 관점에서 조사·선정해야 한다.

영구기록물 관리기관의 보존서고 부지 역시 자연환경과 업무수행환경 관점에서 고려되어야 한다. 우선 자연환경 관점에서는 다음과 같은 고려사항이 제시된다(국가기록원 NAK 11-2: 2021(v1.1), 5).

- 50년 동안의 기상 및 재해 현황 분석에 근거하여 지진, 수해 등의 피해를 피할 수 있는 지역이어야 한다.
- 온·습도가 높은 지역과 직사광선이 많이 조사되는 지역은 피해야 한다.
- 주변 건물 또는 산림녹지와 건립될 건물과의 시각적 조화가 잘 이루어지는 지역이 바람직하다.
- 소음이 심한 지역은 피해야 하며 건축물을 배치할 때도 소음 영향이 최소화 되도록 공간을 배치하여야 한다.
- 해충 등 유해(미)생물의 서식 지역은 피해야 한다.
- 화학 공장, 폭발물 저장고, 정유소, 발전소 등 화재 및 폭발 가능성이 있는 곳과 항공 활주로, 군사시설 등의 전략적 요충지 주변 지역은 피해야 한다.
- 유해 기체에 의한 기록물 훼손을 방지하기 위하여 대기오염의 영향을 피할 수 있는 지역이어야 한다.
- 주변 지역에 향후 유해 시설물이 건축되거나 도로 및 철도의 교통망 확장에 의한 피해가 없는 지역이어야 한다.
- 주변의 도시기반시설(상·하수도, 전기, 통신 등)의 이용이 편리한 지역이어야 한다.

- 장기적 측면에서 향후 확장·발전 가능성을 고려할 때 증축이 가능한 지역이 바람직하다.

다음은 기록물 관리기관이 업무수행환경 관점에서 보존서고 부지를 선정할 때 고려해야 할 사항이다(국가기록원 NAK 11-2: 2021(v1.1), 5).

- 기록물관리 정책의 수립과 집행을 효율적으로 수행하기 위해 주요 행정기관에 근접한 위치를 선정하는 것이 바람직하다.
- 국제 업무교류, 국내외 학술교류, 기록물 관련 공공기관과의 효율적 협력 등이 용이한 위치를 선정하는 것이 바람직하다.
- 철도, 지하철, 버스 등 대중교통망이 잘 정비되어 국민에게 원활한 행정서비스 제공이 가능한 지역이 바람직하다.
- 국민을 대상으로 기록물관리 및 기록보존의 중요성을 교육하고 홍보하는 교육·문화·휴식 공간의 역할을 수행할 수 있는 지역이 바람직하다.

3. 보존서고 설계 및 배치

■ 기본 고려사항

기록물관리기관에서 보존서고는 가장 중요한 공간으로 설계에 신중해야 한다. 보존서고는 독립적으로 건축하는 것을 원칙으로 하지만, 기존 시설을 활용하는 경우는 기록의 보존·관리에 적합하도록 기록관·특수기록관·영구기록물관리기관의 시설·장비 기준(「공공기록물 관리에 관한 법률」시행령 [별표 6])에 부합하는 시설이어야 한다.

보존서고의 설계를 위한 기본 고려사항은 다음과 같다.

- 각종 기록물의 안전한 보존 및 편리한 열람을 보장할 수 있어야 한다.
- 환경은 항상 안정적으로 유지해야 한다.
- 기록관리 업무수행을 위한 효율적인 공간을 갖추어야 한다.
- 건물의 부지 내 위치는 장단기 계획의 요구에 근거해야 한다.
- 향후 서고 증축 및 기록물의 운송·하역에 편리해야 한다.
- 화재 시 진압과 대피에 적합한 곳에 배치하도록 한다.
- 관계 법령의 요구기준 이상으로 설계한다.
- 작업 공간, 업무 공간, 공용 공간 등과의 연계성을 고려하여 설계한다.

■ 서고 공간

서고는 기록물을 보관하는 장소로 지하 또는 지상에 설치할 수 있으며, 우리나라의 경우 지하를 선호한다. 지상 서고는 공기의 환기나 습도조절 등은 유리하지만 외부의 태양광이 비쳐 기록에 영향을 줄 우려가 있기 때문에 자외선 차단 시공이 필요하다. 지하 서고는 습도가 항상 높지만 온도가 연중 안정되고 직사광선에 의한 피해가 적다(한국기록학회 2008, 148). 서고의 위치 및 형태는 〈표 5-4〉를 참고하여 선택하고, 수해 등의 피해가 우려되는 지역은 반드시 지상형으로 설치하여야 한다. 보존시설 중 서고의 면적 비율은 보통 45~70% 범위이다. 기록관리 전문 건축물에서 서고는 주요 기능으로 비율은 일반적으로 40% 이상을 유지하는 것이 바람직하다.

■ 서고 하중

서고 하중은 건축설계 초기 단계에 협의가 이루어져야 한다. 하중의 계산은 서가가 고정식인지, 이동식(모빌랙)인지에 따라 달라질 수 있다.

〈표 5-4〉 서고 위치 및 형태에 따른 종류

종류	특징	장단점
지하	· 15~19세기 말까지 많이 활용 · 천연환경이 안정적이라 판단 · 부분적 습도조절장치 활용 ※ 사례 · 노르웨이: 국립도서관, 국립기록보존소 · 독일: 역사기록보존소, Cologne · 이스라엘: Central Zionist Archives	-장점 · 건축 및 유지비용 저렴 · 자연적 · 인위적 재난에 안전 · 제한된 접근으로 보안성 높음 -단점 · 습도 조절이 어려움(제습설비 필요) · 미생물로 인한 피해 가능성 높음 · 홍수피해(서고가 지면보다 낮음) · 서고 내 공기 순환 필수 · 기록물 운반에 불편
지상형 (통제)	· 보존 환경의 완전통제 · 열람, 행정서비스 등이 편리함 · 세계 각국에서 현재 많이 활용 ※ 사례 · 미국: 국립기록보존소 II [1993] 　　　 하버드 · 텍사스(오스틴) 대학도서관 · 독일: Koblenz 기록보존소[1997] · 영국: 국립기록보존소 · 중국: 호북성기록보존소	-장점 · 서고의 효율적 이용 · 서고 환경조절 -단점 · 세밀하고 과학적인 설계 요구 · 서고 환경유지를 위한 장비 및 비용
지상형 (비통제)	· 자연환경에 의한 보존 방법으로 최근 논의 · 지표면 위에 설계, 통풍탑 등의 장치 이용 　(환경친화적) · 주변 환경이 깨끗하고, 온 · 습도 변화가 　작은 곳에서 적용 가능 ※ 사례 · 일본, 독일, 중앙아메리카에 일부 존재	-장점 · 경제성이 뛰어남 -단점 · 대기오염물질 유입 가능성 존재 · 주변 환경에 민감하므로 건축입지에 　제약이 많이 따름

이동식의 경우 더욱 높은 하중을 받게 되는데, 영국의 경우 건물이 받는 하중을 $11kN/m^2$ 정도로 정해 골고루 분산시키도록 하고 있다. 국가기록원은 고정식 서가를 설치하는 경우 $750kgf/m^2$ 이상이어야 하고, 이동식 서가를 설치하는 경우는 최소 $1,000 \sim 1,200kgf/m^2$ 이상이 바람직하다는 기준을 명시하고 있다(국가

기록원 NAK 11-2: 2021(v1.1), 8).

서고 하중은 기록물 종류 및 밀집 정도에 따라 변동할 수 있으며, 설계하중을 초과하지 않도록 서고 내에 바닥의 허용 하중과 기록물 종류별 적재지침을 게시하는 것이 바람직하다.

■ 서고 사용금지 재료

보존서고의 시공에 사용되는 모든 재료는 기록물의 보존에 영향을 미치지 않아야 한다. 기록물뿐만 아니라 작업 인원에 대하여 영향을 미치는 유해물질을 발생시킬 가능성이 높은 재료는 원칙적으로 사용을 금지하여야 한다. 사용금지 건축재료 종류는 아래와 같다(국가기록원 NAK 11-2: 2021(v1.1), 10).

- 석면류, 비닐류
- 셀룰로오스-질산염 재료: 셀룰로오스-질산염 락커, 접착제류
- 셀룰로오스-초산염 섬유, 필름류
- 페인트류, 니스(varnish)류, 발포제를 포함하는 폴리우레탄계 제품
- 산성의 실리콘 실란트, 접착제류
- 황을 포함하여 황화수소 또는 메르캅탄을 발생할 가능성이 있는 재료: 가황고무, 황화카드뮴 안료
- 감압 접착제류
- 염소를 함유한 불안정한 중합체: 폴리염화비닐(PVC)류
- 포름알데히드류(요소, 페놀, 레소르시놀, 포름알데히드)를 발산하는 재료
- 유성 페인트류, 니스(varnish)류, 알키드 페인트류

■ 서고 내부

서고의 설계 시 서고 내부의 설비가 안전하고 효율적으로 유지되기 위해 고려해야 할 사항은 다음과 같다(국가기록원 NAK 11-2: 2021(v1.1), 8-9).

- 서고 바닥은 먼지 발생이 없고 내구성과 내화성이 우수한 석재나 무기질 또는 에폭시 도로형 바닥재를 사용한다.
- 서고 벽체, 문, 바닥 및 천정 등은 단열, 방수 기능으로 차폐 효과를 상승시켜 항온항습 환경을 안정적으로 유지할 수 있어야 하며, 내화시간 2시간 이상의 불연성 자재 채택으로 화재시 피해가 인접 구획으로 전파되는 것을 막아야 한다.
- 자기 매체 서고는 전자기파에 의한 기록물의 영향을 최소화하기 위해 벽면, 천장, 바닥에 전자기파 차폐 재료를 사용한다.
- 출입문은 대형 구조물 설치 작업 등에 지장이 없는 크기를 확보해야 하고 방화기능 및 해충과 오염물질 유입을 방지할 수 있도록 밀폐유지가 가능한 구조여야 한다.
- 창문을 두지 않는 것이 이상적이나, 설치 필요시 이중 밀폐 창을 채용하고 창문에 철망 또는 봉을 달아 외부 침입을 막을 수 있어야 한다.
- 창은 형판유리나 불투명 유리를 사용하고 차양 시설을 설치한다.
- 잠금장치는 기본적으로 기계식 열쇠를 이용하여 개폐가 가능하도록 설치하고, 출입원의 상시 통제 및 보안성 강화를 위해 전자식 개폐장치를 기계식 장치에 추가하여 설치한다.
- 서고 구역에는 물 사용 공간을 두어서는 안 되며, 급·배수관의 서고 구역 상·하층부 통과는 피한다.
- 서고 구역에 급·배수관의 통과가 불가피할 경우 관 주변에 드레인 판을 설치하여 물이 유출되었을 경우 피해를 최소화 한다.
- 기록물의 절도, 내부 시설의 파괴·테러·방화로부터 안전하게 보호되

어야 한다.

- 비상구는 서고 내부에서는 쉽게 열리나 외부에서는 열리지 않아야 한다.

■ 서가 배치

서가는 기록물의 종류에 알맞은 재질과 형태를 고려하여 견고성, 안전성, 경제성을 갖춘 것으로 선택하여야 한다. 서가 배치 시 고려할 사항은 다음과 같다 (국가기록원 NAK 11-2: 2021(v1.1), 8).

- 기록물의 종류, 크기 등에 관계없이 배열할 수 있어야 하며, 교체 및 제거가 쉬워야 한다.
- 곰팡이 등의 미생물 발생 방지 및 공기 내부 오염원 농도감소 등을 위해 공기 순환이 원활하게 되도록 외벽에 부착시키지 않는다.
- 수해 등의 재난으로부터 기록물을 안전하게 보호하기 위해 바닥으로부터 적어도 8.5~15cm 이상을 확보한다.
- 서가 종류는 기록물 수량 등을 고려하여 고정식 또는 이동식을 선택할 수 있으며, 고정식보다는 이동식이 공간 활용에 용이하다.
- 고정식은 기록물을 넣고 뺄 때 불편이 없도록 서가와 서가 사이의 통로를 충분히 확보한다.
- 서가의 높이와 깊이는 기록물 종류, 크기, 보관 방법에 따라 공간 활용을 효율적으로 할 수 있도록 결정한다.
- 서가는 서고 전체에서 등거리로 이격시키고, 서가 열 사이 거리와 중앙통로를 각각 0.7~1m와 1.5~2m를 확보한다.

4. 업무 공간의 설계

▣ 인수실

기록물을 접수하는 공간으로 기록물의 반입, 오물 제거, 기록물의 확인, 접수수속 등의 업무를 수행한다. 인수실은 다음의 조건을 충족해야 한다(국가기록원 NAK 11-2: 2021(v1.1), 11).

- 기록물의 대량 인수를 위해 대형 차량이 입고된 상태에서 외부와 차단이 가능하고 기록물의 상·하차 작업이 용이하도록 충분한 공간이 확보된 하역장 인접 장소에 위치하여야 한다.
- 기록물의 인수과정에서 미세먼지가 발생되기 때문에 미세먼지의 흡입·배출이 가능하도록 흡입 배출구를 설치하여야 한다.
- 이관되는 기록물의 파악 및 이관기관과의 업무협조 등을 위한 통신망 등을 설치하여야 한다.
- 인수되는 기록물을 임시 보관할 수 있는 임시 서가를 설치하여야 한다.
- 임시 서가에서 목록 검수를 위한 이동식 작업대를 확보하여야 한다.

▣ 보존처리(및 복원)실

기록물을 환경적·물리적으로 안전하게 보존되도록 일련의 보존처리 및 복원을 하는 공간이다. 소독실, 탈산실, 훈증실, 복원실, 복제실 등이 이에 해당한다. 보존처리실은 다음의 조건을 충족해야 한다(국가기록원 NAK 11-2: 2021(v1.1), 11-14).

- 직원의 충분한 업무 공간, 기록물을 이동하는 북 트럭이 다닐 수 있는 공간,

보존처리 시설·장비를 놓을 공간 등이 최소한 마련되어야 한다.

- 화학약품을 사용하므로 작업실 공간 전체에 배기 시설을 갖추고, 화학약품 제거 기능을 갖는 공기청정기를 설치하여야 한다.
- 탈산, 소독 등의 처리 장비는 대형 장비로서 큰 전기 용량을 필요로 하므로 충분한 전기용량을 확보하여야 한다.
- 복원실 및 복제실에는 항온항습 설비가 필수적으로 갖추어져야 한다.

■ 마이크로필름 작업실

마이크로필름 작업실의 설계는 다음의 조건들을 충족시켜야 한다(국가기록원 NAK 11-2: 2021(v1.1), 12).

- 준비실: 문서 해철 과정에서 발생하는 미세먼지 제거를 위한 공기청정기를 설치하여야 한다.
- 촬영실: 문서 및 도면 촬영기가 설치되어야 하기 때문에 암실 환경을 만들어야 하며 적절한 전원을 확보하여야 한다.
- 검사실: 촬영된 필름의 이상 유무 등을 검사하는 장소이기 때문에 농도계, 판독 출력기 등 검사장비를 사용하기 위한 전원 설치와 촬영 기록물의 전산 관리를 위한 통신망을 확보하여야 한다.
- 현상·복제실: 촬영한 필름을 약품을 사용하여 현상·복제하기 때문에 약품냄새를 배출하는 배기 기능과 순수 급수 장치 및 전원을 확보하여야 한다.
- 폐수처리 설비: 현상실에서 배출되는 폐수처리는 관련 법령(수질환경법)을 준수하는 처리 설비를 갖추고, 외부 처리업체에 용역을 의뢰할 경우에는 폐수 저장조를 별도로 설치하여야 한다.

■ 스캐닝실

스캐닝실의 설계에는 다음의 조건들이 고려되어야 한다(국가기록원 NAK 11-2: 2021(v1.1), 12).

- 스캐닝 작업 과정에서 발생하는 미세먼지의 흡입·배출이 가능하도록 하고 공기청정기를 설치하여야 한다.
- 스캐닝 작업을 위한 다량의 스캐닝 장비가 집중 배치되므로 충분한 전기용량을 확보하여야 한다.
- 스캐닝 장비의 안정적인 운영을 위한 무정전 전원시설을 설치하여야 한다.
- 스캐닝 작업 과정에서 장비로부터 많은 열이 발생하므로 냉방설비는 중앙 관리 방식의 설비와 함께 개별냉방 설비를 추가로 설치하는 것이 바람직하다.

■ 전산실

전산실의 설계에는 다음의 조건들이 고려되어야 한다(국가기록원 NAK 11-2: 2021(v1.1), 12-13).

- 서고에 비치된 기록물의 효율적 관리와 행정업무 지원을 위해 주전산기 등의 전산장비를 확보하여야 한다.
- 전산실 내 주전산기, 입·출력 장치 등 각종 전산장비 간 원활한 자료처리를 위한 네트워크 장비 및 부대시설을 확보하여야 한다.
- 전산실은 전산장비의 안정적인 운영을 위한 무정전 전원시설을 설치하여야 하며 기기의 원활한 작동유지를 위해 항온항습장비를 설치하여야 한다.
- 화재예방, 도난방지 등 전산실의 보호를 위해 가스식 소화설비와 잠금장치 등의 보안장비를 설치하여야 한다.

- 전산장비로부터 많은 열이 발생하므로 냉방설비는 중앙관리 방식의 설비와 함께 개별냉방 설비를 추가로 설치하는 것이 바람직하다.

◼ 전자매체 작업실

전자매체 작업실의 설계 시 다음 사항이 고려되어야 한다(국가기록원 NAK 11-2: 2021(v1.1), 13).

- 전자매체의 보존 및 복원 업무를 효율적으로 수행하기 위한 전자매체 진단 장비 및 복원장비 등 설치를 위한 적정 전원을 확보하여야 한다.
- 전자매체 관련 장비의 안정적인 운영을 위한 무정전 전원시설을 설치하여야 한다.
- 전자매체 관련 장비가 정상적으로 운용될 수 있도록 온·습도를 유지하는 항온항습장비를 설치하여야 한다.
- 하드디스크 및 대용량 저장장치의 복원을 위하여 전자매체 작업실 내에 class-100(1m^3 안에 있는 입경 0.5μm 이상의 먼지 개수가 100개 이하인 상태) 기준의 클린룸을 설치하여야 한다. 다만, 클린룸을 설치할 만한 여유 공간이 없는 경우 클린부스를 설치할 수 있다.
- 출입 시 외부 오염물질의 유입방지를 위해 실내화로 갈아 신을 수 있는 공간을 확보하여야 한다.
- 화재 예방, 도난방지 등 작업실의 보호를 위해 가스식 소화설비와 잠금장치 등의 보안장비를 설치하여야 한다.

◼ 시청각 기록물 작업실

시청각 기록물 작업실은 다음의 조건들을 충족해야 한다(국가기록원, NAK 11-2: 2021(v1.1), 13).

- 다양한 시청각 기록물을 재생할 수 있는 장비를 갖추어야 하므로 적정 전원을 확보하여야 한다.
- 영화필름 세척 과정에서 화학약품 사용 등으로 유해 가스가 발생하므로 화학약품 제거 기능을 갖는 공기청정기 및 별도의 배기 시설(fume hood 장치)을 확보하여야 한다.
- 시청각 기록물 장비로부터 많은 열이 발생하므로 냉방설비는 중앙관리 방식의 설비와 함께 개별냉방 설비를 추가로 설치하는 것이 바람직하다.
- 다양한 시청각 기록물 작업 장비의 특성에 따라 작업 요구조건을 만족시키기 위한 급수·배수시설, 방음시설 등을 설치하는 것이 바람직하다.

■ 매체분석 연구실

영구기록물 관리기관은 보존에 관련된 연구를 하기 위해 매체분석 연구실 공간을 구성한다. 이곳은 주로 물리, 화학, (미)생물 실험 수행을 위한 다양하고 많은 장비가 필요한 공간이다. 따라서 다음의 조건을 충족해야 한다(국가기록원, NAK 11-2: 2021(v1.1), 14).

- 충분한 전기용량과 전원을 확보하여야 한다.
- 연구 중 발생할 수 있는 유해 가스나 화학약품에 대한 제거 기능을 갖는 공기청정기 및 별도의 배기 시설을 확보하여야 한다.
- 증류수 제조 및 기타 화학실험을 수행하기 위하여 급수·배수시설을 설치하여야 한다.

5. 서비스 공간의 설계

◼ 열람실

열람실은 다양한 기록물의 효율적 열람을 위하여 설계 시 다음 사항을 고려해야 한다(국가기록원 NAK 11-2: 2021(v1.1), 14-15).

- 목록실, 일반열람실, 원본 전용열람실, 마이크로필름열람실, 시청각열람실, 휴게실 등으로 나누어 설치하는 것이 바람직하다.
- 열람 과정의 보안성 강화를 위해 폐쇄회로 감시장치 등을 설치하는 것이 바람직하다.
- 원본 전용열람실의 경우 기록물의 훼손 방지를 위해 열람인의 열람행위가 주변에 공개될 수 있는 투명 벽체를 설치하는 것이 바람직하다.
- 마이크로필름열람실의 경우 간접 조명을 설치해야 하며, 열람 탁자에는 국부적인 조명을 설치하는 것이 바람직하다.
- 쾌적하고 조용한 열람 환경을 위해 외부의 소음을 차단하고 열람공간 대비 적정비율로 좌석 수를 배치하는 것이 바람직하다.
- 열람실 창문은 태양 직사광선을 차단할 수 있도록 차양 시설을 설치하거나 자외선 차단 필름 처리를 하는 것이 바람직하다.
- 환기를 위해 자연 통풍시설 및 기계식 강제 통풍시설을 모두 갖추는 것이 바람직하다.

◼ 복사실

원활한 기록물 이용을 위한 곳으로 열람 공간과 가깝되, 기록관리자의 육안 통제가 가능한 곳에 위치하도록 해야 한다.

■ 전시실

전시 공간은 상시 전시하는 상설전시관과 특별한 주제에 관련된 전시를 하는 기획전시관으로 구분하여 설치할 수 있다. 전시 공간은 원본 기록물의 전시상황을 고려하여, 서고 보존 환경기준(온·습도, 공기질, 조명 등)과 동일하게 적용하는 것이 좋다(국가기록원 NAK 11-2: 2021(v1.1), 15).

6. 기타 공간

■ 중앙통제실

중앙통제실은 건물의 1층 주요 입구 부근에 위치하여야 한다. 이외에도 중앙통제실의 설계 시 다음 사항을 고려해야 한다(국가기록원 NAK 11-2: 2021(v1.1), 15-16).

- 건물 내 중요한 위치에 설치된 폐쇄회로 감시장치를 통해, 발생하는 모든 이상을 실시간 확인할 수 있도록 시스템을 구축하여야 하며, 비상사태 발생 시 자동 경보시스템 가동으로 초기 대응이 가능하도록 하여야 한다.
- 비상사태를 대비해 협조지원 기관(경찰서, 소방서, 병원 등)과 직접 연결되는 통신망을 구축하여야 한다.
- 중앙통제실의 경계벽과 출입문은 내화 기준 2시간 이상의 불연성 재질을 사용하여야 한다.

■ 회의실 및 교육실

50~100명 규모의 회의 및 세미나 진행이 가능한 공간과 각 부서별로 업무 회

의를 진행할 수 있는 소회의실을 각각 확보하는 것이 바람직하다. 또한 기록물 관리에 관한 교육프로그램을 원활하게 수행할 수 있는 공간을 확보하는 것이 바람직하다. 교육실에는 1인 1컴퓨터 지원, 오디오, 비디오 시스템이 구축되어 교육의 효율성을 확보하는 것이 바람직하다(국가기록원 NAK 11-2: 2021(v1.1), 15-16).

■ 휴게실, 주차 공간 및 녹지공간

건물 내부와 건물 외부에 직원, 일반인, 교육생 등이 편안하게 쉴 수 있는 휴게 공간과 충분한 주차 공간을 확보하는 것이 바람직하다. 또한 보존서고 주변의 대기 공기정화 및 시각적인 조화를 위해 기본적인 녹지공간을 확보하고, 대기오염이 증가될 가능성이 있는 지역은 녹지공간을 좀 더 충분히 확보하는 것이 바람직하다(국가기록원 NAK 11-2: 2021(v1.1), 15-16).

7. 시설·장비 지원체계

■ 항온항습 및 공기정화 체계

보존서고에서 기록물은 종류 및 재질별로 최적의 보존 환경에서 보존되어야하며, 이를 위해서는 항온항습 및 공기정화 체계를 필수적으로 갖추어야 한다. 항온항습 및 공기정화 체계는 다음의 요건을 충족해야 한다(국가기록원 NAK 11-2: 2021(v1.1), 16-17).

- 항온항습 설비는 시스템의 안정성이 최우선적으로 고려되어야 하며, 오염이 잘 안되고, 일상적 관리·수리·청소 등이 용이하여야 한다.
- 보존기록물이 급격한 온·습도 변화를 겪게 되면 팽창, 수축 및 습기 발생

이 있을 수 있으므로 안정적으로 유지되어야 하며, 저온 서고에서 보존되는 시청각 기록물의 반·출입 시에는 밀폐된 공간에서 온도의 변화에 대하여 충분한 적응 시간을 주어야 한다.

- 상대습도는 미생물의 활성이 발생하는 습도 이하로 관리되어야 하나, 너무 낮을 경우 기록물의 부서짐 현상이 발생하므로 적절한 범위에서 조절되어야 한다.

- 서고 내 온도와 습도는 주기적으로 모니터링되어야 하며, 서고 내 대표성을 지니는 곳뿐만 아니라 외벽과 인접한 곳과 같이 극단적인 조건을 보이는 곳의 환경도 확인되어야 한다.

- 서고 내에서 발생되는 유해 기체 및 출입 인원에 의한 오염물질 배출을 위해 충분한 공기 순환을 실시하되, 외부의 깨끗한 공기를 공급하여 청정도를 높이도록 희석과 여과를 이용한 공기정화 체계를 갖추는 것이 바람직하다.

- 공기정화 체계는 물리적 여과뿐만 아니라 화학흡착 및 촉매 분해에 의한 유해 물질 제거 기능을 갖춘 것을 선택하는 것이 바람직하다.

■ 소화 체계

소화 체계는 화재감시체계와 화재진압체계로 나눌 수 있다. 우선 화재감시체계는 다음의 요건을 충족해야 한다(국가기록원 NAK 11-2: 2021(v1.1), 17-18).

- 건물의 모든 지역이 중앙통제실과 연계된 화재감시체계를 갖추고 있어야 한다.

- 화재 시 연기나 연소 산물을 자동으로 감지할 수 있어야 하며, 일반적으로 열 감지 장치는 바람직하지 않다.

- 화재 시 화재발생지역의 개별 위치를 파악하여 지역 소방대나 중앙통제실에 자동적으로 전송하여야 하며, 서고 건물 전체에 화재 경보를 알릴 수 있어야 한다.

- 화재 시 공조 시스템을 자동으로 작동 중지시켜 화재로 인한 연기확산을 막을 수 있어야 한다.
- 화재 감지에 의한 경보장치로서 자동 경보장치와 수동 경보장치를 모두 설치하여야 한다.

다음으로 화재진압체계의 요건은 아래와 같다.

- 화재감시와 화재진압을 하나의 체계로 연계·운영하는 것이 바람직하다.
- 기록물 손상 가능성을 최소화하기 위해 소화설비는 자동소화시설을 적용하여야 한다.
- 자동소화 설비는 정기적으로 검사와 유지가 이루어져야 하며 소화 작용에 의한 보존기록물의 피해가 최소화되도록 설계되어야 한다.
- 자동소화 설비는 가스나 물을 이용한 소화설비가 사용될 수 있다.
- 적절하게 설계 설치된 스프링클러 시스템은 수동 소화에 비해 훨씬 피해를 줄일 수 있으나 스프링클러의 오작동은 기록물에 심각한 피해를 줄 수 있으니 주의해야 한다.
- 물을 사용한 소화 시설이 적용되면 물이 사용된 지역으로부터 신속히 배수되어야 하며 층간 방수시스템을 필수적으로 갖추어야 한다.
- 자동소화 설비의 백업시스템으로, 펼쳤을 때 건물 모든 부분의 6m 이내에 위치하는 소방 호스대와 30m 이상의 높이나 1000m²의 면적에 사용될 수 있는 소화전 시스템을 갖추어야 한다.
- 자동소화 설비가 갖추어져 있더라도 건물 곳곳에 항상 휴대용 소화기를 비치하여야 한다.
- 화재진압과 함께 연기배출체계도 갖추는 것이 바람직하다.

◼ 전력 체계

전력 체계는 모든 시설·장비 지원체계의 기본 인프라로서 불안전할 경우 기록물 전반에 큰 해를 끼친다. 그러므로 최우선적으로 잦은 점검과 조치를 요구하는 체계이다. 전력 체계는 다음의 조건을 충족해야 한다(국가기록원 NAK 11-2: 2021(v1.1), 18).

- 케이블 설비는 모두 방화재로 만들어져야 하며, 전기회로를 제어하기 위한 스위치와 마스터 스위치는 서고 바깥에 두어야 한다.
- 서고 내에는 전기회로를 설치하지 않아야 하며, 서고에 들어가는 전선은 벌레나 해충에 의한 피해가 발생하지 않게 밀폐하여야 한다.
- 공기조화 및 전열 장비는 반드시 단독으로 전선을 배선하고 금속관 등으로 견고하게 외부를 보호하는 것이 바람직하다.
- 보존 환경 유지, 환기, 보안, 조명, 통신, 화재방지 및 진압 장비의 유지를 위한 설비의 전원공급은 매우 중요하므로 비상 작동 시설을 반드시 설치하여야 한다.
- 번개 등의 자연재해로 인한 전력 공급 중단을 방지하기 위하여 건물에 피뢰 체계를 구축하여야 한다.

8. 시설·장비 기준

◼ 기록관의 시설·장비 기준

「공공기록물 관리에 관한 법률」에서 규정하는 (공공) 기록관의 서고 면적, 사무공간 면적, 그리고 시설·장비의 기준은 다음과 같다.

<표 5-5> 기록관의 시설, 장비 기준

구분		종이 기록물	전자 기록물
1. 서고면적	고정식	1만권당 99m²	보존대상량 실소요공간
	이동식	고정식 면적의 40~60%	
2. 사무공간 면적	작업실	근무인원 1명당 7m² (장비공간 별도)	
	열람실	근무인원 및 열람좌석 1명당 7m² (특수매체 열람공간 별도)	
3. 시설·장비	공기조화 설비	항온·항습 설비	
	온·습도계	서고당 1대	
	소화 설비	가스식 휴대형 소화기	
	보안 장비	이중 잠금장치 설치	
	매체수록 장비	설치(전자매체, 마이크로필름 수록 장비)	

*비고: 매체수록 장비는 업무처리량, 보존기록물 종류 등을 고려하여 민간용역으로 처리하는 경우에는
    이를 설치하지 않을 수 있다.
*출처: 「공공기록물 관리에 관한 법률」시행령 [별표 6]에서 재구성.

■ 특수기록관의 시설·장비 기준

「공공기록물 관리에 관한 법률」에서 규정하는 특수기록관의 서고 면적, 사무
공간 면적, 그리고 시설·장비의 기준은 다음과 같다.

<표 5-6> 특수기록관의 시설, 장비 기준

구분		종이 기록물	시청각 기록물	전자 기록물	행정박물
1. 서고면적	고정식	1만권당 99m²	오디오 1만개당 30m² 비디오 1만개당 68m² 사진필름앨범 1만권 236m² 영화필름 1천캔당 30m²	보존대상량 실소요공간	
	이동식	고정식 면적의 40~60%			
2. 사무공간 면적	작업실	근무인원 1명당 7m² (장비공간 별도)			
	열람실	근무인원 및 열람좌석 1명당 7m² (특수매체 열람공간 별도)			

3. 시설·장비	공기조화 설비	항온·항습 설비
	온·습도계	서고당 1대
	소화 설비	자동소화시설 (서고는 가스식 자동소화시설)
	보안 장비	폐쇄회로 감시장치
	소독 장비	설치
	매체수록 장비	설치 (전자매체, 마이크로필름 수록 장비)

*비고: 1. 소독 장비, 매체수록 장비는 업무처리량, 보존기록물 종류 등을 고려하여 민간용역으로 처리
하는 경우에는 이를 설치하지 않을 수 있다.
2. 시청각 기록물의 경우 관리대상이 소량일 경우, 별도의 공간을 확보하지 않고 저온함 등을 활
용하여 관리할 수 있다.
*출처: 「공공기록물 관리에 관한 법률」 시행령 [별표 6]에서 재구성.

■ 영구기록물 관리기관의 시설·장비 기준

「공공기록물 관리에 관한 법률」에서 규정하는 영구기록물 관리기관의 서고
면적, 사무공간 면적, 그리고 시설·장비의 기준은 다음과 같다.

〈표 5-7〉 영구기록관의 시설, 장비 기준

구분		종이 기록물	시청각 기록물	전자 기록물	행정박물
1. 서고 면적	고정식	1만권당 99m²	오디오 1만 개당 30m² 비디오 1만 개당 68m² 사진필름앨범 1만 권 236m² 영화필름 1천 캔당 30m²	보존대상량 실소요공간	
	이동식	고정식 면적의 40~60%			
2. 사무공간 면적	작업실	근무인원 1명당 7m² (장비공간 별도)			
	열람실	근무인원 및 열람좌석 1명당 7m² (특수매체 열람공간 별도)			
3. 시설·장비	공기조화 설비	항온·항습설비, 환경적응장비 (시청각 기록물에 한정한다)			
	온·습도계	서고당 1대			
	소화설비	자동소화시설 (보존서고는 가스식 자동소화시설)			
	보안 장비	폐쇄회로 감시장치			

탈산·소독장비	설 치	
복원·시청각 장비	설 치	
매체수록 장비	설치(전자매체, 마이크로필름 수록 장비)	

*비고: 탈산·소독 장비, 복원·시청각 장비, 매체수록 장비는 업무처리량, 보존기록물 종류 등을 고려하여 민간용역으로 처리하는 경우에는 이를 설치하지 않을 수 있다.
*출처:「공공기록물 관리에 관한 법률」시행령 [별표 6]에서 재구성.

1. 보존시설 및 장비 마련에 있어 고려해야 할 세 가지 요소를 정의하고 간략히 설명하시오.

2. 열람실 설계 시 고려할 사항을 3가지 이상 쓰시오.

3. 지상형과 지하형(통제형) 서고의 장단점을 비교하라.

4. 서가 열 사이 거리와 중앙통로는 어느 정도 확보하는 것이 바람직한가?

6 장

기록물의 관리와 취급

개 요

이 장에서는 다음과 같은 내용에 대해 살펴본다.

기록물의 안전한 관리와 취급은 실행에 옮기기 가장 쉬운 보존 방법일 뿐만 아니라 비용이 거의 들지 않는 확실한 보존 방법이다. 다양한 기록 매체를 안전하게 보존하기 위한 유형별 관리·취급 방법을 이해하여 소장 기록물의 안정적인 보존에 적용할 수 있도록 한다.

기록물의 장기보존 및 영구보존에 적합한 보존 용기의 재질과 규격, 기록물 유형별로 적절한 보존 용품에 대한 이해를 통하여 소장 기록물의 안정적인 보존을 위한 실무 지식을 습득한다.

■ 기록물의 유형별 관리와 취급 시 주의사항 파악
■ 보존 용기 및 용품에 대한 실무 지식 습득

1절 기록물의 유형별 관리와 취급

1. 일반 원칙

■ 기록물의 원형 유지

보존담당자는 기록물의 관리에 있어 기록물의 원형을 유지할 책임이 있다. 이는 기록물의 문자적, 형상적, 물리적 내용과 특성의 보존을 의미한다. 불필요하거나 적합하지 않은 처리로 기록물 원본의 형태에 변화가 발생할 경우, 기록물의 독특하고 중요한 특성, 저작물(production), 역사적 경위와 출처가 손상될 수 있다. 이러한 것은 기록물의 원본이 갖는 신뢰를 저하시킬 수 있다. 따라서 기록물의 복원은 보존담당자와 복원 전문가가 상호의견 조율을 통해 매우 신중하게 이뤄져야 한다. 기록물의 원본 상태의 훼손을 감소시키고 예방적인 기술(효과적 환경 통제, 취급요령, 보존 용기, 복사본 등)이 우선적으로 적용되는 기록물관리에서 복원은 우선순위가 높은 보존 행위는 아니다(국가기록원 NAK 25: 2022(v1.1), 7).

■ 원본 기록물에 대한 최소한의 개입

원본 기록물에 대한 최소한의 개입은 기록물의 원형을 확실히 보존하고, 기록물을 다루는 동안 심화되는 손상의 위험을 최소화하기 위해 필수적이다. 기록물 원본의 물질 재료는 기록물을 처리하는 동안 제거해서는 안 되며, 대상물 전체의 장기간 보존에 위협이 돼서도 안 된다. 복원에 사용되는 재료와 기술은 기록물 자체에 해를 입히지 않는 것, 미래의 처리나 시험 또는 기록물의 기능을 저해하지 않아야 한다. 수선(repair)은 기록물에 훼손되지 않는 범위 내에서 실행되어야 한다. 기록물의 복원처리 중에 쓰여진 접착제나 종이 등의 재료는 원본 기록물로부터 분리될 수 있어야 하고, 처리결과는 외형적으로도 만족스러워야 한다(국가기록원 NAK 25:2022(v1.1), 7).

■ 원본 기록물의 안전한 취급

유일무이한 원본 기록물의 안전한 취급을 위해 다음과 같은 사항을 지켜야 한다(Mary Rynn Ritzenthaler 2010, 153-154).

- 기록물을 다루기 전에 핵심적인 기록물의 상태(종이의 찢어짐, 지지체의 분리 여부, 유리의 균열 여부, 필름의 바스라짐 등)에 유의하여 세심하게 살펴보아야 한다.
- 기록물에 영구적인 잉크 사용 이외에는 연필만 사용하여야 한다.
- 표면에 찰과상을 입히거나 스크래치 혹은 자국을 남기지 않도록 기록물에 기대거나 메모하거나 기록물 위에 물건을 올려두지 말아야 한다.
- 작업대 위에 기록물을 안전하게 보호하여야 한다. 기록물의 가장자리와 코너가 작업대 밖으로 삐져 나가면 기록물이 접히거나 균열이 생기거나 떨어질 수 있다.
- 기록물 철에서 페이지를 넘길 때에는 안전하고 부드럽게 다루어야 한다.
- 규모가 큰 기록물을 뒤집을 때에는 폴더를 사용한다.
- 기록물을 취급하는 작업공간에는 음료 및 간식 등의 반입은 절대 금지하여야 한다.
- 사진 마운트가 바스라져 있는지, 균열이 있는지에 주의하여야 한다. 지지체와 마운트가 손상된 경우는 한쪽 가장자리나 코너로 들어 올릴 경우 부러질

수 있다.

- 표면이 마모되지 않도록 조심하면서 사진을 끼우거나 덮개를 제거하여야 한다.
- 규모가 큰 자료를 적절히 취급하려면 두 손을 모두 사용하여야 한다.
- 규모가 큰 사진, 지도, 설계도 등을 다룰 때에는 두 사람이 필요하다.
- 사진이나 동영상 필름, 자기 매체 등에 지문을 남기지 않도록 장갑을 착용하여야 한다.
- 약하거나 손상된 기록물을 운반하거나 들어 올릴 때에는 골판지나 두꺼운 폴더를 지지체로 사용한다. 기록물보다 큰 지지대를 사용하는 것이 일반적이다.
- 작업대를 이동할 때에는 기록물의 훼손을 방지하고 안전하게 보호하기 위하여 폴더, 상자, 또는 유사한 보존 용기를 사용한다.
- 하역장에서 열람실 또는 작업장 등으로 기록물을 이송할 때에는 북 트럭이나 카트를 사용한다.
- 기록물의 운반 시 운반통로의 사정, 예상 장애물에 대해 미리 점검하고 이에 대해 대책을 세운 후 운반한다.

■ 편철 도구 제거

보존 관점에서 핀이나 스테이플러(stapler), 클립 등 금속으로 된 기록물 편철 도구는 구멍을 남기거나 녹이 슬어 기록물을 훼손시키므로 제거해야 한다. 대체 시에는 녹이 슬지 않는 스테인리스나 놋쇠(brass), 또는 플라스틱 재질로 대체해야 한다. 편철 시 다음 사항을 고려해야 한다(ICT · IRMT, 조호연 역 2002, 94-95).

- 스테이플러는 녹이 슬지 않는 재질이라 하더라도 기록물을 손상시키므로 사용하지 않는 것이 좋다.

- 사진 자료를 클립으로 고정하면 사진 표면에 해를 주고 영구적인 손상을 남기기 때문에 클립을 사용하면 안 된다.
- 고무 밴드는 딱딱해져서 종이 표면에 눌러 붙을 수 있고, 종이 밴드는 기록물에 산성 성분을 남길 수 있어 사용하면 안된다.
- 기록물을 묶는 끈이나 리본 또한 산성일 수 있고, 끈에 색깔이 있다면 그 색이 종이 기록물에 침투하여 지워지지 않는 자국을 남길 수 있어 사용하지 않는 것이 좋다.
- 종이 기록물은 편철 도구보다는 폴더를 사용해서 정리하는 것이 좋다.

2. 종이 기록물의 관리와 취급

■ 문서, 대장, 카드, 도면

종이 기록물을 열화의 원인으로부터 보호하기 위하여 가장 일반적으로 사용하는 것이 보존 상자이다. 보존 상자에 보관할 때에는 보존 상자나 서가의 크기에 맞추기 위하여 기록물을 접거나 구부려서는 안 된다. 또한 보존 상자의 규격만큼 기록물이 차 있어야 기록물이 안정된 상태를 유지할 수 있으므로 기록물이 지나치게 많거나 적게 들어있어서는 안 된다. 종이 기록물의 일반적인 보호 및 취급 시 주의사항은 다음과 같다.

- 기록물의 취급을 최소화하고 취급 시에는 핸드크림, 기름기, 기타 오염물이 없도록 손을 청결히 한 후 주의하여 취급한다.
- 기록물이 찢어졌을 때 비닐테이프(일명 스카치테이프) 등으로 수리해서는 안 된다.
- 중요 원본 기록물을 복사기를 이용해 복사해서는 안 된다.

- 테이블 램프와 같은 직접 조명은 꺼야 하고 되도록 기록물은 조명이 없는 곳에 두어야 한다.
- 작업표면에 기록물을 놓기 전에 깨끗한지, 먼지 등이 없는지 확인한다.
- 기록물을 보관할 때는 조명, 먼지 또는 수분으로부터 보호하기 위해 커버를 한다.
- 다른 사람에게 주의하도록 알리기 위해서는 "주의를 요함" 표시를 하여야 한다. 이 경우, '포스트 잇'을 직접 사용해서는 안 되며, 종이를 잘라 사용하고 작업이 끝나면 제거해야 한다.

크기가 비교적 큰 도면의 보호 및 취급요령은 다음과 같다.

- 도면은 수평 상태로 관리해야 한다. 저장 또는 이동을 위해 말아야 할 필요가 있을 때에는 바깥 부분에 보호되는 커버로 둘러싸고 직경이 큰(최소 직경이 90mm) 롤로 만다.
- 말린 도면을 펼 때는 말려진 끝부분을 바로잡기 위해 누름쇠 등을 사용하여 서서히 펴야 한다. 말림이 강하면 먼저 습기를 가할 필요가 있다.
- 이동할 때는 도면을 직접 잡는 것보다 종이 등으로 받치고 종이를 잡거나 폴더에 넣어 폴더 상태로 운반한다.
- 대량으로 이동할 때는 평평한 운반차를 사용한다. 도면을 가장자리에 매달리게 하거나 바닥에 끌리거나 해서는 안 된다.
- 도면을 접으면 손상을 입는 경우가 많다. 따라서 도면을 철에 묶기 위해 접어야 할 때는 철에 묶을 사본을 만들고 원본은 되도록 펼친 상태로 다른 곳에 보관한다.
- 보존용 간지를 도면에 중간에 삽입하여 마찰, 잉크 전이, 다른 대상으로의 접착제 이동을 방지한다.
- 크기가 큰 자료를 높이 쌓아두면 아래쪽에 있는 기록물을 이용하고자 할 때 위쪽에 있는 기록물의 무게로 인하여 손상을 입을 수 있으므로 1인치(inch,

2.54cm) 이상의 높이로 쌓아두어서는 안 된다.

■ 간행물

간행물은 공공기관이 업무수행과정에서 발간하는 자료로서, 발간 형태나 매체와 상관없이(책자, CD, e-book 등) 발간하는 모든 자료가 해당되나 종이 기록물 형태의 간행물에 한하여 종이 기록물의 보존 지침을 준용한다.

간행물 취급 시 별도의 주의사항은 다음과 같다(ICT · IRMT, 조호연 역 2002, 118-119).

- 간행물을 서가에서 꺼낼 때는 간행물의 '등'을 잡고 꺼내서는 안 되며, 크기가 큰 경우 두 사람이 다루어야 한다.
- 간행물을 펼칠 때는 털썩 넘기지 않아야 하며 평평한 상태로 놓여 있지 않다고 해서 무리하게 힘을 가해서는 안 된다.
- 간행물은 똑바로 세워서 보관하되 부서지기 쉬운 상태에 있는 경우 서가에 수평으로 놓되 두 권 이하로 쌓아놓아야 한다. 극히 부서지기 쉬운 경우 상자 속에 보관하거나 목면 끈으로 묶어 두어야 한다.
- 원본에 대한 마모 정도를 줄이기 위하여 간행물의 일부를 복사할 때에는 간행물의 '등' 부분이 손상되지 않도록 주의한다.
- 기관 내의 잡지, 일지, 소책자, 홍보자료, 교육자료, 공보자료, 행사 결과물 등은 물리적인 크기나 모양에 적합한 폴더나 상자에 보관한다.

■ 신문

신문용지는 쇄목펄프로 만들어지기 때문에 강한 산성을 띠고 있어 신문이 열화될 때 오염물질을 방출하므로 다른 기록물에 해를 끼칠 수 있다. 신문에 대해 취할 수 있는 최선의 방법은 각 면을 마이크로필름으로 촬영한 다음 마이크로필름 복사본을 보관하는 것이다. 신문 취급 시 주의사항은 다음과 같다(ICT·IRMT, 조호연 역 2002, 122-123).

- 신문의 원본을 보존할 경우 특별히 제작된 중성 상자에 넣어두거나, 중성지에 잘 싸서 다른 자료와 분리하여 보관하여야 한다.
- 신문을 제본할 경우 향후의 보존 작업이 훨씬 더 어려워지고, 궁극적으로 열화를 촉진시키기 때문에 신문의 제본은 바람직하지 않다.
- 신문을 스크랩하여 보관할 경우 중성 본드지(bond paper)나 고급 용지에 복사하고 원본은 파기하는 것이 좋다.
- 신문 속에 있는 산성은 아주 파괴적이기 때문에 신문 스크랩의 원본은 절대로 기록물철 속에 삽입되어서는 안 된다.

3. 시청각 기록물의 관리와 취급

■ 사진 (사진, 사진 원판, 슬라이드)

사진 기록물의 보존에 있어 가장 중요한 것은 온도와 상대습도를 안정적으로 유지하는 것이다. 사진 기록물은 완전한 암실 상태에서 보관하는 것이 좋으며 빛에 노출될 경우에는 조도가 가급적 낮아야 한다. 사진 기록물 취급 시 주의사항은 다음과 같다.

- 반드시 장갑을 끼고 작업을 수행하여야 한다.
- 크거나 깨지기 쉬운 사진은 두 손으로 조심스럽게 다루고 슬라이드, 낱장의 사진이나 카드 등을 필요 이상으로 움직이거나 이동시키지 않는다.

- 사진의 보호층이 벗겨졌거나 표면이 부서지기 쉬운 상태라면 보드와 함께 보존용지로 포장한다.
- 사진·필름이 봉투나 유리 등에 붙어서 특별한 처리가 필요한 경우, 또는 사진이 젖은 경우는 가능한 빨리 전문가에 조언을 구한다.
- 지우개, 물 또는 창문 클리너나 필름 클리너와 같은 솔벤트로 세척하는 것을 피하고 테이프 등을 이용하여 수리하지 않는다.
- 사진이 빛에 노출되는 시간을 줄여야만 사진의 수명을 연장할 수 있으므로 취약하거나 희소성이 있는 사진은 복제품을 전시하고, 빛에 노출되는 동안은 자외선 필터 등을 이용하여 보호한다.
- 사진에 기록할 경우에는 약한 HB 연필로 뒷면에 쓰도록 한다.
- 심하게 손상된 사진·필름의 수리는 전문 보존처리자의 의견에 따른다. 만약 사진 지지체가 손상되었다면 조심스럽게 보드로 지지해서 폴리에스테르 봉투에 넣는다.
- 유리원판 사진은 보존용 봉투에 보관하는데 봉투에 명확하게 표기하여 따로 보관한다.
- 네거티브 필름이 부서졌거나 변색되고 끈적이거나 구부러짐 또는 공기 방울이 생겼다면 다른 소장품들과 분리해서 보관한다. 사진 재료를 확인하고 안전한 보관 방법을 선택하거나 복제를 한다.
- 사진 원판을 취급할 때는 이미지의 표면을 건드리지 말고 반드시 가장자리만 잡아야 한다.
- 유리 원판과 슬라이드는 깨지기 쉬우므로 조심스럽게 다루어야 한다.
- 말려있는 사진은 쉽게 펴질 수 있는 경우에만 펴놓아야 하며, 사진 원판은 부서지기 쉬우므로 전문가의 도움 없이 펴서는 안 된다.
- 사진을 보존 상자에 담을 때에는 사진 사이에 중성용지를 끼워 간격을 두고 먼지가 끼지 않도록 한다.
- 사진을 담은 보존 상자는 사진에 해를 끼치는 증기를 발산하는 목재 서가보다는 철강재로 만든 서가에 두는 것이 좋다.

■ 사진필름

사진필름은 질산염(cellulose nitrate), 초산염(cellulose acetate), 폴리에스터 등 필름의 재질별로 방법을 달리하여 보존한다.

- 질산염 필름은 열화가 신속히 진행되고 그 과정에서 산성 가스가 방출되어 다른 기록물을 손상시킬 수 있기 때문에 이미지를 복사하고 필름 원본을 파기하는 것이 가장 안전한 방법이다. 보존할 경우에는 중성 용지에 싸서 상자 또는 서랍에 넣은 후 다른 기록물과 분리된 별도의 내화성 캐비넷이나 지하실 등 별도의 안전한 장소에 보관하여야 한다.
- 초산염 필름은 통풍이 잘되는 곳에 인화지로부터 분리하여 보관하며 중성종이에 싸서 낮은 온습도 환경에서 보관한다. 보존 용품으로 폴리에틸렌이나 폴리프로필렌 용기를 사용해도 무방하다.
- 폴리에스터 필름은 폴리에틸렌이나 폴리프로필렌 봉투에 보존한다.

■ 영화필름

영사 슬라이드와 릴 필름을 포함한 영화필름에는 오리지널 네거티브, 마스터 포지티브, 듀프 네거티브, 프린트(print), 사운드(sound) 등이 있다. 영화필름은 사진과 동일한 환경에서 취급하고, 물리적 훼손을 방지하고 유해 요소를 차단하기 위하여 보존용 캔에 넣어 관리한다. 영화필름의 보존 용기 사용 시 고려사항은 다음과 같다(국가기록원 NAK 22: 2009(v2.0), 10).

- 보존용 캔은 플라스틱(폴리에틸렌 등)으로 된 것을 사용한다.
- 필름 캔의 중앙 상단과 배면에 등록번호, 제목 등을 표기하여 관리하며 필름 캔은 세우지 않고 눕혀서 보관한다.

■ 녹음 · 영상 기록물

녹음 · 영상 기록물은 크게 자기 매체와 광 매체에 수록된 기록물로 구분할 수 있다. 오디오 · 비디오 등 자기 매체에 수록된 녹음 · 영상기록물은 물리적 훼손을 방지하고 유해 요소를 차단하기 위해 보호 케이스에 넣어 서가 또는 보관함에 세워서 보관한다. 또한 자기장 발생원이 없는 곳이나 자기장 발생원으로부터 가능한 떨어진 곳에서 관리한다. 자기 매체는 완전히 감은 상태로 보관하며 주기적으로 되감기를 실시한다(국가기록원 NAK 22: 2009(v2.0), 10).

구형 테이프, 실린더, 구형 레코드에 수록된 녹음 기록물은 재생 장비를 구하기 어려울 수 있으므로 카세트나 오픈릴 식의 테이프 등 다른 매체에 복사해 두는 것이 좋다. 자기 매체의 보호 및 취급요령은 다음과 같다.

- 자기테이프 취급 시 보호 케이스를 잡고 다루고 테이프 자체를 직접 만지지 않는다.
- 보풀 없는 장갑을 착용하거나 손을 깨끗하게 닦고 건조 시킨 다음 다룬다.
- 오픈릴 테이프를 취급하거나 옮길 때 허브(중심축)를 잡고 다룬다.
- 디스크는 휘거나 구부리지 말고 취급 시 중심 구멍과 가장자리를 이용한다.
- 라벨 표시는 연필보다는 잉크를 사용한다. 연필의 경우 탄소 가루가 묻을 수 있다. 한번 사용한 라벨은 재사용하지 않고 테이프나 디스크에 직접 부착하기보다는 보존 용기에 부착한다.
- 카세트나 테이프는 사용 후 한쪽으로 감아 놓아야 한다. 중간 정도 감은 상태로 보관하지 않는다.
- 자기 매체 운반 시에는 특별한 주의를 요한다. 매체에 충격을 주거나 떨어지지 않도록 하고 특수 제작한 운반함을 이용한다. 운반량이 대규모이거나 중요한 자료인 경우 자기 매체 전문가의 조언을 구한다.
- 자기 매체는 비자성 물질, 즉 폴리에틸렌, 폴리프로필렌, 폴리스틸렌 등과

같은 불활성 플라스틱으로 제작된 용기에 넣어 저장한다. 폴리염화비닐(PVC)은 매체에 손상을 줄 수 있는 염소 기체를 발생시키기 때문에 사용하지 않는다.

- 보존 용기는 테이프의 허브를 고정할 수 있도록 제작하여 테이프가 움직이지 않도록 한다.
- 테이프를 감는데 사용하는 릴이나 코어는 깨끗하고 크랙이나 날카로운 가장자리가 없어야 한다.
- 플로피디스크는 비마찰 표면과 정전기 발생을 억제할 수 있는 보호용 봉투에 넣어 저장한다.
- 더러움, 먼지, 지문, 음식, 담배 연기 및 재, 공기 오염물질에 의한 테이프 오염을 피해야 한다.
- 테이프나 카트리지를 떨어뜨리지 않게 조심해야 한다.
- 테이프를 강한 직사광선으로부터 피해서 보관하고 물과의 접촉을 피해야 한다.
- 라디에이터, 창문 턱, 텔레비전, 전자 장비, 혹은 기계 위에 테이프를 보관하지 않도록 한다.
- 테이프가 사용되지 않을 때에는 저장 선반의 안쪽에 놓고 똑바로 세워서 저장되어야 한다.

광 매체의 보호 및 취급요령은 다음과 같다(국가기록원 NAK 22: 2009(v2.0), 11).

- 광 매체를 불가피하게 맨손으로 취급하는 경우 디스크 반사면을 만지지 않도록 한다.
- 디스크를 사용하는 시점에서만 보호 용기에서 꺼내 사용하고 완료된 후 즉시 용기에 넣어 관리한다.
- 만일 광디스크에 먼지, 오물 등이 묻어 있고 지문이 묻어 있다면 영구손상

이 되기 전에 매우 세심하게 주의하여 세척하여야 한다. 먼지 제거 시 비마찰 카메라 렌즈용 티슈 또는 매우 부드러운 솔을 사용하여 조심스럽게 행한다.

- 기름이 섞인 오물과 지문 등은 카메라 렌즈 세척 용액과 렌즈 티슈를 사용해서 제거할 수 있다. 렌즈 세척 용액을 디스크 표면에 약간 뿌리고 티슈로 닦아낸다. 닦아낼 때 트랙을 따라서 원운동 하듯이 닦아내는 방법은 부적절하고 디스크의 중심에서 바깥으로 닦아내야 한다. 세척 과정에서 스크래치가 생길 수 있는데 트랙을 따라 닦는 것보다는 트랙을 가로질러서 닦는 것이 손상을 덜 주기 때문이다.
- 개별 보존 용기에 넣어 수직 상태로 보관한다. 보존 용기는 먼지의 유입을 막고 디스크를 고정해주고, 외부로부터 충격을 막아준다. 보존 용기는 대개 폴리에틸렌, 폴리프로필렌, 폴리스틸렌 등 불활성 플라스틱으로 제작되어 장기저장에 적절하다. 또한 같은 재질로 제작된 재킷이나 봉투를 이용하여 하나씩 넣어 보관할 수 있다.
- 여러 개를 함께 쌓거나 포장하지 않는다. 서로에게 압력을 주어 휘게 하거나 변형을 일으킬 수 있다.

4. 기타 기록물의 관리와 취급

■ 예술작품(그림)과 기록물

표구된 예술작품은 표구에 사용된 재질이 강한 산성이거나 작품을 손상 또는 열화시키지 않는다면 표구된 상태 그대로 보존한다. 표구된 예술작품은 자외선의 영향으로부터 안전한 건물 내부의 벽에 걸어둘 수 있다. 표구된 예술작품의 관리와 취급 시 주의사항은 다음과 같다(ICT · IRMT, 조호연 역 2002, 123-124).

- 표구된 예술작품을 걸어 놓는 줄은 두 곳에 있는 것이 이상적이며 두 줄을 이용하여 벽에 안전한 상태로 지탱되도록 걸어 놓아야 한다.
- 표구된 예술작품을 걸어 놓을 수 없다면 안전한 장소에서 면직물이나 양탄자를 깔고 수직으로 세워 놓는다. 이때 먼지가 앉지 않도록 면직물로 덮어 놓아야 한다. 이 경우 표구와 유리를 보호하기 위하여 양질의 두꺼운 마분지를 이용하여 작품 사이를 떼어 놓는다. 또는 홈이 있는 보존용 목재 시렁을 만들어 다른 작품과 닿지 않도록 올려놓을 수 있다.
- 표구된 그림을 운반할 때에 훼손을 방지하기 위해서는 그림을 두 손으로 잡고 그림의 앞면이 운반자의 몸쪽으로 오도록 하고 크기가 큰 경우에는 두 사람이 운반해야 한다.
- 예술작품 표면의 먼지는 부드러운 솔로 가볍게 털어서 제거한다. 만약 예술작품 표면에 엷은 조각이 벗겨지는 징후가 있다면 결코 건드려서는 안 된다.

표구 과정에서 사용된 틀, 대지(臺紙), 혹은 판자에 강한 산성이 포함되어 있다면 표구된 기록물이 손상될 수 있으므로 다음과 같이 보관한다.

- 가치 있는 기록물은 중성 재료를 사용하여 다시 표구한다.
- 표구 틀 자체가 증거가 되거나 특별한 가치가 있는 중요한 물건인 경우에는 표구 상태 그대로 둔다.
- 기록물을 표구 틀에서 분리하는 경우 폴더나 적절한 보존 용기에 넣어 보관한다.

■ 양피지, 독피지, 인장

양피지와 독피지는 산성에 강해 제대로 보존되면 내구성이 좋은 반면, 상대습도의 변화에 민감하므로 상대습도를 일정하게 유지하는 것이 중요하다. 즉,

아주 건조한 곳에 두었던 양피지와 독피지는 펼치거나 접을 때 부서질 수 있고 말았다가 펴기가 쉽지 않다. 반면 습기가 지나치게 많은 곳에 두었던 것은 펴기는 쉽지만 곰팡이가 쉽게 증식될 수 있다. 따라서 관리 및 취급 시에 다음에 유의해야 한다(ICT · IRMT, 조호연 역 2002, 119-121).

- 양피지와 독피지는 온도와 상대습도가 변하면 늘어나거나 수축되어 뒤틀림 현상이 발생하여 글씨 부분이 느슨해질 수 있다. 또한 보관 장소에서 꺼낼 때 환경의 변화에 심하게 노출되면 열화 현상이 빠르게 진행될 수 있으므로 주의해야 한다.
- 양피지와 독피지로 만들어진 기록물은 상자, 서랍, 혹은 튼튼한 기록물철 폴더에 넣어 접지 않은 상태로 서가에 보관한다. 만일 접힌 상태라면 반드시 '조습처리(humidification)' 후에 펴야 한다.
- 양피지나 독피지는 인캡슐레이션(encapsulation)을 할 경우 플라스틱 재질의 필름에서 발생되는 정전기 전하(電荷)로 쉽게 손상될 수 있기 때문에 인캡슐레이션을 하지 않는 것이 좋다.

간혹 양피지 기록물에 첨부된 인장이 찍혀있는 경우, 인장은 다음과 같이 보관한다.

- 금속제 인장은 상자에 넣어 보관하고, 밀랍 등의 인장은 중성지로 싸서 문서와 함께 폴더에 보관한다.
- 인장과 문서를 따로 보관할 경우에는 중성지에 싸서 폴더나 상자에 보관하고 서로의 소재 정보를 첨부해 놓아야 한다.
- 인장을 보관하기 위한 보존 상자를 제작한다면 과도한 압력이나 우발적인 훼손으로부터 보호할 수 있다.

■ 공예품 등 입체적 형태의 기록물

지구본, 입체 모형지도, 동전, 메달, 트로피, 동물 표본, 공구, 옷감 등 입체적 형태의 기록물은 유기 재료와 무기 재료로 만들어져 있어 일정한 환경 조건을 필요로 하므로 관리시설이 갖추어지지 않은 경우 박물관으로 이관시키는 것이 최상의 방법이다. 임시로 보관할 경우에는 다른 기록물과 분리하여 안정된 환경에 두고, 관리 및 이관 문제에 관하여 박물관 전문가로부터 조언을 구해야 한다.

입체적 형태의 기록물은 보관하기 전에 끈이나 면직물 테이프 등이 부착된 라벨을 달아놓아야 한다. 이 경우 접착제 성분의 스티커를 라벨로 사용해서는 안 된다. 입체적 형태의 기록물은 출처와 관련 있는 기록물이 어떤 것인지 확인해 두어야 박물관으로 이관되어서도 출처에 대한 정보를 유지할 수 있다.

1. 핀이나 스테이플러, 클립 등 기존의 기록물의 편철 도구는 어떠한 재질의 편철 도구로 대체해야 하는가?

2. 도면은 수평 상태로 관리되는 것이 가장 바람직하지만, 저장 또는 이동을 위하여 말아야 할 필요가 있을 때에는 바깥 부분에 보호되는 커버로 둘러싸고 직경이 큰 롤로 말 수 있다. 이때 롤 직경의 최소 크기는?

3. 사진필름의 재질별 보존 방법을 기술하시오.

4. 광디스크의 표면을 닦아내는 방법과 그러한 방법으로 닦아내는 이유를 설명하시오.

1. 보존 용기

■ 보존 용기의 정의

보존 용기는 기록물을 담는 꾸러미나 통을 말한다. 보존 용기라는 용어에는 기록물의 내용이 분리될 수 있다는 함의를 담고 있기 때문에 책이나 문서류를 넣어두는 상자는 보존 용기라고 할 수 있지만, 비디오테이프에서 테이프가 장착된 플라스틱 커버는 보존 용기에 해당하지 않는다(한국기록학회 2008, 125). 상자와 봉투, 폴더를 비롯한 기록물의 보존 용기는 기록물을 보존하고 다루기에 필수적인 보호적 장치다. 이러한 보존 용기는 보존용 물질로 만들어져야 하며 기록물의 형태와 활용에 따라 다양한 형태가 있다.

■ 보존 용기의 기능

보존 용기를 사용함으로써 기록물을 안전하게 보존하고 취급 시에 용기를 운반하여 기록물을 간접적으로 취급함으로써 지문, 얼룩 등 오염물로부터 보호할 수 있다. 또한 온·습도, 조명 등 외부의 충격으로부터 완충 역할을 하며 산성 전이를 막기 위하여도 보존 용기를 사용하여야 한다. 이와 같은 보존 용기의 기능은 다음과 같다(신종순 외 2011, 303).

- 보호 기능: 외부로부터의 충격, 광선 등의 저해 요인으로부터 물리적인 보호
- 완충 기능: 산성 기록물에서 발생하는 산성 기체에 대한 화학적 중화 및 완충 기능
- 색인 기능: 기록물의 검색과 찾기 용이

■ 보존 용기의 재질

보존용 상자와 봉투는 내용물의 각각의 필요에 따라 맞춰진 견고한 구조물이다. 묶여진 상태의 기록물을 위한 보존용 상자는 기록물을 안정적으로 고정시키고, 묶여진 기록물의 돌출된 부분을 안전하고 편리하게 다룰 수 있어야 한다. 박스와 봉투의 안쪽은 부드럽고 화학작용이 없고 내용물에 대한 위해요소가 없어야 한다(국가기록원 NAK 25:2022(v1.1), 22).

보존용 상자는 중성 보드로 제작하고, 기록물을 지탱하고 보호할 수 있는 강도와 두께로 제작되어 기록물을 안전하게 보존하기에 적합해야 한다. 제작에 있어 스테이플러 또는 와이어 스티치를 사용하는 것은 피해야 하고 꼭 써야 한다면, 금속으로 된 부착물은 부식방지 물질을 사용하고, 상자 내의 내용물과 닿지 않도록 해야 한다(국가기록원 NAK 25:2022(v1.1), 23).

일반적으로 보존 용기는 다음과 같은 재질 특성을 갖추어야 한다.

- 외부의 힘으로부터 충분히 보호할 수 있는 강도
- 탄산칼슘 등의 알칼리 물질을 2~3% 함유
- pH 7.5 이상
- 리그닌이 없어야 한다. 리그닌 성분은 광화학반응 시 황변화를 일으킬 수 있다.
- 색이 바래거나 변하지 않아야 한다.

- 투명 비닐 재질의 경우 황이나 염소 성분이 없어야 한다.

플라스틱 보존 용기는 다음과 같은 재질 특성을 갖추어야 한다(신종순 외 2011, 316-318).

- 조해성이 없고 화학적으로 안정적이어야 하며 충분한 인열강도를 지녀야 한다.
- 마일라(Mylar) 커버
- 플라스틱 재질의 보존 용기에 적합한 재질은 고밀도 폴리에틸렌(HDPE), 폴리에스터, 폴리프로필렌, 폴리스티렌 등 불활성 플라스틱이다.

조해성(潮解性)
공기 중에 노출되어 있는 고체가 수분을 흡수하여 녹는 성질을 말한다.

마일라(Mylar)
폴리에스터·폴리에틸렌·테레프탈산염으로 만들어진 다용도 플라스틱 필름의 상표명이다.

■ 보존 용기의 종류

기록물의 종류나 사용 용도에 따라 보존 용기를 제작하는데, 종이 기록물의 경우 보존 용기의 종류는 봉투, 파일, 폴더, 상자, 필름봉합처리(encapsulation), 마운트(mount) 등이 있다. 시청각 기록물의 보존 용기로는 앨범, 릴(reel)·스풀(spool), 보존용 캔 등이 있다.

보존 용기를 구체적으로 살펴보면 다음과 같다.

- 보존 봉투: 카드류, 사진·필름류 등 주로 편철하기 곤란한 기록을 보존하기 위한 보존 용기로, 철 단위로 보존 봉투에 넣어 관리한다. 보존 봉투는 편철용, 보존용의 두 가지 용도로 사용하며, 크기는 봉투에 넣은 기록물이 봉투로부터 밀려 나오지 않을 정도의 크기가 적당하다. 카드류, 도면류, 사진·필름류는 기록물철 단위로 각각의 규격에 맞는 보존 봉투에 넣어 편철한 하여 보존 상자 또는 도면보관함 등에 넣어 관리하여야 한다(「공공기록물 관리에 관한 법률」 시행규칙 제10조~제12조). 카드류 보존 봉투의 재질은 중성 재질로서 기록물의 하중을 견딜 수 있도록 높은 인장강도, 인열강도, 파열강도가 필요하며, 보존 봉투에 사용하는 접착제는 유해 가스가 발생하지 않는 중성이어야 한다. 사진·필름류에 적합한 보존 봉투는 완충되지 않은 중성지이다. 매체별 보존 봉투의 규격은 그림과 같다.

〈그림 6-1〉 카드류 보존 봉투

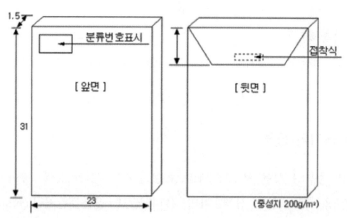

*출처: 「공공기록물 관리에 관한 법률」 시행규칙 [별표 7]

〈그림 6-2〉 도면류 보존 봉투

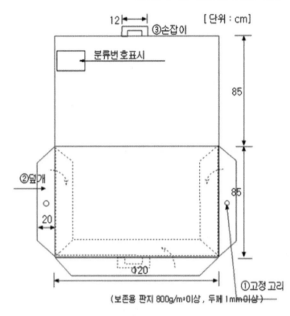

① 무명실이 부착된 고정
　고리
② 중성용지 200g/m²의
　덮개
③ 이동용 종이 손잡이

*출처: 「공공기록물 관리에 관한 법률」 시행규칙 [별표 8]

〈그림 6-3〉 사진·필름류 보존 봉투

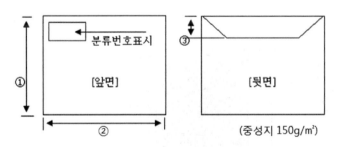

사진·필름 종류	세로①	가로②	덮개③
5″ × 7″ 이하 사진 원판, 35mm, 120mm 필름	15	21	13
8″ × 10″ 이하 사진	27	22	4
8″ × 10″ 이상 사진	동일재질로 크기에 맞추어 제작함		

사진·필름크기별 봉투 규격　　　　　　　　　　　[단위 : cm]

* 출처: 「공공기록물 관리에 관한 법률」 시행규칙 [별표 9]

- 파일(file): 파일은 서류 형태의 기록물이 생산될 때마다 수시로 넣거나 꺼내어 사용할 수 있으며 장기간 보존도 가능하므로 실용성과 보존성이 동시에 요구된다. 일반적으로 기록물을 끼워 넣거나 편철하여 정리·보관하는 두꺼운 표지를 말한다. 처리과에서 업무가 진행 중에 있거나 또는 업무에 활용중인 일반문서류는 '진행문서파일'에 발생순서 또는 논리적 순서에 따라 끼워 넣어 관리해야 한다(「공공기록물 관리에 관한 법률」 시행규칙 제9조 제1항). '진행문서파일'은 편철을 용이하게 할 수 있도록 편철구가 부착된 것을 사용하도록 규정하고 있다.

〈그림 6-4〉 진행문서파일

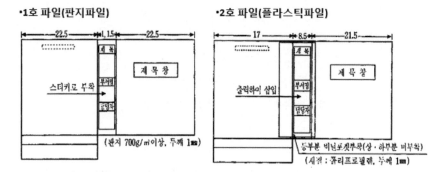

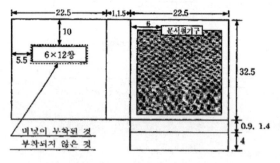

*출처: 「공공기록물 관리에 관한 법률」 시행규칙 [별표 3]

- 폴더(folder): 편철구가 없어 철하거나 묶지 않고 서류를 넣어 사용하는 형태의 견고하고 두꺼운 종이이다. 문서를 편철하기 위하여 천공할 필요가 없기 때문에 물리적 훼손을 피할 수 있다.
- 보존 상자(archival box): 여러 건의 자료를 혼합 정리하여 보관하는 제품으로 기록의 특성이나 형태에 따라 통합 보관할 수 있도록 적당한 크기로 만들어야 한다. 기록물의 종류에 따라 문서용 보존 상자와 필름, 마이크로필름, 테이프, 디스크 등을 담는 시청각 기록물용 보존 상자, 행정 박물용 보존 상자 등이 있다.

〈그림 6-5〉 보존 상자의 규격

※A4 외의 규격의 진행문서파일은 동일 비율로 축소 또는 확대한 규격을 만들어서 사용할 수 있음.

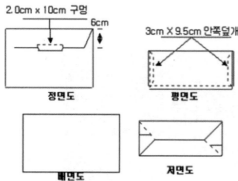

※중성판지 800g/m² 이상, 두께 1mm 이상)

*출처: 「공공기록물 관리에 관한 법률」 시행규칙 [별표 5]

- 필름봉합처리(encapsulation): 폴리에스터 필름 사이에 문서를 넣고 밀봉한다는 점에서 보존 용기의 하나이다. 바스러지기 쉬운 기록물을 보호하기 위한 방법으로, 낱장의 기록물을 깨끗한 보존용 필름 사이에 놓아 가장자리를 초음파를 이용해 봉합하여 외부의 오염을 차단한다. 도면을 열람 또는 전시하는 등 낱장을 보존 또는 열람하기 위한 가장 일반적인 방법이지만, 필름봉합처리된 여러 장을 책 형태로 조합할 수도 있다. 폴리에스터 필름은 기록물의 두께에 따라 필름을 두께별로 적용할 수 있으며 50㎛, 75㎛, 100㎛이

〈표 6-1〉 필름봉합처리의 장·단점

장점	· 원본에 대한 최소한의 개입으로 원본을 보호할 수 있는 방법이다. · 대상의 원형이 보존된다. · 바스러지기 쉽고 연약한 기록물에 대한 지지체를 제공한다. · 지지체를 쉽고 빠르게 원본 상태로 되돌릴 수 있는 방법이다. · 기록물이 저장되고 취급되는 동안 표면의 접촉과 마모로부터 기록물을 보호한다. · 재해 발생 시에 물 또는 다른 오염물의 접촉으로부터 기록물을 보호한다.
단점	· 도면상자 서랍과 같은 저장 체계에 대해 무게와 부피를 증가시킨다. · 서지학적 외형의 연구가 일시적으로 불가능하다. · 폴리에스터가 쉽게 마모되어 주기적인 재처리(re-encapsulation)가 필요할 수 있다. · 폴리에스터에 의해 발생된 정전기는 느슨한 기록물에 대해 적절하지 않은 방법이 될 수도 있다.

*출처: 국가기록원 NAK 25:2022(v1.1), 24.

〈그림 6-6〉 필름봉합처리(encapsulation)

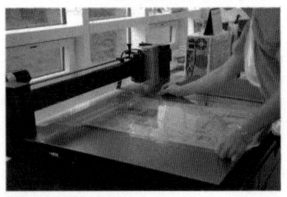

*출처: 국가기록원 NAK 25:2022(v1.1), 24.

있다. 두께의 선택은 필름봉합처리가 필요한 대상물에 요구되는 지지정도에 따라야 한다(국가기록원 NAK 25:2022(v1.1), 24). 필름봉합처리의 장점과 단점은 〈표 6-1〉과 같다.

- 마운트(mount): 마운트는 윈도우 프레임을 만들어 기록물을 안쪽에 붙이고 뒷받침 보드와 경첩이 되는 윈도우로 덮는 것이다. 윈도우는 기록물보다 약간 크거나 기록물의 가장자리가 덮일 정도의 크기가 적당하다. 기록물을 위한 단단한 지지체로서 이동, 전시, 저장 등 기록물을 취급하는 동안 기록물의 물리적인 보호 장치 역할을 하며, 미학적으로도 만족스러운 방법이다(국가기록원 NAK 25:2022(v1.1), 25).

〈그림 6-7〉 마운트

*출처: 국가기록원 NAK 25:2022(v1.1), 26.

- 앨범: 사진이나 필름을 보존하는 보존 용기는 별도의 국제 인증규격 PAT (Photographic Activity Test)시험을 합격한 것이어야 한다(신종순 외 2011, 307-308) 앨범은 표지와 속지로 구성되어 있으며 적절한 재질은 다음과 같다.

· 겉표지: 중성 판지와 중성의 접착제를 사용하여 제작하여 사진이나 필름의 잔류 약품 발생 시 흡수 또는 중화할 수 있는 기능이 있어야 한다.

· 속지(내지): 접착식과 비접착식으로 구분할 수 있는데 장기간 안전한 보존

을 위해서는 비접착식이 바람직하며 중성의 폴리에스터, 폴리프로필렌 등
이 적합하다. PVC(poly vinyl chloride)는 잔류하는 유해 화학약품(HCl)으로
인하여 사진이나 필름이 손상될 수 있으므로 부적합하다.

· 앨범 링(ring): 내지를 합하는 링은 D형과 O형이 있으며 쉽게 부식되지 않
는 스테인리스강(stainless鋼)이거나 도금(鍍金) 처리한 재질이어야 한다.

- 릴 · 스풀: 필름류 보존 용기이다. 릴은 필름을 감는 감개로서, 날개에 공기
유통구가 있는 형태이며, 마이크로필름 등 보존용 필름의 감기에 사용하며
'코어'라고도 한다(신종순 외 2011, 313). 스풀도 필름을 감는 감개의 하나로
미노광 필름용으로만 사용한다. 금속이나 플라스틱 재질이지만, 보존 용기
로는 불활성 플라스틱 재질이 적합하다.

〈그림 6-8〉 릴(reel)과 스풀(spool)

- 보존용 캔: 영화필름, 마이크로필름 등을 담는 용기이다. 재질로는 폴리에
틸렌, 폴리에스터, 폴리프로필렌, 폴리스티렌 등이 적합하다. 금속성과 저급
의 PVC 재질은 부적합하다.

〈그림 6-9〉 보존용 캔

*출처: https://www.koreafilm.or.kr/museum/exhibition/EI_00010

2. 기타 보존 용품

■ 표지

생산이 완료된 기록물의 앞과 뒤를 대주어 편철하는 표지와 기록물의 겉표지를 씌워 포장하는 제품이다. 일반문서류의 편철 시에는 '기록물철 표지'를 사용하고, 처리가 완결되면 '보존용 표지'를 추가로 씌워 편철용 클립 또는 집게로 고정시킨 후 보존 상자에 단위과제별로 넣어 관리하도록 하고 있다(「공공기록물 관리에 관한 법률」 시행규칙 제9조 제2항, 제4항).

〈그림 6-10〉 기록물철 표지와 보존용 표지

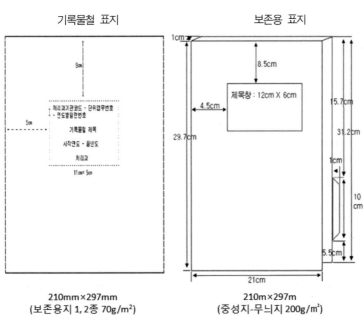

기록물철 표지	보존용 표지
210mm×297mm (보존용지 1, 2종 70g/㎡)	210m×297m (중성지-무늬지 200g/㎡)

*출처: 「공공기록물 관리에 관한 법률」 시행규칙 [별표 2], [별표 4]

또한 기록물관리기관에서 생산한 기록물이 수록된 전자매체와 그 보존 용기에는 전자매체·마이크로필름 표지를 부착하여야 한다(「공공기록물 관리에 관한 법률」 시행규칙 제25조 제4항).

〈그림 6-11〉 전자매체·마이크로필름 표지

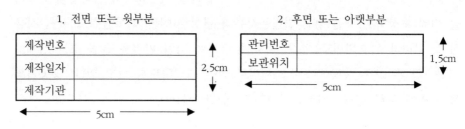

1. 전면 또는 윗부분

제작번호	
제작일자	
제작기관	

2.5cm

5cm

2. 후면 또는 아랫부분

관리번호	
보관위치	

1.5cm

5cm

*출처: 「공공기록물 관리에 관한 법률」 시행규칙 [별표 12]

기록물철 표지

기록물철 표지는 전자기록생산시스템으로부터 전산으로 출력하여 사용하여야 한다 (「공공기록물 관리에 관한 법률」 시행규칙 제8조 제1항).

■ 라벨(label)

기록물을 찾을 때 쉽게 식별할 수 있도록 붙이는 표식으로 기록물 자체보다는 보존 상자 등 보존 용기의 정해진 위치에 부착한다. 행정박물의 경우에는 박물에 직접적으로 부착하지 않고 인식표(tag)와 같은 꼬리표를 달아 식별한다. 인식표는 이면이 금속성으로 만들어진 것이 바람직하고 라벨류는 도서나 기록물에 영향을 미치지 않는 중성 접착 물질로 가공된 것이어야 한다(신종순 외 2011, 311).

■ 자외선 차단 제품

보존서고의 조명에서 방출하는 자외선으로 인한 기록물의 화학적 열화를 방지하기 위하여 형광등에 자외선을 흡수하는 재료로 만든 자외선 차단 필름이나 튜브를 감아 자외선을 차단한다. 자외선을 흡수하는 재질로 폴리에스터 또는 폴리에틸렌(polyethylene) 등을 사용한다(신종순 외 2011, 312).

1. 종이 기록물의 보존 용기는 어떠한 재질로 제작되어야 하는지 기술하시오.

2. 보존 용기 중 보존 봉투의 용도에 대하여 설명하시오.

3. 보존 용기 중 하나인 마운트에 대하여 설명하시오.

4. 사진이나 필름을 보존하기 위한 앨범의 속지로 적합한 재질은?

7 장

기록물의 보존처리

이 장에서는 다음과 같은 내용에 대해 살펴본다.

보존처리(conservation)는 기록물이 물리적으로 더 훼손되지 않도록 기록물의 원형을 유지한 채 최대한 수명을 연장시키는 활동을 의미한다. 일반적으로 종이 등 아날로그 기록물을 그 대상으로 소독과 탈산처리를 통해 기록물의 수명을 연장하는 것을 말한다. 보존처리 대상 기록물을 식별하고 효과적인 소독 및 탈산의 방법에 대한 지식을 습득함으로써 열화 및 훼손을 미연에 방지하고, 소장 기록물의 보존수명을 연장하여 안정적인 장기 보존을 달성할 수 있도록 한다.

기록물의 소독 및 탈산처리에 대한 학습을 통하여 소장 기록물의 영구보존을 위한 보존처리의 실무 지식을 습득한다.

■ 기록물의 소독 처리의 필요성과 다양한 소독 방법을 이해
■ 기록물의 탈산처리의 효과 및 종류에 관한 지식 습득

1. 소독의 필요성과 근거

■ 소독의 필요성

곰팡이 해충 등에 의한 재질 파괴 및 손상 그리고 미생물과 곤충 등의 분비물로 인한 얼룩 혹은 색소침착 등 생물학적 피해는 한번 피해를 입으면 거의 원상복원이 불가능하다. 복원처리를 한다고 하여도 막대한 비용이 소요되므로 안전한 보존 및 활용, 후대 전승을 위해서는 체계적이고 주기적인 소독 처리가 필요하다.

■ 소독의 근거

법령 및 표준에서 소독 처리와 관련된 규정은 다음과 같다.

- 「공공기록물 관리에 관한 법률」 시행규칙 제30조(기록물의 보존처리): 보존기간이 30년 이상인 기록물은 미생물과 해충에 의하여 손상이 발생되지 않도록 서고에 입고하기 전에 소독을 실시하여야 한다(제1항). 제1항에도 불구하고 기록물의 보존상태 및 보존환경 등을 점검하여 그 결과에 따라 소독 제외대상 기록물을 선별할 수 있다(제2항).
- 국가기록원 "종이기록물 보존 및 복원지침"(NAK 25: 2022(v1.1)): 서고에 입고

된 기록물에 대해서는 정기적으로 해충 및 미생물 발생 여부를 검사한다. 필요시 서고에 입고하기 전에 곰팡이균이나 해충 등에 대한 검사를 실시하여야 하며, 미생물 또는 곰팡이균이 활성화된 흔적이 발견되면 그 흔적이 발견된 즉시 처리를 실시하여야 한다. 소독에 사용되는 물질은 인체나 기록물의 물질에 영향을 끼치지 않아야 하며, 기록물 전용 소독 처리 장비 또는 개별적인 처리 장치를 통해 소독 처리되어야 한다.

2. 소독의 종류

■ 화학적 소독

〈표 7-1〉 화학적 소독 종류

약제 종류	처리방법 및 특징
Methyl Bromide (MB)	- 오존층을 파괴하는 환경규제 대상물질 - 노출 기준은 TWA 5ppm, 20mg/cm³, OSHA 5ppm(노동부 산업안전보건법)이다.
Ethylene Oxide (ETD)	- 1950년대 말부터 박물관, 도서관, 기록물 등에 많이 사용 - 무색의 인화성이 강한 기체이며, 기체는 폭발성이 강하지만 액체는 안정 - 노출 기준은 TWA 1ppm, 2mg/cm³, OSHA 1ppm(노동부 산업안전보건법)이다.
Thymol	- 독특한 향을 가진 흰색 결정체로 열을 가해 기체로 만든 후 소량을 훈증하여 사용 - 노출되었을 때 중앙신경계통, 순환계 등에 영향을 줄 수 있음
기타 살충제, 살균제	- 합성 살충제로 Naphthalene, Camphor, P-dichlorobenzene, Saffrol, CCN(Chloroform, Cresol, Naphthalene 1:1:1 혼합체), D.D.T., 염화아연 등이 주로 열대지방 박물관에서 사용 - 합성 살균제로 염화제이수은용액(2%), P-dichlorophenol 알콜용액, 석탄산수용액, Pentachlorophenol 유기용매용액 등

*출처: 국가기록원, 기록보존, 62.

기록물의 대량 소독방법은 크게 화학물질을 이용한 소독방법과 비화학적 소독방법으로 구분된다. 화학적 소독은 밀폐된 공간이나 장소에 가스 또는 증기 상태의 독성 유효성분(훈증제 등)을 채워 해충 또는 미생물들의 호흡을 통하여 사멸시키는 방법이다. 19세기 말부터 해외의 박물관, 도서관, 기록보존소 등에서 생물학적 피해를 막기 위하여 유독 화학약제를 이용한 방제가 많이 이용되어 왔다. 그러나 화학물질을 이용한 소독방법은 인체 유해성과 환경오염문제로 점차 비화학적 소독방법으로 대체 중에 있다.

■ 비화학적 소독

비화학적 소독은 천연 약제에서 추출된 소독성분을 이용하거나 저산소 환경 유지 또는 초음파, 전자파, 방사능 등을 이용하여 살균하는 방법이다. 화학적 소독에 비해 기록물 재질 및 인체에 독성이 거의 없지만, 효능이 약제나 적용방식에 따라 다양하다는 단점이 있다.

〈표 7-2〉 비화학적 소독 종류

종류	처리방법 및 특징
천연약제, 식물을 이용	- 기존 유독 화학약제를 대체하기 위한 목적으로 환경조절형 복합소독 시스템(질소+진공+천연식물증류성분)이 개발됨 - 전통 천연약제로부터 항균성분을 추출해 이를 휘발성 향을 만들어 기록물, 지류, 섬유질, 목재질 등을 보호해주는 방충, 방균제로 개발하여 사용
전자파 조사	- 기록물이 함유하고 있는 수분을 전자파로 조사하여 진동시킴으로서 발생하는 열을 이용하여 살균
초음파 처리	- 음파의 진동 에너지를 이용하여 살균하는 방법으로 화학약제가 가지는 내성문제에 대한 우려가 없음
환경조절에 의한 방법	- 상대습도 60% 이하에서 미생물의 활동이 극히 제한되는 것을 이용한 저습상태 유지 - 질소나 산소흡수제를 이용하여 0.1% 이하의 산소환경을 조성하여 곤충을 박멸하는 저산소 환경 유지 - 저온에서 곤충을 동사시키는 동결법 등

*출처: 국가기록원, 기록보존, 62.

3. 소독 장비

■ 저산소 농도 살충 챔버 시스템

기계의 챔버 안에 기록물을 담은 뒤 소독처리하는 장비이다. 화학약제를 사용하지 않고 질소, 아르곤, 이산화탄소 등의 가스를 주입하여 유해충을 산소결핍에 의해 살충하는 친환경 훈증시스템이다.

〈그림 7-1〉 저산소농도 살충 챔버 시스템

 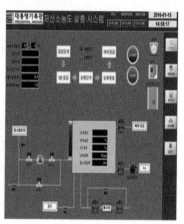

*출처: http://www.sebinetech.com/product/product.php?menu_sub=3&menu_thr=4

1. 「공공기록물 관리에 관한 법률」에서 규정하는 소독 처리 대상 기록물에 대해 쓰시오.

2. 최근 화학물질을 이용한 소독방법은 인체 유해성과 환경오염 문제로 점차 비화학적 소독방법으로 대체 중에 있다. 비화학적 소독방법 중 '환경조절에 의한 방법'에 대해 설명하시오.

1. 탈산처리의 필요성과 근거

■ 탈산처리의 필요성

종이의 주성분인 셀룰로오스는 중성 및 알칼리성(pH 7~9)에서는 매우 안정한 상태이나 산성(pH 4~5)에서는 불안정하여 분자결합이 쉽게 분해된다. 분자량의 감소는 종이의 결합력을 저하시키고 종이의 전체적인 강도를 떨어지게 하는 주요 원인이 된다. 종이는 자연 상태에서도 약 20~30년이 지나면 산성화가 진행된다.

근대에 들어와 종이 제조가 대량 생산 체계로 변화되면서 산성화된 종이가 생산되었고 이는 종이의 열화 원인이 근본적으로 내재되는 결과를 초래하였다. 종이재료 처리과정에서 사용된 로진(rosin)과 알람(alum)이 종이 내부에 잔류하면서 셀룰로오스의 산(酸) 가수분해(hydrolysis)를 유발시켜 종이의 강도 저하 및 각질화를 가속화시키기 때문이다.

해외뿐만 아니라 국내에 보관 중인 문서나 도서류도 종이 재질 자체가 산성이고 자연 산화된 상태에 있기 때문에 신속한 탈산 보존처리가 요구된다. 탈산처리를 실시하면 내절강도(耐折强度)·인열강도(引裂强度) 등 종이의 강도적 물성이 증가함을 알 수 있다. 탈산처리를 실시한 종이는 그렇지 않은 종이에 비하여 열화 가속 시험 시 내구성이 약 3배 정도 강해지며, 탈산처리를 실시한 도서의 종이 pH 지수가 상승, 알칼리성이 높아진다. 즉, 탈산처리를 실시한 종이는 알칼리 성분이 잔류하여 대기 중의 산성 유해기체를 흡수·중화하는 완충기능을 보유하며 결과적으로 보존성이 향상된다(신종순 외 2011, 193-200).

■ 탈산처리의 근거

법령 및 표준에서 탈산처리와 관련된 근거는 다음과 같다.

- 「공공기록물 관리에 관한 법률」시행규칙 제30조(기록물의 보존처리) : 보존기간이 30년 이상인 종이류 기록물 중 산성화 정도가 수소이온농도(pH) 6.5 이하인 기록물에 대하여 서고 입고 전에 탈산처리를 실시함을 원칙으로 한다(제3항).
- 국가기록원 "종이기록물 보존 및 복원지침"(NAK 25: 2022(v1.1)) : 산성화된 기록물에 대해서는 탈산처리를 실시한다. 종이의 산성화 또는 향후 공기오염으로 인한 산의 발생에 따른 산성화를 방지하기 위해 알칼리 물질로 중성화한다. 탈산처리는 대량의 탈산처리 장비를 이용한 탈산처리 또는 개개의 대상에 대한 수동식 분무, 습식 탈산처리를 통해서 이루어질 수 있다. 탈산처리 전에 기록물의 산성화된 정도는 pH값 측정을 통해 알 수 있다. 대개 산성화된 기록물은 바스러지거나 심하게 황변화 되는 등의 시각적인 특징을 보인다. 탈산처리는 필기구, 종이 등이 탈산 약품에 대해 안정적인지 부분적으로 실험한 후 적용되어야 한다.

2. 산성도 측정

■ 산성도 측정 방법

탈산처리에 앞서 산성도 측정이 우선되어야 한다. 산성도 측정 방법은 pH

지시약, pH-Meter 등으로 측정할 수 있다.

- pH 지시약(indicator): pH 지시약을 이용한 종이 산성도 측정은 종이 분석 방법을 소개하는 교재에 등장할 정도로 일반적인 방법으로 pH 지시약은 펜, 색연필, 용액, 종이의 다양한 형태로 시중에서 판매된다. pH 지시약을 이용한 시험 방법은 지시약에 의한 색 발현으로 산성도를 판단하는 것으로 다른 산성도 측정 방법에 비해 매우 간단하고 저렴하며 비전문가도 쉽게 접근할 수 있는 장점이 있지만 제품마다 특성이 다르고 검사 흔적이 남을 수 있다는 단점을 갖고 있다.
- pH Meter: pH 미터를 이용하여 정확한 지류 지적 기록물의 산성도를 측정하는 경우, 기록물 보존관리 전문 연구원에 의한 정확하고 신뢰성 있는 측정이 가능하다.

〈그림 7-2〉 산성화도 측정 방법

pH Meter 측정
- pH Meter를 이용하여 정확한 지류 지적 기록물의 산성도 측정
- 기록물 보존 관리 전문 연구원에 의한 정확하고 신뢰성 있는 측정이 가능

pH Indicator 확인
- pH testing 펜을 이용하여 신속하게 지류 지적 기록물의 산성화도를 측정
- 색상의 변화로 지류기록물의 산성화도 진행 정도와 탈산처리의 필요 유무를 쉽고, 편리하게 확인 가능
- 산성 : 무색 또는 노란색
- 중성 : 보라색

Lineco
pH Testing Pen

*출처: 국가기록원 NAK/A 9:2007(v1.0), 43.

3. 탈산처리의 종류

■ 북키퍼(Bookkeeper)법

산화마그네슘(MgO)을 종이 내부에 침투시키는 방법이다. 손으로 직접 분무하는 소량 처리 방법과 대량 처리 탱크에 탈산제를 넣고 기록물을 담그는 침전식 방법이 있다. 알칼리성분인 산화마그네슘은 종이 내부에 유해성 산성 물질과 중화반응을 일으켜 산성화된 종이를 중성화시키며, 처리가 끝난 여분의 산화마그네슘은 종이 내부에 잔류하면서 대기 중의 산화물질과 중화반응을 통하여 산성화를 예방한다. 주의할 점은 본격적인 탈산처리 이전에, 탈산제를 기록물에 소량 반응시켜 탈산제에 포함된 용매가 기록물의 재료(필기구, 인쇄잉크, 제본용 풀, 표지 등)를 손상 또는 변형시키는 지 여부를 검사한 후 이상이 없을 경우 대량 처리해야 한다.

■ BPA(Book Preservation Associates)법

Book Preservation Associates사가 개발한 시스템으로 1986년경부터 실용화된 탈산법으로 에틸렌옥사이드, 암모니아, 물을 장치 내에 반응시켜 종이 내부에 에탄올아민을 발생시킨다. 이 시스템의 최대 장점은 에틸렌옥사이드를 사용하는 살균장치를 그대로 탈산처리용으로 이용할 수 있다는 것이다. 실용화와 동시에 최대 연간 700만 권을 처리할 수 있는 시스템이 되었다. 그 외에 본 탈산법은 다음과 같은 이점이 있다(국가기록원, 기록보존, 54).

- 사용하는 가스는 침투성이 높아 골판지로 서적을 포장한 상태로 처리가 가능하다.
- 자료에 사용된 그의 모든 소재에 영향을 미치지 않기 때문에 사전 선별이

필요 없다.

- 처리와 함께 자료의 극단적인 건조 등이 필요 없고, 처리조건은 비교적 가혹하지 않다.
- 개발비, 설비의 건축비 등이 비교적 낮아, 처리 비용을 낮게 설정할 수 있다.
- 프레온 등을 사용하지 않기 때문에 환경오염의 위험이 적다
- 에틸렌옥사이드를 사용하기 때문에 탈산과 동시에 살충·살균을 할 수 있다.

다만, 탈산제로 아민이 생성되는데 냄새와 유해성의 위험이 있으나, 약간의 냄새가 있고 건강상 유해성은 없는 것으로 판정되었다.

■ DEZ(Diethyl Zinc)법

미국의회도서관이 개발한 것으로 탈산제로는 디에틸렌아연 가스를 사용하는 기상(氣相)탈산법이다. 이 탈산법은 다음과 같은 장점을 가진다.

- 기화된 디에틸렌아연은 서적 및 종이 속으로 쉽게 침투하여 산성물질을 중화한다. 따라서 서적을 그대로 처리할 수 있다.
- 디에틸렌아연 및 반응 후 생성되는 산화아연, 탄산아연 등은 서적이나 문서에 사용되는 다양한 소재로 그의 영향을 미치지 않는다. 따라서 자료의 사전선별이 필요 없다.
- 처리 후 2% 이상(탄산칼슘으로 환산하여)의 잔류 알칼리를 생성한다

그러나 한편으로 이 물질은 반응성이 높아 공기 중에서 발화하기 때문에 장치의 개발, 설비 및 운전에 많은 투자와 고도의 기술적 경험이 필요하다.

■ 웨이트(Wei'to)법

비수성 용액에 의한 탈산법으로서, 탈산제로 마그네슘의 유기화합물을 사용하고, 용제로서 알코올 매제로서 프레온을 사용한다. 연간 처리량이 많은 점이 있지만 최근 프레온에 의한 환경 오염 문제가 있어 이것을 교체할 물질이 필요하게 되었다. 또 용제로 알코올을 사용하기 때문에 영향을 받는 잉크나 수지 등을 사용한 자료를 사전에 선별하지 않으면 안 된다. 또 얼마간의 실험에 의하면 서적의 경우 중앙과 주변주의 pH가 균일하게 처리되지 않는 것도 지적되었다.

웨이트법을 개량한 탈산 시스템은 독일의 프랑크프루트에 있는 파테르 연구소에서 개발되어 1989년부터 테스트 플랜트가 운전되어 처리실험이 개시되었다. 이 시스템에서는 건조에 유전가열을 이용하여 전후·처리 시간을 단축하였다. 또 용제를 알코올로부터 헥산메틸디실록산으로 바꾸어 잉크 등에 영향을 줄일 수 있어 사전 선별이 불필요하다고 알려져 있다.

■ FMC법

1987년 미국 FMC사가 개발한 탈산법으로 비수성 용액으로 처리하는 탈산법이다. 탈산제로 마그네슘 유기화합물을 사용하여 유기용제로 현재는 프레온을 사용하고 있으나 환경에 미치는 영향이 적은 물질로 대체 가능하다고 발표하였다. 처리 과정은 탈산 물질과 함께 웨이트법과 유사하다. 그러나 용제로 알코올을 사용하지 않기 때문에 책 소재에 미치는 영향은 웨이트법보다도 적고 사전선별이 필요 없다. 또한 웨이트법 등에 비교하여 처리시간이 단축 되었다. 그러나 잉크의 번짐 현상과 코팅재가 경화하거나 라미네이팅된 막이 박리되는 현상이 나타나기도 했다.

■ HMDO법

독일 'Bettle사'가 개발한 시스템으로 Hexamethyldisiloxane Mg/Tialkoxide를 대형탈산장치에서 처리한다. HMDO 약품은 잉크, 염료, 플라스틱, 접착제와 반응하지 않으므로 자료의 손상이 없다. 1회 처리시 80권/hr을 처리할 수 있어 하루 640권의 대량처리가 가능하다. 하지만 HMDO가 인화성 물질이고 예비처리, 건조공정, 농축, 회수 등의 공정이 복잡하며 고가의 장치 비용이 요구된다.

■ DAE법

DAE 처리법은 1990년도부터 개발을 시작하여 1996년에 안전성 등을 포함해 개발이 완료되었다. 중앙에 암모니아를 공급하는 라인과 산화에틸렌을 공급하는 라인이 있는 반응 챔버에 2000권에서 2500권 정도의 책이 한 번에 들어간다. 먼저 챔버 안을 진공으로 한 후, 암모니아를 넣어 책안에 암모니아를 흡착시킨다. 흡착된 암모니아는 진공 펌프로 밖으로 빼낸 후 산화에틸렌을 넣어서 책 안에서 화학반응을 일으키게 하여 트리에탄올아민이라고 하는 물질을 책 안에 합성되게 하는 것이다.

〈표 7-3〉 탈산처리의 종류

탈산방법	개발국	탈산약품	사용처	기 타
웨이트 법	미국 (J. C. William)	$Mg(OC_2H_5)_2$ Chlosofluorohydrocarbon	캐나다 국립도서관	150~200권/day
DEZ 법	미국 (J. C. William)	$(C_2H_2)_2Zn$ Diethyl Zinc	미국 의회도서관	–
HMDO 법	독일(Battle사)	MgO Hexamethyldisiloxane	독일 도서관	640권/day
Bookkeeper 법	미국(PTI사)	MgO Perfluoroalkane	미국	16권/day
DAE 법	일본	트리에탄올아민 등	일본국립 국회도서관	–
FMC 법	미국(FMC사)	Mg 유기화합물	미국	–
BPA 법	미국(BPA사)	에탄올아민	미국	–

*출처: 한국기록관리협회 2008, 102.

4. 탈산처리 장비

■ 대량 탈산처리 장비

탈산처리 장비는 문서처리량에 따라 대용량, 중대형으로 구분되며, 소량의 경우 탈산제를 이용하여 탈산처리 한다. 대용량 탈산처리 장비는 1회당 최대 120권을 처리할 수 있으며, 1회당 소요 시간은 8시간이다. 대용량 탈산 장비는 용매를 재활용할 수 있다는 장점이 있다. 중대형 탈산처리 장비는 1회당 10권의 문서를 처리하는데 6시간가량 소요된다.

〈그림 7-3〉 대량 탈산처리기

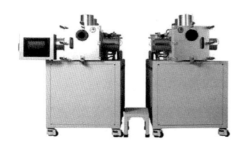 

대용량 탈산 장비

문서처리량	120권 / cycle(최대) 1권은 A4용지 200매 기준 1 cycle - 8시간 소요
최소처리용액	600 kg
회수율	90% 이상
특 징	용매를 회수하여 재활용

중대형 탈산 장비

문서처리량	10권 / cycle 1권은 A4용지 200매 기준
처리 시간	6시간 / 1회
최소처리용액	80 kg
용액 소비량	약 300g(책 1권 기준)

*출처: 국가기록원 NAK/A 9:2007(v1.0), 43.

1. 탈산처리의 효과를 기술하시오.

2. 「공공기록물 관리에 관한 법률」에서 규정하는 탈산처리 대상 기록물에 대해 쓰시오.

3. 탈산처리 방법 중 대형의 진공 처리조에 산화에틸렌, 암모니아, 물을 투입하여 화학반응을 통하여 종이 내부에 탈산처리기체인 에탄올아민을 생성시키는 방법으로, 침투성·안전성이 높으며, 기록물을 구성하고 있는 소재에 영향을 미치지 않기 때문에 작업 전에 선별이 불필요한 방법은?

8 장

기록물의 복원

이 장에서는 다음과 같은 내용에 대해 살펴본다.

소장 기록물에 대한 보존정책의 방향을 결정하고 주요 기록물의 훼손 예방 차원의 추적관리를 위하여 주기적인 상태검사가 필요하다. 상태검사의 기준에 대한 숙지를 통하여 소장 기록물 이력관리의 과학화와 보존체계의 효율화를 기할 수 있도록 한다.

종이 기록물의 복원처리 과정과 기법에 대한 이해와 시청각 기록물의 매체별 디지털 복원 기술에 대한 이해를 통하여 기록물 복원에 대한 기본적인 지식을 습득함으로써 향후 기록물의 보존계획 수립 시 참고할 수 있도록 한다.

매체별 기록물의 복원 재료와 장비에 대한 지식 습득을 통하여 기록물의 복원처리 전반을 이해하고 기록물관리기관의 보존예산 책정 및 보존계획을 수립하는데 도움이 될 수 있도록 한다.

■ 상태검사 기준 숙지
■ 기록물의 매체별 복원 기법과 과정에 대한 이해
■ 기록물 복원 재료와 장비에 대한 이해

1. 상태검사

◨ 복원 대상기록물 선별을 위한 상태검사

영구기록물 관리기관의 장은 전자적 형태로 생산되지 아니한 기록물 중 기록물의 상태검사 기준에 따라 훼손 정도가 3등급으로 판정된 기록물 중 사료적 증빙적 가치가 높다고 인정되는 기록물에 대해서는 복원을 시행해야 한다(「공공기록물 관리에 관한 법률」 시행령 제51조 제1항). 즉 복원 대상기록물은 상태검사 결과 '가치 등급 1등급, 훼손 등급 3등급'인 기록물로 볼 수 있다. 이에 따라 복원 대상기록물을 선별하기 위해선 먼저 상태검사를 실시해야 한다.

기록물의 상태검사는 기록물의 생명력을 유지·보존하도록 하는 핵심 절차로, 기록 재질 및 물리·화학적 상태를 여러 척도에서 평가하여 적절한 보존 방법을 제시하기 위한 목적을 가진다. 기록물을 복원하는 경우에는 기록물의 변형을 최소화할 수 있도록 필요한 조치를 강구하여야 한다(「공공기록물 관리에 관한 법률」 시행령 제51조 제2항). 기록물 상태검사의 필요성은 다음과 같다.

- 기록물의 재질적 특성, 열화·훼손 유형과 정도, 원인을 분석하여 기록물 보존정책의 방향 설정
- 적절한 보존처리(탈산, 소독 등)를 하기 위한 물리·화학적 상태진단으로 주요 기록물의 훼손 예방을 위한 추적관리

- 훼손 정도의 등급화 및 DB화를 통한 기록물 상태의 이력관리의 과학화와 기록물 보존처리 시기 등 보존체계의 효율화

▣ 매체별 상태검사 기준

「공공기록물 관리에 관한 법률」은 기록물의 상태를 재질 및 훼손 정도에 따라 3개 등급으로 구분한다. 먼저 종이 기록물을 살펴보면 다음과 같다.

〈표 8-1〉 종이 기록물 상태검사 기준

구분		대상기록물
재질	1등급	한지류 또는 중성용지에 먹, 보존용 필기류, 사무용프린터로 작성한 기록물
	2등급	산성 또는 중성 재활용지에 흑색 및 청색볼펜, 잉크, 등사, 타자로 작성한 기록물
	3등급	산성 재활용지 또는 신문용지에 흑색 및 청색외의 색볼펜, 수용성 싸인펜, 형광 필기구류, 연필로 작성한 기록물
구분		구분기준
훼손도	1등급	종이의 외양 상 변화가 거의 없고 기록내용을 판독하는 데에 거의 지장이 없는 온전한 상태
	2등급	종이의 파손·결실·변색이 있거나 잉크의 탈색·변색이 부분적으로 약간 있으나 기록내용의 판독에는 지장이 없는 상태
	3등급	기록내용이 포함된 부분의 훼손·변색·건조 또는 침수(浸水)되거나 곰팡이의 확산, 잉크의 탈색·변색 등으로 기록내용의 판독에 상당한 지장을 초래하는 상태

*비고: 종이의 수소이온농도(pH)가 7.0 이상이면 중성 용지이고, 그 미만이면 산성 용지로 구분함.
*출처: 「공공기록물 관리에 관한 법률」 시행규칙 [별표 14]

시청각 기록물의 상태검사 기준은 다음과 같다.

〈표 8-2〉 시청각 기록물의 상태검사 기준

	종류	구분	구분기준
재질	오디오 및 비디오류	1등급	- 재기록이 불가능한 비접촉판독식 광디스크
		2등급	- 디지털형 접촉판독식 테이프 및 플라스틱 재질의 음반
		3등급	- 아날로그형 접촉판독식 테이프
	영화 필름 및 일반 사진 · 필름류	1등급	- 폴리에틸렌 · 폴리에스테르를 기본재료로 한 흑백의 영화 필름 및 사진 필름 - 인화용지를 기본재료로 한 흑백의 사진
		2등급	- 폴리에틸렌 · 폴리에스테르를 기본재료로 한 천연색 영화 필름 및 사진 필름 - 인화용지를 기본재료로 한 천연색 사진
		3등급	- 셀룰로스아세테이트 · 질산염 또는 유리를 기본재료로 한 필름
	종류	구분	구분기준
훼손도	시청각 기록물	1등급	- 외형적인 훼손이나 오염의 흔적이 거의 없으며 - 내용 및 음성이 온전한 상태
		2등급	- 외형적인 훼손이나 오염이 발견되나 내용 및 음성 확인에는 거의 문제가 없는 상태
		3등급	- 외형적 훼손이나 오염이 심하며 내용 및 음성 확인이 불가능한 부분이 있는 경우 - 외형적 훼손이나 오염은 없으나 내용 및 음성 확인이 불가능한 부분이 있는 경우

*출처: 「공공기록물 관리에 관한 법률」 시행규칙 [별표 14]

행정 박물류의 상태검사 기준은 다음과 같다.

〈표 8-3〉 행정 박물류의 상태검사 기준

종류	구분	분류기준
행정 박물	1등급	외양상 변화가 거의 없어 내용을 판독하는 데에 거의 지장이 없으며 형태가 온전한 상태
	2등급	파손 · 결실 · 변색이 부분적으로 약간 있으나 기록내용의 판독에는 지장이 없으며, 형태의 확인에는 거의 문제가 없는 상태
	3등급	훼손 · 변색 · 부식 · 건조 또는 침수되거나 곰팡이의 확산 등으로 기록내용의 판독에 상당한 지장을 초래하거나 형태 손실이 상당부분 일어난 상태

*출처: 「공공기록물 관리에 관한 법률」 시행규칙 [별표 14]

매체별 기록물의 상태검사 및 정수점검의 주기는 다음과 같다.

〈표 8-4〉 매체별 보존기록물의 정수점검 및 상태검사 주기

구분		정수점검	상태검사
종이 기록물	상태검사 1등급	2년	30년
	상태검사 2등급	2년	15년
	상태검사 3등급	2년	10년
시청각 기록물	영화필름	2년	2년
	오디오 · 비디오	2년	3년
	사진 · 필름	2년	10년
전자 기록물	보존매체	2년	5년
행정 박물	금속, 석재, 플라스틱 재질	2년	30년
	종이, 목재, 섬유 재질	2년	10년

*출처:「공공기록물 관리에 관한 법률」시행규칙 [별표 14]

2. 종이 기록물의 복원

■ 종이 기록물의 복원 과정

훼손된 종이 기록물의 복원 절차는 일반적으로 다음 그림과 같이 상태검사－복원처리－마무리의 단계를 거친다. 복원 과정을 개략적으로 살펴보면 다음과 같다.

- 상태검사: 상태검사를 통하여 복원 대상으로 결정된 기록물에 대하여 복원을 수행하기 전에 종이의 재질 및 인쇄 종류를 분석하고 훼손 상태를 조사하여 복원 대책을 수립하는 과정이다. 종이의 산성도와 백색도를 함께 측정한다. 기록물 상태검사 결과와 복원 방법 등을 복원처리서로 작성하고, 복

원 처리 전 기록물의 상태를 촬영하여 향후 정기적인 상태검사에 참고할 수 있도록 한다.

- 복원처리: 기록물 해체 및 크리닝 등의 과정을 거쳐 비닐 테이프 등의 오염 요소를 제거한 다음 본격적인 복원을 진행하는 단계이다. 종이 기록물의 복원은 리프캐스팅(leaf-casting)과 같은 결손 부위 보강을 거쳐 건조 등의 과정을 거친다.

- 마무리: 복원한 기록물을 제책한 뒤 보관하는 단계이다. 종이 기록물의 형태에 맞게 정리하여 보관하고, 복원 후 상태를 촬영하여 복원처리보고서에 담고 향후 정기적인 상태검사에 참고자료로 사용한다.

〈그림 8-1〉 종이 기록물의 복원 과정

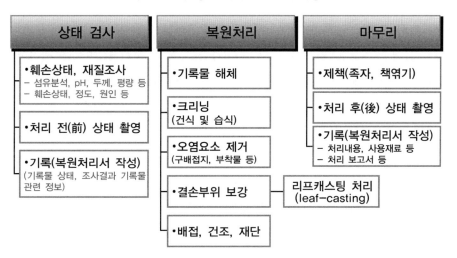

*출처: 국가기록원 NAK/A 9:2007(v1.0), 82.

■ 기록물 해체 및 섬유 이완

오랫동안 말려진 상태로 있거나 책 형태의 기록물이 눌러 붙어 있을 경우 묶인 것을 해체하고 가습 처리함에 넣어 이완시키거나 고어텍스(Gore-tex) 등을 이용하여 습기를 점차적으로 스미게 하여 무리하지 않고 눌러 붙은 것을 뗀다 (국가기록원 NAK 25:2022(v.1.1), 13).

┌─ **고어텍스** ─┐
미국 뒤퐁사의 R.W.고어가 발명한 제품으로 상표명이다. 방수 투습 기능을 가져, 민감한 기록물에 점차적인 습기를 가할 때 쓰인다.

■ 크리닝

복원이 필요한 대부분의 종이 기록물은 크리닝 작업을 먼저 해야 한다. 크리닝 작업은 건식과 습식, 그리고 띄움 수세로 나눌 수 있다. 건식 크리닝은 기록물을 습식 크리닝을 할 수 없을 경우나 습식 크리닝을 실시하기 전 처리로 실시한다. 습식 크리닝은 종이 섬유 속의 수용성산, 열화 부산물, 얼룩을 제거하며 열화된 종이를 깨끗하고 생기있게 하고 산성화된 종이를 중성화한다.

크리닝을 실시하기 이전 상태조사 과정에서 먹 · 잉크 등의 안전도, 즉 용재에 안전한지 혹은 수용성은 아닌지 등을 시험한 후 크리닝 방법을 선택해야 한다. 먹과 같은 비수용성 매체는 습식 크리닝이 가능하나, 수용성 매체는 습식 크리닝이 불가능하다.

건식 크리닝, 습식 크리닝, 그리고 띄움 수세의 세부 과정은 다음과 같다(국가기록원 NAK 25:2022(v.1.1), 14-16).

- 건식 크리닝: 기록물의 표면에 있는 미세먼지, 해충 가루를 지우개 가루를 이용하여 손으로 문질러 닦아내고 부드러운 솔로 털어낸다. 크리닝 후 지우개 가루의 오염도에 따라 기록물의 크리닝된 정도를 알 수 있다.
- 습식 크리닝: 습식 크리닝은 중성인 여과수에 의해 클리닝하는 것으로 이때 재질과 손상 상태에 따라 흡수지를 깔고 위에서 스프레이하여 이물질을

제거하는 방법과 수조를 만들어 담그는 방법 등을 사용한다. 종이 섬유 속의 수용성 산, 열화 부산물, 얼룩을 제거하며 열화된 종이를 깨끗하게, 산성화된 종이를 중성화하여 종이의 내절강도를 향상시킨다. 습식처리는 물을 이용해 오염물을 제거하기 때문에 잉크 등이 번지는지 여부를 확인해야 한다. 종이의 표면이 코팅된 것은 물에 담궈 습식 클리닝을 해서는 안 된다.

- 띄움 수세(float washing): 기록물을 물에 전면적으로 잠기게 하는 것이 적정하지 않을 경우 사용할 수 있는 방법으로 기록물을 물 위에 띄워 수세하는 방법이 있다. 띄움 수세의 원리는 종이 수면 장력을 사용하여 물에 기록물을 띄운 상태에서 수용성 오염물

〈그림 8-2〉 건식 크리닝

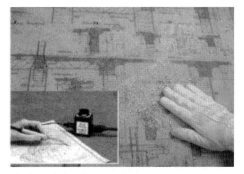

*출처: 국가기록원 NAK 25:2022(v.1.1), 14.

〈그림 8-3〉 습식 크리닝

*출처: 국가기록원 NAK 25:2022(v.1.1), 15.

을 제거하는 것이다. 이때 기록물은 잉크가 있는 부분을 맨 앞으로 오도록 한다. 이 방법은 종이가 부분적으로 약하거나 찢겨지거나 또는 결실 부분이 있으면 종이의 손상된 부분이 표면장력에 의해 지지될 수 없어 물이 표면에 흐르게 되므로 사용할 수 없다. 다른 방법으로는 심하게 바스러진 기록물 또는 불안정한 잉크로 된 기록물을 두꺼운 흡수지 등과 같이 두꺼운 표면에서 수분을 함유하게 함으로써 기록물로부터 오염물을 점차적으로 제거하여 수세할 수 있다. 흡수지는 얼룩이 스며 나오는 상태를 관찰하여 새로운 것으로 교체하여 오염을 점차적으로 제거한다.

■ 오염요소 제거

기록물의 얼룩, 붙어있는 비닐 테이프나 과거의 수리 흔적 등 오염요소를 제거하여 본격적인 복원 작업에 들어갈 수 있도록 정리한다(국가기록원 NAK 25: 2022(v.1.1), 17-18).

- 얼룩의 제거: 기록물의 얼룩은 황변, 폭싱(foxing), 곰팡이 얼룩, 해충의 배설물, 이물질, 과거에 접착된 비닐 테이프의 사용 등 여러 요소로 생길 수 있다. 얼룩은 쉽게 지워지지 않으므로, 이를 제거하기 위해 과도한 처리를 해서는 안 되며, 매우 신중하게 처리해야 한다. 곰팡이, 리그닌과 종이 제조 시 첨가물로 인한 황색 반점, 기타 수침에 의한 황색얼룩 등 기록물에 나타난 얼룩은 다양하며, 종이 종류와 잉크 등 기록물의 물질과 훼손 상태에 따라 처리 방법이 결정되어야 한다. 특히 곰팡이 얼룩은 보라색 또는 파란색 등 선명한 색을 남기는 경우도 있으므로 완전하게 제거하기가 매우 어렵다. 대부분의 얼룩은 중성수에 담가 수세하고 부분적으로 얼룩이 심한 부분은 화학 약제 등을 희석하여 닦아내거나 담근 후 중성수로 잔여 화학약품을 제거하는 과정을 통해 감소시킨다. 이외에도 자외선에 노출하여 표백하는 방법도 있다. 그러나 과도한 얼룩 제거는 기록물을 훼손할 수 있으므로 신중한 적용이 필요하다.

- 접착테이프 제거: 기록물이 찢어졌을 때 흔히 붙이는 비닐 테이프 등은 첫째, 테이프의 접착제가 시간 경과로 녹아 흐르고 둘째, 자연 노화의 진행 중에는 제거하기 어렵고 셋째, 근접한 물질로 끈끈한 기름 성분 등이 전이되고 넷째, 자연적 노화의 마지막 단계에서는 제거할 수 없는 특성으로 인하여 중요한 기록물에 사용해서는 안된다. 따라서 복원 전에 이와 같은 접착테이프를 원본이 손상되지 않도록 주의하면서 조심스럽게 제거하여야 한다. 테이프 자체가 종이에 부착된 경우라면 먼저 열과 유기용제를 이용하여 핀셋 등으로 접착테이프를 제거한 후 아세톤과 알코올 등 유기용제를 혼합, 희석하여 응고된 접착제 부분을 이완시키거나 제거한다. 접착제가 고체 상

태로 응고된 경우 거즈 등에 용제를 적셔 습포 형태로 만들어서 응고 부위의 접착제를 이완시킨다. 잔여 접착제를 제거한 후에는 깨끗한 물로 반복적으로 수세하여 잔류된 용제를 제거한다.

- 과거 수리흔적의 제거: 예전에 수리된 기록물의 경우 배접지나 임시적인 수리지 등을 부착해 놓은 경우 원본을 최대한 보호하면서 이를 제거하여야 한다. 전면적으로 한지를 붙여 배접된 경우 기록물의 수용성 여부를 실험 한 후 이상이 없는지 확인하고, 습식 방법을 이용하여 제거한다. 습식 방법에 의해 배접이나 과거의 수리흔적을 제거할 경우, 종이 기록물은 습식상태에서 안정적인 상태를 유지하기 위해 기록물 지지용 합성지 위에 올린 상태에서 처리해야 한다. 지지용 합성지 위에 올린 후 수분을 점차적으로 가하여 종이 섬유와 배접에 사용된 접착제의 이완 정도 및 상태를 관찰하면서 핀셋 등을 이용하여 가능한 조심스럽게 배접지나 과거 수리 시 부착된 종이 등을 제거한다.

■ 결손 부위 보강 등 복원처리

종이 기록물은 결손 부위를 보강하고 지력을 강화하는 기법으로 본격적인 복원을 수행한다. 결손 부위를 보강하고 지력을 강화하는 복원 기법은 크게 물리적 복원과 화학적 복원으로 구분할 수 있으며, 복원 처리 전에 결정된 복원 기법에 따라 복원 과정을 거친다.

물리적 복원은 화학 처리로는 불가능한 기록물을 사람의 손으로 복원하는 것으로 '구겨진 곳 펴기', '배접', '리프캐스팅' 등이 있다.

- 구겨진 곳 펴기: 접혔거나 구겨진 종이 기록물을 펴는 기술로 가장 간단한 기술이다. 매우 약한 열을 이용하여 실시하기도 하지만 열에 의해 기록물이 손상되는 경우도 있으니 신중을 기해야 한다.
- 배접: 지력이 약화되거나 결실된 기록물의 뒷면(背面)에 배접지를 접착시키

는 기술이다. '전통적 복원방식', '수작업 복원처리' 등의 용어로도 사용되는 배접은 원본지의 상태가 훼손이 심하고 보다 더 신중한 처리가 필요한 경우 이와 같은 처리 방법을 선택한다. 보수용 종이는 인피섬유로 강도가 뛰어나고 중성 재질인 한지를 주로 사용하며 복원할 때 원본지와 거의 유사한 두께와 색감을 준비하여 사용한다. 이때 사용되는 접착제는 소맥전분 풀로서 재질이나 훼손 상태에 따라 희석하여 사용한다.

- 리프캐스팅: 리프캐스팅은 1950년대 후반기에 동유럽에서 개발된 방법으로, 섬유용액을 흘려 넣어 종이의 결실 부분을 메우는 제지 원리를 도입하여 고안된 것이다. 리프캐스팅에 의한 방법으로 복원하기에 적합한 대상은 원본 기록매체가 신문 등 인쇄 또는 비수성 물질(예: 지용성 잉크)로 기록되었으며, 종이의 강도가 물의 움직임을 견딜 수 있을 만큼 강도를 유지할 수 있고, 전체적인 훼손상태가 심하지 않은 경우이다(국가기록원, NAK 25:2022(v.1.1), 20).

화학적 복원은 화학 약품을 사용하여 종이 기록물을 복원하는 방법으로 수지 증착, 라미네이팅, 필름봉합처리 등이 있다(한국기록관리협회 2008, 92-93).

- 수지증착: 파릴렌(parylene) 수지(樹脂)로 무색투명한 균일 막을 종이 표면에 형성하는 방법으로 마치 종이에 양초를 입히는 것과 같은 방법이다. 파릴렌 증착을 실시한 종이는 내산성과 내알칼리성이 증가하고 유해 기체에 대한 내성도 증가한다.
- 라미네이션(lamination): 열과 접착제를 이용하여 셀룰로오스 아세테이트 포일 또는 배면에 접착제 처리가 된 종이 두 장 사이에 문서를 넣고 봉합하는 기술이다. 열이나 접착제를 이용해 플라스틱에 물건을 영구 부착하기 때문에 원래로 되돌릴 수 없다. 아키비스트는 원래 상태로 되돌릴 수 없는 처리를 해서는 안되기 때문에 하지 말아야 하는 복원 방법이다. 보존기록물을 보호하기 위해 행해진 가장 위험하고 피해를 주는 방법으로 평가된다(Laura Millar 2017, 154).

- 필름봉합처리: 폴리에스터 필름 사이에 문서를 넣고 밀봉하는 기술로 문서 사이에 알칼리성 완충지를 넣고 봉합하여 건조화, 산화를 억제한다. 언제라도 봉합을 해체하면 원래의 상태로 돌아갈 수 있어 복원력에 강점을 지닌다.

〈그림 8-4〉 리프캐스팅 작업 과정

리프캐스팅의 작업 과정: ① 원본지의 섬유 분석 및 리프캐스터용 섬유제작 ② 복원대상물의 잉크, 섬유 상태의 안정도 확인 후 리프캐스터에 기록물 안착 ③ 안정화, 표면 수평조절이 되면 준비한 섬유 흘려 메우기 작업(리프캐스팅) ④ 진공흡입에 의한 수분 제거 후 작업대로 이동 ⑤ 불순물 제거, 가장자리 섬유가 잘 접착됐는지 확인 후 표면 사이징 처리 ⑥ 프레스기로 건조

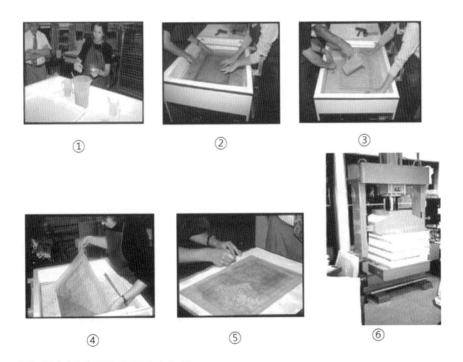

*출처: 국가기록원 NAK 25:2022(v.1.1), 20.

■ 건조 및 재단

모든 습식 처리 및 부분적인 수선, 섬유의 보강, 이면의 지력 보강처리 등을 통해 물에 담가졌거나, 부분적으로 물을 사용한 종이는 대상에 따라 알맞은 건조 방법을 통해 건조되어야 한다(국가기록원 NAK 25:2022(v.1.1), 22).

- 습식 클리닝, 리프캐스팅, 전면적인 이면의 지력 보강처리를 마친 기록물은 프레스를 이용한 압착 건조 또는 건조판을 이용하여 공기 건조를 실시한다.
- 한지 섬유를 덧대어 결실 부분을 보강한 경우, 한지를 이용한 이면의 지력 보강처리한 경우는 지지용 종이에 올려 건조판에서 낱장씩 공기 건조한다.
- 리프캐스팅 등 펄프를 이용하여 새로운 섬유지를 생성하여 건조하는 경우는 프레스에서 압착 건조한다. 압착 건조 시 각 기록물은 기공성이 좋은 합성 섬유지에 올려 낱장 상태로 분리되어야 하며 건조를 더 좋게 하기 위해서 흡수지 등을 사이에 놓는다.

3. 시청각 기록물의 복원

■ 사진·필름의 복원

사진·필름의 복원이란 사진의 내용이나 성질이 훼손되지 않도록 효율적으로 관리하고 합리적으로 과학적인 기술을 토대로 하여 원상태로 환원시키는 일련의 행위를 지칭한다.

사진·필름의 물리적 복원 방법으로 젤라틴층을 화학적으로 복구시키는 기법이 있으나 최근 원본 변형 문제 때문에 표면의 오염물질을 제거하는 등의 최소한의 보존 행위를 거친 뒤 최적의 보존 환경을 유지함으로써 열화와 훼손 속도를 늦추는 방법을 택하고 있다. 또한 재생 장비의 노후화에 대비하고 열람용 사본의 제작을 위해 스캐닝을 통한 디지털화를 복원 방법을 채택하고 있다.

- 상태검사: 대부분 육안에 의한 검사로 사진·필름의 상태를 재질 및 훼손도에 따라 등급화한다.
- 스캐닝: 문서, 사진, 그림, 필름 등의 아날로그 데이터를 컴퓨터가 인식할 수 있는 디지털 데이터로 변환해주는 역할을 한다.
- 색보정(캘리브레이션): 작업자의 주관적 판단에 의존할 수밖에 없지만, 색보정·기울기 조정·이미지 크기 조정 등 기초 수준에 해당하는 정도는 대다수의 디지털화 결과물에 적용되고, 디지털화 품질이 양호한 경우는 적용하지 않는다. 디지털화 품질이 불량(원본 자체가 좋지 않은 경우)하여 외부전시 또는 웹 사이트를 통한 공개 시 보완이 필요하다고 판단되는 기록물의 경우에는 기초보정에 추가하여 2차 보정(이미지 편집기를 통한 추가 보정)을 실시하되 이러한 경우에는 2차 보정 전후의 파일 모두를 저장, 관리한다.
- 포토샵 이용: 포토샵 프로그램에서 스캔된 이미지를 커브나 레벨을 이용하여 색상의 균형과 농도를 조정한다. 색상 균형이 맞추어진 이미지는 지워지거나 없어짐, 또는 더러운 부분을 여러 가지 툴을 이용하여 이미지를 깨끗이 정리하는데 이를 '리터치(Retouch)'라 한다.

(사진·필름의 디지털화 품질 및 파일포맷에 대한 세부기준은 제10장 3절 '디지털화' 참조)

■ 영화필름의 복원

영화필름의 복원은 상태검사를 거친 후 되감기, 수선, 세척 및 디지털화 등의 단계를 거친다.

- 되감기: 세척 및 디지털화 과정에서 필름이 원활하게 풀리도록 되감기를 실

시하여 이후 과정에 대한 검사의견(예: '필름면이 서로 붙어 있어 되감기 시 유의할 것' 등)을 제시한다.

- 수선: 필름면의 상태, 퍼포레이션(perforation, 필름 양면에 연속적으로 나있는 구멍) 상태를 확인하고 필요시 수선(퍼포레이션이 손상된 것을 보수하고 붙여주기 등)한다.
- 세척처리: 필름에 묻어 있는 곰팡이, 먼지, 기름때, 얼룩 등의 오염물질을 제거하여 필름 보존의 최적 상태 유지, 영화 필름 전용 자동세척기를 이용하여 휘발성 약품으로 닦아내는 단계이다.
- 디지털화: 텔레시네(디지털 필름스캐너) → 비선형편집기(NLE) → 파일생성의 과정을 거친다.
  · 텔레시네: 필름을 프레임(frame) 단위로 디지털화 하면서 영화필름의 구성단위인 24프레임을 TV 영상(컴퓨터, 모바일 영상과 동일)의 구성단위인 30프레임으로 바꾸어주는 단계이다.
  · 비선형편집기(non-linear editing system, NLE): 텔레시네를 통해 출력된 원시데이터(raw data)를 이용하여 기초보정 작업(색, 화면 기울기, 음성신호 조정 등), 콘텐츠 분할, 분할 콘텐츠 간 구분을 위한 블랙 프레임 삽입 등을 수행하고 최종 영상파일을 만들기 위한 코덱, 파일포맷을 지정하여 파일을 생성하는 단계이다. 경우에 따라서는 분할된 콘텐츠별로 파일을 생성한다.

(영화 필름의 디지털화 품질 및 코덱, 파일포맷 등 디지털화 세부기준에 대해서는 제10장 3절 '디지털화' 참조)

디지털 필름스캐너

텔레시네는 아날로그 카메라에 비유할 수 있고, 디지털 필름스캐너는 디지털 카메라(DSR)와 유사한 방식임. 두 장비의 역할은 동일하며 텔레시네가 CRT 등 아날로그 부품으로 구성되어 고가인 반면, 디지털 필름스캐너는 CCD 등 디지털 부품으로 구성되어 상대적으로 가격 경쟁력이 있음. 여전히 텔레시네가 생산되고 있으나 최근 몇 년 전부터 대부분의 필름처리 기관(한국영상자료원 등)은 디지털 필름스캐너를 도입, 사용하는 추세임.

텔레시네 장비는 비선평 편집기가 일체형으로 되어 있었던 반면, 디지털 필름스캐너는 비선형편집기(다빈치, 아비드, 프리미어, 에디우스 등 다수)와 분리되어 있어 사용자가 원하는 소프트웨어(국가기록원 : 다빈치 사용)를 선택할 수 있음.

■ 오디오 · 비디오테이프의 복원

아날로그 테이프의 경우 찢김, 찌그러짐과 같은 외형적 손상에 대해서는 부분적으로 복원이 가능하며, 테이프 표면에 묻은 오염물질 세척, 되감기를 통하여 정보 손실을 최소화할 수 있다. 최근 오디오 및 비디오테이프의 복원도 대부분 디지털화를 채택하고 있다.

오디오 · 비디오테이프도 서로 연결되는 장비가 약간 다를 뿐 사진 및 영화필름과 디지털화 과정은 대동소이하다. 테이프 재생장비(playback)에 테이프를 넣고 음성 · 영상신호 출력단자에 모니터 대신에 인코딩 카드가 내장된 컴퓨터를 연결한다. 인코딩 카드는 음성 · 영상신호를 디지털 비트열로 변환 후 지정된 코덱 · 포맷 정보에 의하여 파일을 생성한다(오디오 · 비디오테이프의 디지털화 품질 및 코덱, 파일포맷 등 디지털화 세부기준에 대해서는 제10장 3절 '디지털화' 참조).

■ 광디스크의 복원

CD, DVD 등 광디스크에 이상이 발생하는 가장 큰 원인은 스크래치 때문이다. 디스크의 흠집은 육안으로 확인할 수 있는 것도 있지만 미세한 흠집은 전용 검사기를 이용한다(신종순 외 2011, 164-165). 전용 세척액을 사용해서 닦아내고, 전용 세척액이 없을 경우 입김 등을 이용해 닦아낸다. 천은 안경 닦을 때 사용되는 천처럼 부드러운 소재를 사용하는 것이 좋고, 안쪽에서 디스크 전체를 원형으로 돌려가며 닦아내야 한다. 또한 전용 연마 장비를 사용하여 디스크의 투명

기판을 미세하게 갈아내는데, 흠집의 깊이에 따라 연마 정도를 달리하기 때문에 광디스크 전용 검사장비로 측정한 후 판단하여야 한다. 최근 오디오 CD 및 비디오 DVD의 복원 역시 대부분 디지털화를 채택하고 있다(오디오 CD · 비디오 DVD의 디지털화 품질, 파일포맷 및 코덱 등 디지털화 세부 기준은 제10장 3절 참조).

1. 종이 기록물의 경우 상태검사 등급에 따른 상태검사의 주기를 쓰시오.

2. 기록물 상태검사의 필요성을 기술하시오.

3. 종이 기록물의 습식 크리닝에 대하여 설명하시오.

4. 종이 기록물의 화학적 복원처리기법 중 필름봉합처리의 장점을 기술하시오.

5. 영화필름의 복원(디지털화) 과정에 대해 설명하시오.

2절 복원 용품 및 장비

1. 복원 용품

■ 종이 기록물의 복원 재료

시청각 기록물은 최근, 원본 훼손을 최소화하기 위하여 얼룩 제거 등의 간단한 보존처리만 하고 원본을 최대한 적정 보존환경에서 보존하는 추세이다. 대신 디지털 복원 기법을 적용, 사본을 제작함으로써 이를 보존 및 열람용으로 활용하고 있다. 물리적 복원은 주로 종이 기록물에 대하여 진행하며, 종이 기록물의 복원에 쓰이는 재료를 살펴보면 다음과 같다.

- 수리용 한지: 한지는 닥나무의 인피섬유가 주성분이며, 닥나무를 삶을 때 사용하는 잿물 때문에 종이의 강도가 향상되는 등 제조 과정상의 장점으로 인하여 내구성과 보존성이 우수한 복원 재료이다.
- 보존용 수선 테이프: 보존용으로 사용할 수 있는 테이프는 중성의 종이 재질 위에 중성의 화학 점착제를 도포한 것으로 잔류하는 유해 화학물질이 없어야 하고 필요 시 기록물에서 쉽게 제거할 수 있어야 한다. 사무용 투명 테이프는 저급의 접착물질을 사용하기 때문에 보존용으로 사용해서는 안된다.
- 접착제: 수리·복원용 접착제는 가역성이 있어야 하며, 알칼리(pH 7 이상) 성분이어야 하고 시간 경과에 따라 변질이 없어야 한다. 또한 과도한 흡습성이 없어야 하고 다른 물질로 옮겨가지 않아야 한다. 이러한 종류의 접착

제로는 소맥전분, 메틸셀룰로오스, 정제된 젤라틴 등이 있다. (복원용 접착제 제작과정은 국가기록원 [NAK 25:2022(v.1.1), 28-30]을 참고할 것)
- 화학약품: 수지증착을 할 때 쓰이는 파릴렌 수지
- 폴리에스터 필름: 필름봉합처리를 위한 폴리에스터 필름은 화학적으로 안정적이고 기타 다른 주입물이 없는 것이 사용되어야 한다.

2. 복원 장비

■ 종이 기록물 복원 장비

보존 가치가 높으면서도 물리·화학적 훼손이 심각한 기록물은 복원처리를 함으로써 원본 기록물의 보존성 증대를 꾀한다. 대표적인 복원 장비로는 리프캐스팅 장비, 인캡슐레이션 장비가 있다.

〈그림 8-5〉 종이 기록물 복원 장비

리프캐스터   인캡슐레이션 장비

*출처: 국가기록원, NAK/A 9:2007(v1.0), 89-90.

- 리프캐스팅 장비: 섬유용액을 흘려 넣어 종이의 결실부분을 메우는 제지원
  리를 이용한 복원처리 장비이다.
- 필름봉합처리(인캡슐레이션) 장비: 약화된 기록물의 지지체를 제공하고, 심
  화되는 훼손과 오염을 방지하며, 원본에 대한 온전성을 유지시키고 가역성
  이 뛰어나도록 하는 복원 기법 장비이다.

■ 시청각 기록물 (디지털)복원 장비

과학기술의 발전으로 훼손된 기록물을 원본에 가까운 정도까지 복원할 수 있
는 복원 장비이다. 시청각 기록물의 주요 복원 장비를 설명하면 다음과 같다(한
국기록관리협회 2008, 79-80에서 재구성).

- 텔레시네 장비: 텔레시네는 영화필름의 디지털화 처리에 있어 1단계로 영화
  필름 내용을 디지털로 변환하여 전자매체로 관리한다.
- 필름 스캐너: 필름을 디지털 워크스테이션에서 처리하기 위해서는 촬영 원
  본의 네거티브를 스캐닝하여 디지털 형태로 만드는 것이 필요하다. 이 과정
  에서 필름 스캐너가 사용되는데 입력 장치의 종류에 따라 CRT · 레이저 · CCD
  방식이 사용된다. 일반적으로 CRT 방식이 가장 넓게 사용되지만 레이저 기
  술을 사용하면 CRT 방식의 단점인 빛이 스며드는 현상을 제거할 수 있다.
- 비선형편집기: 디지털화된 영상정보를 하드디스크에 저장하여 원하는 장면
  을 마우스의 클릭만으로 실시간으로 찾아내는 방식으로, 편집되는 컷의 위
  치와 순서에 상관없이 언제든지 자유롭게 영상을 삽입하고 제거할 수 있다.
- 필름레코더: 디지털복원 작업과 최종 편집이 끝나고 출력된 데이터는 네트
  워크를 통해 필름레코더로 보내져서 네거티브 필름으로 만들어 진다. 필름
  레코딩 작업이 완료된 필름은 현상실로 보내져서 현상되고 그 이후의 공정
  은 일반적인 현상 작업 공정과 동일하다.

〈그림 8-6〉 시청각 기록물 복원 장비

필름 되감기기   영화필름 자동세척기   필름스캐너

텔레시네 장비   비선형편집기

*출처: 국가기록원 NAK/A 9: 2007(v1.0)

1. 보존용 수선 테이프의 재질에 대하여 설명하시오.

2. 종이 기록물 복원용 접착제의 종류를 나열하시오.

3. 종이 기록물의 대표적 복원 장비 두 가지를 쓰시오.

4. 시청각 기록물의 디지털 복원 장비 중 하나인 필름레코더의 기능에 대해 설명하시오.

9 장

보안 · 재난 관리와 필수기록물 관리

이 장에서는 다음과 같은 내용에 대해 살펴본다.

기록물관리기관이 소장 기록물의 안전한 보호를 위하여 수립·시행하여야 하는 보안 및 재난 대책과 관련한 기본 개념과 종류를 이해함으로써 소장 기록물의 보안 및 재난 대책을 수립하기 위한 기본지식을 학습한다.

각종 보안대책 및 보안 기술에 대한 폭넓은 이해를 통하여 기록관리전문가에게 요구되는 보안 관리 업무를 원활하게 수행할 수 있도록 한다.

재난의 예방·대비·대응·복구 등으로 구분되는 재난관리모델에 대한 이해를 통하여 단계별로 취해야 할 재난 대책을 살펴본다. 또한 재난 발생 시 피해 기록물에 대한 매체별 응급조치 및 재난 유형별 복구 방법을 숙지하여 재난 및 비상사태에 대비할 수 있도록 한다.

필수기록물의 정의와 유형을 이해하고 필수기록의 선별 원칙과 보호 방법을 숙지하여 재난 발생 시 조직의 업무 연속성 유지와 신속한 업무재개에 핵심적인 필수기록 관리 능력을 함양한다.

- 보안·재난 관리 관련 기본 지식 습득
- 보안대책 및 보안 기술에 대한 이해
- 재난관리 활동과 단계별 재난 대책에 대한 이해
- 필수기록물 관리의 전문 지식 습득

1. 보안의 기초

■ 보안의 정의

보안은 기록물관리기관에서 취해지는 모든 행위를 포괄하는 이슈이다. 기록물 처리 과정에 대한 통제 및 열람자에 대한 감독, 도난 방지대책 마련 등 기록관리 과정 전반과 연계되어 있다. 기록물관리기관에서 보안은 "허가받지 않은 접근·이용·삭제·수정·파기로부터 기록물을 보호하기 위한 조치"를 의미한다(국가기록원 NAK 2-1:2012(v1.1), 6).

■ 보안의 중요성

보안은 보존소의 핵심 업무라고 할 정도로 기록물관리기관에서 매우 중요하다. 기록물을 안전하게 보관하지 못하면 기록물의 진본성(authenticity)이 위태로워지고, 보안에 균열이 생기면 기록물관리기관에 저장되어 있는 기록물의 신뢰성은 위협당할 수 있다. 따라서 기록물의 안전한 보존 관리는 기록물의 물리적 보호뿐만 아니라 해당 기록물의 진본성·신뢰성·무결성 입증하는 것으로 양자는 기록물관리기관이 보안을 통해 수행하여야 하는 핵심 기능이다(국가기록원 NAK 2-1:2012(v1.1), 5).

보안을 최대한 유지하기 위해선 물리적인 보안설비만으로는 불충분하므로 모범적인 보안 관리 절차를 함께 수립하여야 한다. 또한 모든 보안 프로그램은 기록물관리기관의 중요 자료가 분실, 훼손되지 않도록 보호하기 위하여 재난대비 계획과 함께 발전하여야 한다.

■ 보안의 유형

보안대책 및 재난 대비계획을 수립하기 위해서는 기록물관리기관의 보안을 위협할 수 있는 보안 위험요소들에 대한 분석이 선행되어야 한다. 기록물의 보안에 위험이 되는 요소들은 다음과 같다(국가기록원 NAK 2-1:2012(v1.1), 6).

- 비인가자(내·외부인)의 기록물 보존시설 침입 및 파괴 활동
- 비인가자(내·외부인)의 기록물 접근·조작·유출·열람·파손 등
- 비인가자(내·외부인)의 정보통신망에 의한 기록관리 관련 전산시스템 접근 및 조작
- 비인가자(내·외부인)의 기록물 보존 장비에 대한 인위적 조작 및 파괴
- 보안장비(출입통제시스템, CCTV 등)의 작동 중단 또는 오작동

■ 기록물관리기관의 보안 책임·역할

기록물관리기관은 기록물의 안전한 보호를 위하여 「공공기록물 관리에 관한 법률」과 「KS X ISO 15489(문헌정보−기록관리)」에서 제시한 원칙에 따라 기록물을 관리하여야 하며, 보안 위험 요소로부터 기록물을 보호할 수 있도록 '필요한 조치'를 수립·시행하여야 한다.

'필요한 조치'를 수립하기 위하여 기록물관리기관의 장은 해당 기관의 환경적 특성에 따른 보안 및 재난 취약점을 사전에 파악한 뒤 이를 반영하여 보안·재난 관리 대책을 수립하여야 한다.

해당 기관의 보안·재난 관리 대책은 해당 공공기관의 구성원이 숙지하여 보안사고 및 재난을 예방하고 재난 발생 시 신속한 조치를 취할 수 있도록 해야 한다. 또한 기록물관리기관은 보안·재난 관리 대책이 정상적으로 작동하는지 주기적으로 지도·감독하여야 한다(국가기록원 NAK 2-1:2012(v1.1), 5-6).

2. 보안·재난 관리 관련 법제

■ 보안·재난 대책의 수립 및 시행

기록물의 보안은 재난 대책과 함께 수립·시행되어야 한다. 자연재해나 인재로 인한 기록물의 인가받지 않은 접근, 변경, 파괴 등으로부터 기록물을 안전하게 보호하는 것이 보안 유지에 포함되기 때문이다. 「공공기록물 관리에 관한 법률」에는 기록물 및 비밀기록물의 안전한 보존 관리를 위하여 보안 및 재난대책을 함께 수립할 것을 규정하고 있다(제30조 제1항). 또한 영구기록물 관리기관의 장이 전자기록물의 안전한 관리를 위하여 재난대비 복구체계를 구축·운영하여야 한다고 규정하고 있다(제30조 제2항).

기록물의 보안·재난 대책을 마련함에 있어 기록물관리기관의 장은 출입 인원, 보존시설, 전산 장비 및 기록물 등으로 구분하여 보안대책을 수립·시행하여야 하는데, 이때 기록물의 대피 우선순위, 근무자 안전 규칙 등을 포함하는 기록물 재난대비책을 수립·시행하도록 규정하고 있다(「공공기록물 관리에 관한 법률」 시행령 제62조). 재난대비책에는 기록물의 대피 우선순위 등을 포함하도록 함으로써 기관별 필수기록물 선별·지정의 필요성을 명시하고 있다.

보안 및 재난 대책을 수립·시행하여야 할 의무가 있는 개별 기록물관리기관을 지원하기 위하여 중앙기록물 관리기관인 국가기록원은 기록물의 체계적·전문적 관리 및 효율적 활용을 위하여 각종 표준을 제정·시행하여야 한다(「공공기록물 관리에 관한 법률」제39조). 국가기록원은 이와 관련하여 '기록물 보안 및 재난관리 대책'에 관한 공공표준[기록물관리기관 보안 및 재난관리 기준 NAK 2-1:2012(v1.1)]을 제정하였다.

■ 비밀기록물 관리를 위한 보안대책의 수립·시행

비밀기록물 관리에 있어서 기록물관리기관의 장은 별도의 전용서고 등 비밀기록물 관리체계를 갖추고 전담 관리 요원을 지정하여야 하며, 비밀이 누설되지 않도록 보안대책을 수립·시행하여야 한다(「공공기록물 관리에 관한 법률」제32조).

비밀기록물 관리에 있어서는 "비밀취급인가권자는 비밀의 누설 또는 유출 방지를 위하여 비밀기록물 전담 관리요원에 대한 신원조사, 보안 교육 등 필요한 보안 조치를 국가정보원장에게 요청하여야 한다"(「공공기록물 관리에 관한 법률」 시행령 제66조)고 규정함으로써 보안 조치 및 보안대책 수립·시행의 의무를 규정하고 있다.

■ 전자기록물의 안전한 관리를 위한 보안 조치

「공공기록물 관리에 관한 법률」은 「전자정부법」(제56조 제3항)에 따라 전자기록물에 대하여 안전성이 확인된 보안 조치를 취하여 전자기록물을 안전하게 관리하도록 규정하고 있다(시행령 제5조). 즉, 행정기관의 장은 정보통신망을 통하여 보관·유통되는 전자기록물에 대한 위조·변조·훼손 또는 유출을 방지하기 위하여 국가정보원장이 안전성을 확인한 보안 조치를 실행하여야 하며(「전자정부법」제56조), 이에 따라 전자기록물을 안전하게 관리하여야 한다.

국가정보원장이 안전성을 확인한 보안 조치로는 첫째 국가정보원장이 개발하거나 안전성을 검증한 암호장치와 정보보호시스템의 도입·운용, 둘째 전자문서가 보관·유통되는 정보통신망에 대한 보안대책의 시행을 들 수 있다(「전자정부법」 시행령 제69조).

■ 비밀기록물의 관리·열람을 위한 보안 조치

비밀기록물의 관리와 열람에 관한 사항은 보안업무규정의 지배를 받는다. 보안업무규정은 보안업무 수행에 필요한 사항을 규정함을 목적으로 하는데, ① 통신보안을 위한 암호자재의 사용 ② 비밀기록관리부와 암호자재기록부를 통한 보안책임 및 보안 관리 사항의 정확한 기록·보존의 의무 ③ 비밀취급인가권자에 대한 지정 ④ 비밀의 열람·공개·취급 시의 보안 조치 사항 ⑤ 국가비밀의 보호와 국가 중요 시설장비 및 자재의 보호를 위한 보호구역의 설정 ⑥ 비밀 누설을 방지하기 위한 보안측정의 실시 ⑦ 각급 기관별 보안담당관의 임명 등을 규정하고 있다.

■ 재난 및 안전관리의 필요 사항 규정

「재난 및 안전관리 기본법」은 "재난의 예방·대비·대응·복구와 그 밖에 재난 및 안전관리에 필요한 사항을 규정"하는 법으로, 동법과 동법 시행령의 범위 안에서 재난 대책이 수립·시행되고 재난관리 활동이 수행되어야 함을 규정하고 있다.

3. 보안대책

■ 보안대책의 유형과 운용

「공공기록물 관리에 관한 법률」 제30조(기록물 보안 및 재난대책) 및 관련 표준[기록물관리기관 보안 및 재난관리 기준 NAK 2-1:2012(v1.1)]에 따르면, 기록물관리기관은 보안 유지를 위해 기록물과 기록물관리기관의 시설·장비에 대한 허가받지 않은 접근을 통제하여야 하며, 보안시설 및 장비구축, 출입 인원 통제

〈표 9-1〉 보안 관리 체크리스트

영역	점검항목	이행 여부	근거 자료
보안성 검토	기관 특성에 따른 보안성 검토를 수행하였는가?		
인원 보안	출입인원을 식별하고 접근권한을 통제하고 있는가?		
시설 보안	제한구역/통제구역 등 보호구역이 적합하게 설정되어 있는가?		
	CCTV, 출입카드 등 보안 장비가 운용되고 있는가?		
기록물 보안	비밀기록물의 보안상태는 적절한가?		
	기록물의 열람 및 취급은 적절히 통제되고 있는가?		
시스템 보안	기록관리시스템과 스토리지에 대해 침해위협은 없는가?		
보안대책의 수립 및 운용	보안대책이 수립되어 있는가? (기관장 결재 여부 포함)		
	보안대책이 실행되고 있는가?		
	보안대책에는 책임과 역할이 분명히 작성되었는가?		
교육 및 훈련	직원 및 외부 작업인력에 대해 보안 교육을 실시하고 있는가?		
	직원들이 보안지식을 숙지하고 있는가?		

*출처: 국가기록원 NAK 2-1:2012(v1.1), 35.

등 필요한 보안대책을 수립 · 시행하여야 한다. 보안대책은 보안 위험요소에 대하여 빈틈이 없도록 모든 기록관리의 업무과정에서 보안을 고려하여야 하며, 형태에 있어서는 물리적 · 관리적 · 기술적 요소들을 모두 고려하여야 한다(국가기록원 NAK 2-1:2012(v1.1), 7).

기록물관리기관의 보안은 출입 인원을 통제함으로써 보안을 위협하는 모든 위험으로부터 기록물을 지킬 수 있는 경우가 대부분인데, 특히 기관 방문자보다는 기관에서 일하는 직원이 조직과 소장 기록물의 보안을 위협하는 더 큰 요인이기 때문에 보안장치와 절차를 마련할 때 이 점을 고려하여야 한다.

보안대책은 환경 변화 등 필요에 따라 즉각 보완되어야 하며, 정기적으로(연 1회 이상) 검토되어야 한다. 기록물관리기관은 보안상태를 일상적으로 점검하기 위하여 체크리스트를 도입하여 운용하는 것이 바람직하다.

■ 출입인원 통제를 위한 보안대책

출입인원에 대한 보안은 허가받지 않은 자로부터 기록물을 보호하기 위하여 출입인원을 통제하며, 기록물관리기관에 출입하는 내부 직원 및 외부 인원 모두에 대한 통제를 의미한다(국가기록원 NAK 2-1:2012(v1.1), 9).

출입인원을 통제하기 위하여 다음과 같은 조치를 취하여야 한다.

- 출입인원을 식별할 수 있어야 한다.
- 보존시설의 내 · 외부는 보안등급에 따라 구분하고 출입권한을 별도로 지정, 운영해야 한다.
- 기록물 관리 및 열람 등을 위해 기록물에 접근하는 모든 인원은 접근 정보를 대장 등에 기록하여야 한다.
- 보존시설은 보안장비를 사용하여 보안성을 강화하고 자동으로 출입을 관리

하는 것이 바람직하다.

- 내부 직원에 대해서는 주기적으로 기록물 보안 교육을 실시하여야 한다.
- 특별한 목적을 가지고 일정 기간 기록물에 접근해야 하는 외부인에 대해서는 출입목적에 따라 보안서약서를 제출받고 보안 교육을 실시하여야 한다.

출입인원 통제를 위한 보안 관리대책에는 다음 사항을 포함하여야 한다.

- 출입인원(내부 직원, 용역인력, 방문자 등)에 따른 보안등급 설정과 보안등급별 통제 운용기준(출입 대장 관리, 관리자 동반 등)
- 기록물 보안담당자 지정 내역
- 보안·방범 요원 운영 및 감시 등의 보안 조치
- 주기적인 보안 교육 실시계획

■ 보존시설의 보안대책

기록물관리기관은 보존시설을 신축하거나 보존시설을 기존 공간에 설치하고자 하는 경우 보안을 고려하여야 한다. 기록물관리기관의 공간은 보존·작업·사무·열람 공간 등으로 구분한 뒤 일반인이 접근 가능한 공간과 그렇지 않은 공간을 분리하여 일반인들의 접근제한구역을 설정하여야 한다. 특히, 기록물 보안을 위하여 보존·작업 공간은 일반인이나 출입을 허가받지 않은 직원이 접근할 수 없도록 사무 및 열람공간과 분리하여야 한다. 기록물이 보존되는 보존·작업 공간, 기록관리시스템이 운용되는 전산시설 등은 보호구역으로 설정하고 운용해야 한다(국가기록원 NAK 2-1:2012(v1.1), 9-10).

보존시설 보호구역의 보안성 강화를 위한 보안 관리대책에는 다음 항목이 포함되어야 한다.

- 보존시설에 대한 보호구역 설정내역 및 구역별 보안 운용기준
- 보안장비 도입 내역과 운용기준

■ 기록물의 보안대책

기록물은 전자기록물과 비전자 기록물로 구분되며, 전자기록물에 대한 보안은 다음의 '시스템 및 정보 보안'에서 함께 취급되므로 여기에서 언급하는 기록물은 비전자 기록물에 국한한다.

기록물에는 열람 및 취급에 대한 보안등급이 설정되어야 하며, 비밀기록물에 대한 별도의 보안 조치가 마련되어야 한다. 기록물의 반·출입, 등록, 제본, 분류, 보존처리, 매체수록, 열람, 이송 등과 같이 기록물을 직접 다루는 작업은 인가받은 내부 직원이 수행하는 것을 원칙으로 한다. 단, 필요에 의하여 외부인원에게 위탁할 경우에는 기록물 보안대책을 수립하고, 이에 따라 내부 직원을 감독자로 지정하여 기록물 취급 업무를 감독하여야 한다(국가기록원 NAK 2-1:2012(v1.1), 10).

기록물의 보안 관리대책에는 다음 사항을 포함하여야 한다.

- 기록물 보안등급 설정 및 비밀기록물에 대한 보안 조치
- 기록물의 이송·수발에 대한 책임자 지정과 보안운용 기준
- 기록물관리 작업에 대한 감독자 지정 및 보안운용 기준
- 보존시설의 기록물 반입·반출에 대한 통제절차

■ 전산장비 및 정보 보안대책

전산장비 및 정보 보안의 대상은 전자기록물, 전자화 기록물, 전산 장비를 이용해 작업을 하는 비전자 기록물과 기록관리 관련 전산시스템 등이 해당된다. 전산장비 및 정보 보안을 위하여 보존 장치인 스토리지, 기록관리시스템, 통신시스템, 이와 연결된 정보통신망에 대한 보안 조치를 실시해야 한다.

기록관리부서와 전산담당부서는 전산시스템을 통한 기록물의 무단 열람, 변경 및 훼손, 장비 유출에 대한 보호 대책을 마련해야 한다. 전자기록물을 전송·이관할 시에는 보안 조치된 행정망 등을 통하여 전송하는 것을 원칙으로 한다. 기록관리시스템을 운용·관리하는 장소는 통제구역으로 설정하여 출입을 제한하고 해당 장소로 반입 또는 반출되는 전산장비의 이력을 관리하여야 한다(국가기록원 NAK 2-1:2012(v1.1), 10-11).

기록관리시스템과 이와 연계되는 전산장비 및 정보통신망에는 다음과 같은 보안장치를 구비하고 운용한다.

- 사용자 인증 메커니즘, 접속 이력과 사용 이력 저장 및 추적
- 해킹이나 바이러스 침투에 대비한 보호체계 및 도구(침입차단시스템 등)

4. 보안 기술

■ 출입인원 및 보존시설 보안 기술 및 장비

출입인원을 통제하는 보안 기술로는 자성카드, IC 카드 등의 전자카드, 감시카메라(CCTV), 생체인식기술 등을 들 수 있다. 출입인원을 통제하는 보안 기술은 보존시설의 보호구역에 설치되는 보안 장비의 보안기술과 중첩된다. 보호구역에는 출입인원 통제를 위하여 출입카드·CCTV·이중잠금 장치 등의 보안장비를 운용해야 한다(국가기록원 NAK 2-1:2012(v1.1), 8-11).

- 폐쇄회로 감시장치(CCTV): 서고에 출입하는 인원을 감시하기 위한 장치로 반드시 필요한 보안설비이다.
- 출입통제시스템: 서고에 출입하는 인원에 대하여 입실 및 퇴실시간을 기록

하고 인가된 사람만 출입하도록 하는 보안장치이다. 카드 읽기식, 암호식, 지문인식 장치 등이 있다. 카드식 출입통제시스템을 이용할 경우, 전체시스템에 구애받지 않고 카드의 교체도 쉽게 이뤄질 수 있다. 필요에 따라 건물 내에서 차별적인 보안등급 체계를 도입할 수 있다. 반면, 전자장치 에러 또는 긴급 상황 발생 시에는 비상열림 장치가 가동되어야 한다. 한편 이와 같은 보안시스템은 기관의 화재대비 규정과 상충되지 않아야 하며, 기록물관리기관의 재난대비계획을 수립할 때에는 화재 경보 시 자동으로 보존시설의 문이 열리는 경우의 보안 위험이 고려되어야 한다.

- 물체 감지기: 체온이 있는 생명체가 서고에 출입할 경우 온도를 감지하여 인원의 재실 여부를 감지하는 장치이다. 이는 적외선 감지식을 주로 사용한다.

출입인원을 통제하기 위하여 다음과 같은 보안장비도 설치 · 운영 가능하다.

- 침입자 경보장치: 긴급 상황 발생 시 빠른 대응을 위하여 모니터 센터나 지역 경찰서와 연계되어 있어야 한다.
- 내부 관리자용 열쇠: 보호구역에 대한 관리자용 키를 운영하는 경우로 이러한 보안 유형은 열쇠 자체를 보안 관리하여야 하며, 필요시에만 반출하여 사용할 수 있도록 엄격한 절차가 수립되어 있어야 한다는 점이다. 또한 열쇠 반납도 확실하게 점검 · 보고되어야 한다. 소규모 기록물관리기관에 적절한 보안장비이다.
- 비상버튼: 직원들이 근무하는 곳이나 방문객을 감독하는 구역에 설치할 수 있다. 비상버튼은 가장 마지막 수단으로 사용하는 것이 좋으며, 가능한 직원을 추가 배치하는 것이 더 바람직하지만, 비상사태 발생 시 직원을 안심시키는 용도로도 사용될 수 있다.

■ 기록물 보안 기술

기록물 자체에 대한 보안 기술에는 자기테이프(Magnetic Stripe), 바코드, RFID,

특수기록매체가 있다(신종순 외 2011, 249-251).

- 자기테이프(MS, Magnetic Stripe): 기록물 일부분에 자기테이프를 부착하여 허가되지 않은 지역으로의 이동 등 기록물 보안을 위하여 사용하는 기술이다.
- 바코드(barcode): 기록물에 컴퓨터가 읽고 입력하기 쉬운 형태로 만들기 위하여 문자나 숫자를 흑과 백의 막대 기호와 조합한 코드를 부여한 것을 말한다. 광학식 마크판독장치로 자동 판독된다.
- RFID(Radio Frequency IDentification): RFID란 전파를 이용하여 먼 거리에서 정보를 인식하는 기술을 말하는 것으로 불충분한 정보 저장능력을 갖고 있는 바코드 자동인식시스템의 한계를 극복하기 위하여 개발된 기술이다. 여기에는 RFID 태그와 RFID 리더기가 필요하다. RFID 태그는 안테나와 컴퓨터칩(집적회로)으로 이루어지는데, 칩 안에 정보를 기록하고 안테나를 통해 RFID 리더기에 정보를 송신한다. 이때 안테나와 똑같은 주파수를 가진 RFID 리더와 스캔 기구에만 데이터의 전송이 가능하다. RFID 태그와 리더 제조업체들은 (125kHz ~ 915MHz 사이의) 서로 다른 주파수를 사용하고 있으므로, 다른 회사의 리더나 다른 주파수의 리더로 태그를 읽을 수 없다. RFID는 사용하는 동력에 따라 능동형과 수동형으로 구분할 수 있는데, 오직 RFID 리더기의 동력만으로 칩의 정보를 읽고 통신하는 RFID를 수동형 RFID라 한다. 능동형 RFID는 태그에 배터리가 내장되어 있어 칩의 정보를 읽고 그 정보를 통신하는 데 모두 RFID 태그의 동력을 사용하는 것으로, 30m(미터)까지 데이터를 전송할 수 있다. 한편 수동형 RFID는 칩에서 30cm(센티미터) 거리 내에 리더가 설치되어 있어야 하며, 6m(미터)까지 데이터를 전송할 수 있다.
- 특수 기록매체: 종이 기록물의 기록매체는 종이이다. 종이 자체는 비슷한 재료를 사용하면 구분하기가 매우 어렵기 때문에 종이 자체에 위변조가 불가능한 문양 등을 넣어 매체에 대한 위·변조를 방지한다. 위변조가 불가능하도록 종이에 넣는 내부적인 그림이나 문양을 은화(隱畫, water mark)라고 한다.

▣ 전자기록물의 보안 기술

전자기록물에 적용할 수 있는 보안 기술은 디지털 저작권 관리, 디지털워터마킹, 디지털 핑거프린팅 등이 있다. 전자기록물은 특성상 위·변조에 노출되기 쉽기 때문에 시스템적 보안대책을 마련하는 것 외에도 전자기록물 자체에 대한 보안 적용을 고려할 필요가 있다. 이러한 보안 기술을 통하여 전자기록물의 목적 외 부정 사용 방지, 저작권 보호, 전자기록의 원본성·진본성 보호 등의 목적을 달성할 수 있다.

전자기록물의 보안 기술은 다음과 같다.

- 디지털 저작권 관리(Digital Rights Management, DRM): 디지털 데이터를 암호화 기술을 이용하여 불법 사용으로부터 보호함으로써 저작권 관련 당사자들의 이익을 지속적으로 보호 및 관리하는 기술이다. 이 기술은 데이터를 암호화하여 정해진 조건을 충족시키기 않으면 데이터를 사용할 수 없도록 하고, 복제는 허용하지만 파일을 사용하는 각각의 사용자 모두가 사전에 정해진 조건을 만족시켜야만 이용할 수 있기 때문에 저작권을 관리할 수 있다. 디지털 저작관리의 주요 기술 요소로는 암호화, 접속제어, 복사제어 및 방지, 신원 확인 및 재추적 등이 있으며 다음과 같다.

〈표 9-2〉 디지털 저작권 관리의 주요 기술 요소

구분	설 명
암호화	허락되지 않은 접근을 막기 위하여 데이터를 암호화하는 것
접속제어	임의 사람에 대해 일정기간, 횟수로 접근을 제한하는 것이고, 인증 기술을 이용한 접근 방어로 권한이 있는 사용자의 불법적인 데이터 배포는 제어 불가능함
복사제어 및 방지	데이터에 대한 사용자의 이용가능 횟수를 제한하는 것으로 실제로 구현하기 어려움
신원확인 및 재추적	멀티미디어 데이터의 실제 아날로그 출력에서의 복사본에 대한 역추적과 신분 확인 기술

DRM(Digital Right Management)의 대표적인 기술적 대책으로 디지털 워터마킹과 핑거프린팅이 있다.

- 디지털 워터마킹(digital watermarking): 멀티미디어 데이터에 사용자의 ID나 자신만의 정보를 넣음으로써 불법적인 복제를 막고 데이터의 저작권과 소유권을 효율적으로 보호하는 방법으로서 데이터에 일정한 패턴이나 코드를 숨겨서 부호화하는 기술이다. 디지털 워터마킹에는 작성자, 저작권자, 작성일 등이 인간의 눈이나 귀로는 알지 못하도록 숨겨져 있으며, 만약 불법 복제를 위해 디지털 워터마킹 정보를 삭제하려 하면 원래의 동영상이나 음성 정보가 삭제되도록 설계되어 있다. 적용 사실을 은닉하면서도 효과를 달성하는 것이 목적이며 변조 공격에 강인하도록 설계한다.
- 디지털 핑거프린팅(digital fingerprinting): 크게 보자면 핑거프린팅 또한 워터마킹의 일종으로 볼 수 있다. 워터마킹이 '보통' 문서나 사람을 가리지 않고 똑같은 마킹을 하는 것이라면 핑거프린팅은 문서나 사람에 따라 다른 마킹을 하는 것이 차이이다('지문 찍기' 이름으로도 그 의도를 알 수 있다.) 디지털 데이터가 불법적으로 무단 복제된 경우 데이터 판매자로 하여금 복제된 사본의 원구매자를 식별할 수 있는 사후 기능을 제공함으로써 구매자가 디지털 데이터를 불법적으로 배포하지 못하도록 보호하는 기술이다.

1. 기록물의 보안에 위험이 되는 요소를 모두 나열하시오.

2. 공공기관 및 기록물관리기관의 보안·재난 관리와 관련된 법규를 나열하시오.

3. 전자기록물에 대한 보안은 「전자정부법」 시행령 제69조 제1항에 따라 국가정보원장이 안전성을 확인한 보안 조치를 취하여야 한다. 국가정보원장이 안전성을 확인한 보안 조치를 기술하시오.

4. 기록물관리기관의 보안대책은 출입인원을 통제함으로써 보안을 위협하는 모든 위험으로부터 기록물을 지킬 수 있는 경우가 대부분이다. 출입인원을 통제할 수 있는 보안 기술은 여러 가지가 있는데, 이 중 3가지를 나열하고 약술하시오.

5. 전자기록물에 대한 보안 기술 중 디지털 워터마킹과 디지털 핑거프린팅의 개념을 비교·설명하시오.

1. 재난의 정의와 유형

▣ 재난의 정의

일반적으로 "매우 파괴적인 결과를 초래하는 예상 밖의 사건"을 재난, "즉각적인 조치가 요구되는 예상 밖의 사태"를 비상이라고 하고, 이들로 인한 피해를 재해라고 한다. 재난이나 비상은 비상계획에 의하여 완전하게는 아니지만, 예방되거나 그 피해를 완화시킬 수 있다(ICT · IRMT, 하종희 역 2002, 1). 「재난 및 안전관리기본법」(제3조 정의)에서 재난은 "국민의 생명 · 신체 · 재산과 국가에 피해를 주거나 줄 수 있는 것"을 의미하는 것으로 재난과 비상을 구분하지 않고 정의하고 있다.

▣ 재난의 유형

재난은 일반적으로 자연재난과 사회재난으로 구분되며 세부적인 유형은 다음과 같다(「재난 및 안전관리기본법」 제3조, 제1항).

- 자연재난: 태풍, 홍수, 호우(豪雨), 강풍, 풍랑, 해일(海溢), 대설, 한파, 낙뢰, 가뭄, 폭염, 지진, 황사(黃砂), 조류(藻類) 대발생, 조수(潮水), 화산활동, 소행성 · 유성체 등 자연우주물체의 추락 · 충돌, 그 밖에 이에 준하는 자연현

상으로 인하여 발생하는 재해

- 사회재난: 화재·붕괴·폭발·교통사고(항공사고 및 해상사고를 포함한다)·
화생방사고·환경오염사고 등으로 인하여 발생하는 대통령령으로 정하는
규모 이상의 피해와 국가핵심기반의 마비, 「감염병의 예방 및 관리에 관한
법률」에 따른 감염병 또는 「가축전염병예방법」에 따른 가축전염병의 확산,
「미세먼지 저감 및 관리에 관한 특별법」에 따른 미세먼지 등으로 인한 피해

일반적으로 기록물관리기관에서 발생할 수 있는 재난은 다음과 같으며, 기록
물관리기관은 재난의 유형에 따라 대비책을 수립하여 시행하여야 한다(국가기
록원 NAK 2-1:2012(v1.1), 12).

- 자연적 위험: 지진, 태풍, 산불, 홍수, 호우, 낙뢰, 해충
- 건축 및 시설 결함: 스프링클러, 공기조화기 오작동, 지붕 누구, 부실한 배선
- 산업 재해: 핵 또는 화학물질 유출
- 기술적 재난: 바이러스와 컴퓨터 장비 장애
- 범죄 행위: 방화, 고의적 파괴, 폭동, 테러, 전쟁
- 인간의 실수에 의한 우연한 손실
- 미흡한 보존 관리: 열, 오염된 환경, 부적절한 서가 정리 및 운송 부주의, 부
적합한 보존처리에 의해 발생한 기록물의 화학적 분해 등
- 기타 관리자의 직무 불능, 실수 등

대통령령으로 정하는 규모 이상의 피해

다음 각 호의 어느 하나에 해당하는 것을 말한다. 1. 국가 또는 지방자치단체 차원의
대처가 필요한 인명 또는 재산의 피해, 2. 그 밖에 제1호의 피해에 준하는 것으로서
행정안전부장관이 재난관리를 위하여 필요하다고 인정하는 피해(「재난 및 안전관리
기본법」 시행령 제2조).

2. 재난 대책의 수립

■ 재난 대책의 정의

기록물 재난대비책은 기록물 재난대비계획, 기록물 재난관리계획, 기록물 비상계획이란 의미에서 사용된다. 비상계획은 "비상사태나 재난이 발생할 경우, 기관·사람·자원에 미치는 피해를 최소화하거나 방지하기 위하여 기관 차원에서 준비하는 정책이나 절차"를 뜻한다(ICT·IRMT, 하종희 역 2002, 137). 즉, 비상계획은 '비상관리계획', '업무복구계획', '재난계획' 또는 '재난관리계획'을 의미하는 것으로, 재난대비계획과 필수기록 관리업무가 포함된다.

■ 재난 대책 수립 시 유의 사항

관련 표준에서는 재난 대책의 수립·시행 시 유의 사항을 다음과 같이 명시하고 있다. 특히, 위험평가를 바탕으로 재난 종류별 재난 대책을 마련할 것을 강조하고 있다(국가기록원 NAK 2-1:2012(v1.1), 13).

- 재난 대책은 주기적으로 유지·관리되어야 한다. 기관 차원의 종합적 계획이 될 수 있도록 기관장의 결재를 받아야 하며, 연 1회 이상 검토하여야 한다.
- 재난 대책은 해당 기관이 보유하고 있는 기록물의 종류별 특성과 보존 방법 등을 종합적으로 고려하여 대책을 마련해야 한다.
- 기본적인 재난 종류별(화재, 수해, 지진 등) 대책을 포함하되, 위험평가를 바탕으로 하여 기록물관리기관의 지정학적 특성에 따른 재난 종류별 대책을 함께 포함하여야 한다.
- 수립한 계획은 전 직원에게 주기적인 교육과 실제 훈련을 통해 숙지시켜야 한다.

- 재난 대책에는 비상연락망과 연락체계를 포함하여 재난 상황별 업무담당자의 역할이 구체적으로 명시되어 있어야 한다.

다음 〈표 9-3〉은 기록물관리기관의 재난관리 수준과 대책을 평가하기 위한 기본 항목을 재난단계별로 제시하고 있다.

〈표 9-3〉 재난관리 체크리스트

영역	점검항목	이행 여부	근거 자료
재난관리계획의 수립 및 운영	재난관리계획을 수립하였는가? (기관장 결재 여부 포함)		
예 방	기관 특성에 따른 위험평가를 수행하였는가?		
	기록물과 시설·장비가 주기적으로 점검되고 있는가?		
	위험이 내재된 업무에 대해 근무자 안전규칙을 수립하였는가?		
대 비	비상조직체계와 직원 및 관련자 비상연락망이 수립되었는가?		
	기록물 대피 우선순위와 필수기록물을 지정하였는가?		
	비상용품을 확보하고 관리하는가?		
대 응	재난유형별 대응 절차가 마련되었는가?		
	직원 행동요령, 대피방법이 적절한가?		
복 구	기록물과 시설의 복구를 위한 자문기관 연락처와 복구 절차가 준비되었는가?		
교육 및 훈련	직원들이 재난대응 지식을 숙지하고 있는가?		

*출처: 국가기록원 NAK 2-1:2012(v1.1), 36.

3. 재난관리 활동

■ 재난관리 활동의 구분

'재난관리'란 재난의 예방·대비·대응 및 복구를 위하여 하는 모든 활동을 말한다(「재난 및 안전관리기본법」 제3조 제3항). 재난관리 활동을 재난의 예방·대비·대응·복구로 구분하고, 세부 내용에는 각 기관이 처해있는 현황과 특성을 반영해야 한다(국가기록원 NAK 2-1:2012(v1.1), 12-20).

- 예방: 재난이 발생하지 않도록 위험요소를 사전에 제거하거나 감소시키는 목적으로 수행하는 재난관리 활동
- 대비: 재난이 발생할 경우를 가정하고 원활히 대응할 수 있도록 사전에 준비하는 재난관리 활동
- 대응: 재난이 발생하였을 때에 자원과 역량을 효율적으로 활용하고 신속히 대처하여 인명과 재산을 보호하고 피해를 최소화하는 재난관리 활동
- 복구: 재난이 일어난 후에 기록물이나 시설을 재난 발생 이전의 원래 상태로 되돌리기 위한 재난관리 활동

■ 예방 단계의 재난관리 활동

예방 단계의 재난관리 활동에는 위험평가, 안전규칙의 확립, 점검 활동 등이 포함된다.

- 위험평가: 기록물관리기관의 지정학적·환경적 특성에 따라 재난 유형별 영향력이 달라지므로, 해당 기관이 처한 위험 요소 혹은 취약점을 사전에 진단·분석하여 대책을 마련하여야 한다. 기관의 위험평가 항목에는 ① 해당 기관의 위험 진단 결과 ② 위험분석 결과에 따른 대책 및 실천 방안이 포함되어야 한다.

〈표 9-4〉 위험평가표(예시)

재난 유형	위험 규모(심각성)	발생 가능성	발생 시 예상결과	대책 및 실천 방안

*출처: 국가기록원 NAK 2-1:2012(v1.1), 15.

- 근무자 안전규칙 마련: 사람의 실수로 발생할 수 있는 재난을 예방하기 위해
  서는 위험요소를 파악하고 이에 대한 적절한 안전규칙을 마련하여야 한다.
  근무자 안전규칙은 근무자 자신을 보호하고 기록물, 시설 등에 대한 피해를
  예방하는 것이 목적이다. 위험요소가 포함된 업무를 수행하는 근무자는 안
  전규칙을 숙지하고 업무과정에서 항상 이를 준수하여야 한다. 안전규칙은
  해당 업무 구역에 게시하는 것이 바람직하다.

〈표 9-5〉 업무유형별 안전규칙(예시)

업무 유형 구분	근무자 안전규칙
공 통	- 소화기 사용법 숙지 - 작업실 내 흡연, 음식물 반입 금지 - 전기제품 취급 유의사항 - 개인 보호구 착용에 관한 사항
서고 및 보존시설 관리 (서고 관리실, 기계실)	- 운용 시설(항온항습시설, 공조기 등)의 유의사항 숙지 - 서가 시설의 내구성 확인 및 작동법 숙지
기록물 보존처리·복원 (탈산, 소독, 복원)	- 장비 작동법 숙지 - 각종 처리제의 취급과 안전성 확인
기록물 반·출입 (인수·등록실, 열람실, 서고관리실)	- 기록물 운반(이송 장비의 하중 및 동선 확보), 서가 배치 주의사항 등
기록물 매체 수록 (마이크로필름실, 스캐닝실, 시청각실)	- 관련 장비의 유의사항 숙지 - 각종 처리제에 관한 안전성 확인
기록관리시스템 및 전산 장비 관리(전산실)	- 정전기·감전·누전사고 예방 수칙 - 데이터 백업 등 시스템 운용 주의사항

*출처: 국가기록원 NAK 2-1:2012(v1.1), 15-16.

- 기록물 및 시설·장비의 점검 활동: 점검 활동은 기록물, 보존환경(온도·습도·공기질·조명, 서고·서가 등), 시설·장비(공기조화기, 전기·통신·수도, 건물 구조 등) 등으로 대상을 구분하여 실시하고, 점검 대상별로 점검표를 작성하고 주기적으로 점검하여야 한다. 점검자는 재난 유형별(화재, 정전, 누수, 누전, 붕괴 등) 위험요소들이 누락되지 않도록 점검하여야 하며, 점검 결과 발견된 미흡 사항은 즉각 보고 및 조치해야 한다.

■ 대비 단계의 재난관리 활동

재난이 발생하면 신속하고 효율적으로 대응하기 위해 재난대응조직체계의 구성, 중요도에 따른 기록물 대비 우선순위 지정, 기록물의 이중화 및 분산, 필수 기록물의 선별, 응급 구난에 사용할 수 있는 비상용품의 비치·관리, 대응 및 복구 절차의 마련, 재난 대비 교육 및 훈련 실시 등의 재난 대비 활동이 필요하다.

- 재난대응 조직체계의 구성: 재난대응조직은 사전에 구성하여야 하며, 재난의 규모와 피해에 따라 확대 및 재구성하도록 한다. 기록물관리기관은 재난 발생 시 직원들의 개별 임무 숙지 및 신속한 대응능력 향상을 위하여 개별 임무카드를 작성하여야 한다. 재난 대비 임무카드에는 다음과 같은 사항을 포함하여야 한다.

재난 대비 임무카드의 구성 요소

· 직원 비상연락처
· 시설 및 장비 유지보수 업체 비상연락처
· 긴급 구조기관(소방서), 병원, 경찰, 유관기관(가스, 전력, 기상 등) 연락처
· 기록물 보존·복원 기술자문을 위한 전문가 연락처
· 기록물 긴급 이송을 위한 장비, 이송업체 등의 연락처
· 재난 시 소속, 주요 임무, 대응 업무가 같은 조원 명단
· 화재/산불, 풍수해, 산사태 등 재난 유형별 세부 임무

– 기록물 대피 우선순위 지정: 기록물의 효과적 대피를 위하여 중요도에 따라 대피 우선순위를 부여하여 관리하여야 한다. 한편, 기록물 대피 우선순위는 기관 운영에 핵심적인 필수기록물의 지정·관리와 연계되어 관리되어야 한다. 필수기록물로 지정된 기록물은 비상사태 시 우선적으로 보호하여야 할 기록물이다(필수기록물에 대해서는 본 장의 4절 '필수기록 관리' 참조).

〈표 9-6〉 기록물 대피 우선순위

등급	기 준
1등급	– 사료적 가치가 높은 기록물 – 손실될 경우 대체가 불가능한 기록물 – 복구가 불가능하거나 어려운 기록물
2등급	– 손실될 경우 심각한 문제가 발생할 수 있고 비용이 많이 들지만 대체가 가능한 기록물
3등급	– 손실될 경우 문제가 발생하지 않고 쉽게 대체가 가능한 기록물

*출처: 국가기록원 NAK 2-1:2012(v1,1), 17.

– 기록물 이중화 및 분산: 재난으로 인한 중요기록물의 소실에 대비하기 위하여 에 따라 중요기록물을 이중보존하고 분산 배치하도록 규정하고 있다(「공공기록물 관리에 관한 법률」 제21조).
– 필수기록물 선별 및 보호: 기록물관리기관은 재난이나 비상사태 시 당해 기관의 기능을 유지하거나 조직 및 이해관계자의 법적·재정적 권리 보호를 위한 필수기록물을 선별하여 관리할 수 있다. 필수기록물은 재난이나 비상사태 발생 시 또는 이후에 조직의 생존이나 연속성 유지를 위해 핵심적인 정보를 포함한 비상운영 기록물과 조직의 법적이고 재정적인 상태를 되돌리고 이해관계자의 권리와 의무 보존을 위해 필요한 정보를 포함한 권한보호기록물로 구분된다. 필수기록물은 대상의 중요도와 위험의 발생가능성을 종합하여 우선순위를 결정하며, 이중·분산하여 보존하여야 한다. 필수기록물의 복제와 시스템 백업은 항상 충분한 거리를 두고 별도로 저장되어야 하며, 복본 제작이 불가능한 경우에는 특별한 물리적 보호시설과 장비를 구비

하여야 한다(필수기록물과 관련된 세부 내용은 본 장 3절 필수기록물 관리에서 다룬다).

－ 비상용품 준비 및 관리: 비상용품은 출입구 근처와 같이 쉽게 접근 가능한 곳에 배치하고 목록을 관리해야 하며, 직원들은 그 사용법과 보관 장소를 숙지하고 있어야 한다.

〈표 9-7〉 비상용품 관리대장(예시)

점검일 :		년 월 일		확인자 :	
연번	품명	보존위치	수량	단위	상태

*출처: 국가기록원 NAK 2-1:2012(v1.1), 20.

비상용품은 다음과 같은 용품이 있으며, 구난 상자에 넣어 보존한다(신종순 외 2011, 265-266).

〈표 9-8〉 비상용품의 종류

구분	종류
구난 물품	묶는 끈, 마스킹 테이프, 판지 및 산지 상자, 백묵, 공책, 필기구, 마킹펜, 가위, 천, 청결제, 면봉, 클립보드, 옷걸이, 조절판, 수동펌프(파이프), 수중펌프, 건전지, 실리콘 지, 살충제, 비누, 비옷, 먼지 옷, 장갑, 전선, 냉동용 봉지, 유해 물질자루, 운반 상자, 스펀지, 스티로폼, 들어 올리는 봉, 종이 타올, 고무밀대
구난 도구	도서 이동대(book trolley), 고무장화(gum boots), 비(broom), 큰상자(bin), 물통 (buckets), 재난 이동대(disaster trolley), 잭(folklift, 수동), 안전모(hard hats), 사다리 (ladders), 온습도 측정기, AM-FM 라디오, 호루라기(whistles), 플라스틱 가방(plastic garbage bags), 폴리에틸렌 가방, 공구키트, 토치(torches)
구난 장비	제습기(dehumidifiers), 선풍기(fan, 이동식), 청소기(mops), 펌프(pump, 수동), 누수 경보기(water alarms), 가습기(humidifier), 진공 펌프

－ 대응 및 복구절차 마련: 이는 사전에 마련되어 재난 발생 시 신속하게 체계

적으로 대응할 수 있어야 한다. 대응 및 복구절차에는 다음 〈표 9-9〉의 항목을 포함하여야 한다.

〈표 9-9〉 대응 및 복구절차의 구성

단계	항목
대응	- 재난이 발생할 경우 각 직원의 행동요령 - 기록물과 인명의 대피경로(도면 포함), 기록물의 피난 장소, 대피 절차 - 기록물의 응급조치(수해, 화재 등 재난유형별)
복구	- 업무부서별 복구 활동 계획 - 기록물 및 시설 복구 지원을 위한 분야별 전문가 및 전문기관 연락처 - 손상 기록물 복구를 위한 (임시) 작업장 확보 계획 - 손상 기록물의 이송 방법 및 시나리오

- 재난대비 교육 및 훈련 실시: 재난 발생 시 신속한 대응을 위하여 기록물관리기관은 상시적으로 기록물 재난 대비 교육 및 훈련을 실시하여야 한다. 기록물 재난대비교육에는 다음의 항목을 포함하여야 한다.

기록물 재난대비교육의 구성

· 비상조직의 구성 및 역할
· 조직·유형·개인별 재난 대응 행동절차
· 비상용품의 용도 및 사용법
· 비상시 집결지 및 구난 경로
· 기록물 응급조치 및 복구 등

■ 대응 단계의 재난관리 활동

재난이 발생하면 재난의 종류와 특성, 기록물에 대한 영향, 재난 지역의 안전성 등 재난 상황을 정확히 파악하여야 한다. 또한 비상연락망을 확인하여 비상연락체계에 따라 즉시 상황을 전파한다. 인명의 안정이 확보된 상태에서 기록물의 구난을 실시하되, 피해 기록물은 다음과 같은 응급조치를 통하여 피해가 확산되지 않도록 한다.

- 수해 기록물 응급조치: 재난 시 가장 일반적인 피해 상황은 수해이다. 화재 시에도 진화과정에서 대량의 물이 사용되기 때문이다. 수해 기록물의 응급 복구는 다음의 처리 과정을 따른다(국가기록원 2020).

〈그림 9-1〉 수해 기록물의 응급 복구 처리 흐름도

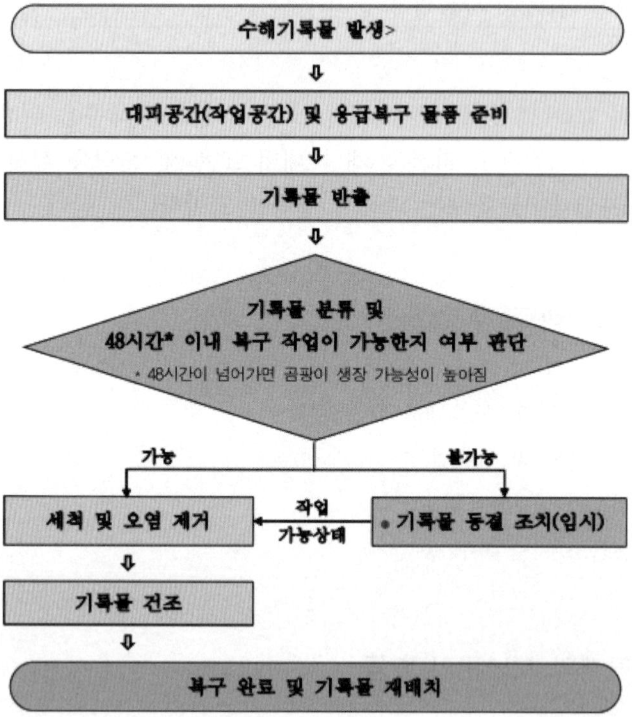

수해기록물 발생〉
⇩
대피공간(작업공간) 및 응급복구 물품 준비
⇩
기록물 반출
⇩
기록물 분류 및
48시간* 이내 복구 작업이 가능한지 여부 판단
* 48시간이 넘어가면 곰팡이 생장 가능성이 높아짐

가능 / 불가능

세척 및 오염 제거 ← 작업 가능상태 ← * 기록물 동결 조치(임시)
⇩
기록물 건조
⇩
복구 완료 및 기록물 재배치

*출처: 국가기록원 2020, 2.

· 대피공간 및 응급복구 물품 준비: 임시서고 등 젖은 기록물을 이동시킬 대피 공간을 마련하여 추가 피해가 발생하지 않도록 한다. 대피 공간의 내부는 공기순환이 잘되고 온·습도 조절이 가능한 곳이 좋다.

· 기록물 반출: 젖은 기록물을 대피 공간으로 옮긴다. 젖은 기록물은 지력이 약해진 상태이므로 조심히 다루어야 한다. 기록물을 무리해서 펼쳐보거나 세게 누르는 등 물리적 힘을 가하지 않는다.

· 기록물 분류: 가능하다면 기록물의 주제, 보존기간 등을 참고하여 분류한다. 필요 시 분류가 우선 복구 대상을 선정하는 기준이 될 수 있음을 염두해둔다. 또한 응급 복구 환경 및 피해 기록물의 상태와 수량 등을 고려하여 피해 기록물 응급복구가 48시간* 이내에 가능한지 여부를 판단한다. (* 48시간이 넘어가면 곰팡이 생장 가능성이 높아짐)

· 세척 및 오염제거: 토사, 오물 등의 오염이 있는 경우에 실시한다. 오물 물질은 힘을 가하여 무리하여 닦아내지 말고 스프레이를 사용하거나 약하게 흐르는 물을 사용하여 제거 가능한 범위까지만 실시한다. 가죽 장정본, 수용성 재료로 된 기록물은 스프레이를 이용한 세척을 하지 않는다. 이 작업으로 제거되지 않은 오염은 기록물 건조 이후에 건식방법(부드러운 붓을 이용하여 오염을 털어주는 방법)으로 추가 세척한다.

· 기록물 건조: 젖은 기록물을 뜨거운 바람(드라이, 다리미 등)으로 급격하게 무리하여 건조하면 안 된다. 상온의 바람을 이용해 자연스럽게 건조하는 것이 종이의 변성 및 손상 등을 최소화 할 수 있는 방법이다. 제습기와 선풍기를 이용하여 습도를 낮추고 기록물 사이에 바람이 통할 수 있도록 하는 것이 중요하다. 열어볼 수 있는 기록물의 경우, 젖은 기록물 사이에 수분을 흡수 시킬 수 있는 종이(종이타올(키친타올), 신문, A4용지 등)를 끼워 건조시킨다. 기록물 사이의 종이를 너무 많이 끼워 기록물의 두께가 두꺼워지는 것 보다는 종이를 자주 교체해 주는 것이 좋다. 세울 수 있는 기록물은 각 장 사이에 공기 순환이 이루어 질 수 있도록 기록물을 세우고 사이를 벌려서 말린다. 선풍기 바람을 이용하면 공기 순환이 원활해져 기록물을 건조하는데 효과적이다. 열어볼 수 없는 기록물은 현 상태에서

닦을 수 있는 곳(표지, 펼쳐져 있는 면 등)에 수분을 제거하고 평평하게 눕힌 상태에서 선풍기 바람을 이용하여 건조시킨다. 젖은 기록물이 어느 정도 건조되어 취급이 가능해지면 기록물을 사이에 수분을 흡수할 수 있는 종이를 끼워 건조시키거나 기록물을 세워 기록물 각 장 사이에 바람이 통할 수 있도록 제습기, 선풍기 등을 가동하여 건조시킨다.

• 기록물 동결: 대피공간(작업공간) 마련 및 수침 피해 기록물 복구 작업은 48시간 이내에 이루어져야 한다. 그러나 상황이 여의치 않거나 피해 기록물양이 많아 한 번에 작업이 불가능한 경우에는 기록물을 동결(냉동보관)시켜야 한다. 먼저, 기록물을 적당한 양으로 나누어 냉동실(-20 ~ -30℃)에 넣어 보관한다. 무리하지 않는 범위 내에서 표면 등의 수분을 제거하고 기록물 상태 확인이 가능한 투명한 재질의 비닐을 이용하여 밀봉한다.(지퍼가 달려있는 봉투 사용하면 편리하다.) 봉투 겉면에 기록물명, 수습된 장소 및 위치, 날짜 등의 정보를 기록한다. 다음으로, 작업이 가능한 양만큼 냉동실에서 꺼내서 작업을 실시한다. 얼어있는 기록물을 꺼내 상온에서 해동시켜 〈4. 세척 및 오염제거〉 또는 〈5. 기록물 건조〉 단계의 작업부터 실시한다.

〈그림 9-2〉 기록물 밀봉 및 동결

| 기록물 밀봉 | 동결(냉동보관) |

*출처: 국가기록원 2020. 6.

· 복구 완료 및 기록물 재배치: 수침 피해를 입은 서고의 보존 환경을 최대한 빨리 회복하는 것이 중요하다. 피해를 입은 서고의 서가, 벽, 바닥 등을 청소하고, 공기 순환이 될 수 있도록 제습기와 선풍기를 가동한다. 정기적으로 온도(20±2℃), 상대습도(50±5%)에 대한 점검을 실행하여 보존서고 환경의 안정성이 확보되면 피해 복구 완료 기록물을 서고에 재배치한다.

- 대응 활동의 기록화: 재난 시 기록물에 대해 취해진 모든 변화(위치 이동 이력, 응급조치 내역 등)를 기록하여 재발을 방지하고 추후에 효과적으로 대응하도록 한다.

■ 복구 및 사후관리 단계의 재난관리 활동

재난 후에는 먼저 손상된 기록물의 현황을 파악하고 복구계획을 마련한다. 복구계획은 기록물과 시설의 피해 규모, 가용 자원(예산, 인력, 장비, 물품), 조치방법과 기간, 필요시 이송방법 등을 포함하되 복구 우선순위를 고려하여 수립한다. 이 때 사전에 마련된 복구 절차는 복구 계획 수립 시 상황에 맞게 조정하여 시행한다. 복구활동은 피해분석, 기록물 복구, 보존서고·시설 복구, 전산장비 복구로 나누어 체계적으로 실시한다.

재난 상황에서는 기록물의 보안성이 취약해질 수 있으므로, 복구 과정에서 기록물의 보안에 유의하여야 한다. 비밀기록물이 손상되었을 경우에는 일반기록물과 분리하여 취급·관리하여야 한다.

추후 유사한 재난을 사전에 예방하고 효과적으로 대응하기 위해 재난보고서를 작성해야 한다. 재난보고서에는 다음 사항을 포함해야 한다.

- 재난의 발생 일시 및 기간, 위치

- 재난의 특성, 원인
- 인명, 기록물, 업무, 시설 등에 대한 영향
- 재난 대응 경과
- 향후 대비책

기록물관리기관은 재난 분석 및 평가 결과에 따라 기존의 재난관리계획(비상계획)을 보완하고 개정된 재난관리계획은 직원에게 교육한다.

■ 재난 유형별 기록물 복구 방법

기록물 복구 활동은 재난 유형별로 조치해야 한다. 일반적으로 기록물관리기관에 발생 가능성이 높은 재난은 수해와 화재이다.

수해 시 기록물 복구 방법은 일반적으로 자연건조, 제습기를 이용한 건조, 진공냉동건조 등이 있다(신종순 외 2011, 267-268).

- 자연건조: 침수 피해 후 즉시 창문을 열어 공기를 순환시키고 가능한 한 빠른 시간 안에 실내의 조습한 공기를 제거한다. 동시에 살균처리를 진행하여 곰팡이균의 번식을 방지한다. 먼저, 제본된 기록물, 도서형 기록물 등은 사이사이에 종이 타월 등을 끼워놓아 수분을 제거하여 부분적으로 건조시킨 뒤 책을 세울 수 있을 때 선풍기 등을 이용하여 건조한다. 낱장씩 건조할 경우에는 낱장을 분리하는데 주의하여 건조한다. 젖은 기록물은 햇빛에 말리거나 열기구로 직접 건조시켜서는 안된다.
- 제습기를 이용한 건조: 신속한 건조를 위하여 기록물을 밀폐 환경에 놓고 제습기를 가동하여 건조시킨다.
- 진공냉동건조: 기록물을 냉동하게 되면 종이 중 수분이 동결되어 얼음이 된다. 이를 진공조건하에 두게 되면 얼음은 직접적으로 증기로 변하여 건조된다. 진공냉동건조하게 되면 첫째, 냉동 시 살균효과로 인하여 기록물에 곰팡이가

번식하는 것을 방지하며 둘째, 냉동 후 부피가 팽창하고 종잇장이 벌어지게 되어 건조과정 중 종이가 들러붙지 않으며 셋째, 종이가 쉽게 변형되지 않는다는 장점이 있다. 반면 진공펌프, 냉동기 설비가 있어야 하므로 비용이 비싸다는 단점이 있다.

화재로 손상된 기록물은 타버리고 난 일부만을 복구할 수 있다. 또한 쉽게 부스러지기 때문에 보호판으로 보호하여 안전한 장소로 옮기는 것이 중요하다. 화재로 손상된 기록물의 복구 방법은 다음과 같다(신종순 외 2011, 269-270).

- 연기나 재로 인한 손상을 입은 경우: 우선, 연기에 휩싸였던 기록물은 공기가 빨리 흐르는 장소로 옮겨 냄새를 날려버린다. 연기로 기록물 표면에 얇은 막이 형성되었을 때는 건식 화학스펀지 등으로 냄새를 제거한다. 연기나 재로 인한 손상만 입었을 경우, 부드러운 솔로 털어 처리할 수 있다.
- 많이 탄 기록물: 많이 탔거나 타버린 뒤 젖어있는 기록물은 빳빳한 카드 보드판이나 폴리에스터지를 보조적으로 사용하여 냉동시설이나 건조시설까지 옮긴다. 일반적으로 서고 위쪽 부분에 있는 기록물이 많이 타거나 손해를 입는다.

4. 전자기록물의 재난관리 활동

■ 예방 단계의 재난관리 활동

전자기록물의 예방 단계의 재난관리 활동에는 업무 현황분석, 위험분석(risk analysis), 업무영향도 분석(business impact analysis), 위험평가 등이 있다(국가기록원 NAK 2-1:2012(v1.1), 23-28).

- 업무 현황분석: 기록물관리 업무 중에서 전자기록물의 관리·보존·활용과 관련한 업무를 중심으로 조직 및 업무 현황을 분석한다.
- 위험분석: 전자기록물 관리에 있어서 발생가능한 위험을 정의하고, 위험발생 시 피해를 예측하여, 수용가능한 정도로 위험의 발생가능성을 낮추기 위해 수행한다. 위험분석은 전자기록물 관리에 대하여 자연 위협, 기술적 위협, 인위적 위협으로 나누어 관련한 위험을 파악한다. 위협의 정도는 재해의 발생가능성과 위험도에 따라, 기관 실무자들의 평가 및 관련 문서를 분석하여 평가한다.

<표 9-10> 전자기록물 위험 분석표(예시)

연번	구분	위협의 종류	위협의 내용	평가 내용	
1	자연 재해			발생 가능성	○○○○○
				위험도	○○○○○
2				발생 가능성	○○○○○
				위험도	○○○○○
3	기술적 재해			발생 가능성	○○○○○
				위험도	○○○○○
4				발생 가능성	○○○○○
				위험도	○○○○○
5	인적 재해			발생 가능성	○○○○○
				위험도	○○○○○
6				발생 가능성	○○○○○
				위험도	○○○○○

*출처: 국가기록원 NAK 2-1:2012(v1.1), 24.

- 업무영향도 분석: 전자기록물 관리의 주요 업무프로세스를 파악하고 중요도에 따른 복구범위 및 복구 우선순위를 분석한 후, 복구시간목표(Recover Time Objective, RTO)와 복구시점목표(Recovery Point Objective, RPO)도출한다. 업무영향도 분석 절차는 아래와 같다.
 · Step 1. 기록 관리 프로세스에서 중요 업무 및 기능을 식별하는 분석을 시행한다. (중요 업무 및 중요 기능은 ① 전자·비전자 기록물 관리관련성

여부 ② 기록관리 핵심기능·기록 활용 지원기능 여부, 그리고 ③전자기록물 관리 업무 담당자의 중요도 평가여부를 종합하여 식별하여야 한다).

- Step 2. 식별된 업무 및 기능의 복구시간목표(RTO)를 결정하여야 한다.
- Step 3. 식별된 업무 및 기능의 복구시점목표(RPO)를 결정하여야 한다.

복구시간목표(Recover Time Objective, RTO)

재해 발생 후 업무의 재가동까지 소요되는 시간을 말함

복구시점목표(Recover Point Objective, RPO)

재해 발생 시 데이터 손실이 발생할 수 있는 시점을 말함

- 〈표 9-11〉은 업무 프로세스마다 재해복구 수준과 RTO, RPO를 조합하여 재난복구모델을 선정한 예시이다. 복구 수준 1이 4시간 이내 복구 및 최종시점 상태로의 복구를 목표로 한다면, 이에 속하는 시스템 기능 1 프로세스는 RTO1, RPO1에 해당하며, 재난복구(Disaster Recovery, DR) 모델은 Hot 사이트로 선정한다.

〈표 9-11〉 RTO 및 RPO 결정(예시)

복구수준	업무 프로세스	RTO	RPO	DR 모델
Tier 1	시스템기능 1	RTO 1	RPO 1	HOT
Tier 2	시스템기능 2	RTO 2	RPO 1	HOT
Tier 3	시스템기능 3	RTO 3	RPO 1	WARM
Tier 4	시스템기능 4	RTO 3	RPO 2	WARM
Tier 5	시스템기능 5	RTO 4	RPO 2	COLD
Tier 6	기타	RTO 5	RPO 2	

*RTO 1: 4시간, 2: 12시간, 3: 24시간, 4: 7일, 5: 7일 이상
*RPO 1: 최종시간, 2: D-1일
*출처: 국가기록원 NAK 2-1:2012(v1.1), 25.

· 재난복구모델은 일반적으로 복구 수준별 유형에 따라 Mirror 사이트, Hot 사이트, Warm 사이트, Cold 사이트로 구분된다.

〈표 9-12〉 재난복구시스템의 복구 수준별 유형 비교

유형	설명	복구 소요 시간	장점	단점
Mirror Site	- 주센터와 동일한 수준의 정보기술 자원을 원격지에 구축 - Active-Active 상태로 실시간 동시 서비스 제공	즉시	- 데이터 최신성 - 높은 안정성 - 신속한 업무재개	- 높은 초기투자비용 - 높은 유지보수비용 - 데이터의 업데이트가 많은 경우에는 과부하를 초래하여 부적합
Hot Site	- 주센터와 동일한 수준의 정보기술 자원을 원격지에 구축하여 Standby 상태로 유지 (Active-Standby) - 주센터 재해 시 원격지 시스템을 Active 상태로 전환하여 서비스 제공 - 데이터는 동기적 또는 비동기적 방식의 실시간 미러링을 통하여 최신상태로 유지	수시간 (4시간) 이내	- 데이터 최신성 - 높은 안정성 - 신속한 업무재개 - 데이터의 업데이트가 많은 경우에 적합	- 높은 초기투자비용 - 높은 유지보수비용
Warm Site	- 중요성이 높은 정보기술자원만 부분적으로 재해복구센터에 보유 - 데이터는 주기적(약 수시간~1일)으로 백업	수일~ 수주	- 구축 및 유지비용이 핫사이트에 비해 저렴	- 데이터 다소의 손실 발생 - 초기복구수준이 부분 적임 - 복구소요시간이 비교 적 긺
Cold Site	- 데이터만 원격지에 보관하고, 이의 서비스를 위한 정보자원은 확보하지 않거나 장소 등 최소한으로만 확보 - 재해 시 데이터를 근간으로 필요한 정보자원을 조달하여 정보시스템의 복구 개시 - 주센터의 데이터는 주기적(수일~수주)으로 원격지에 백업	수주~ 수개월	- 구축 및 유지비용이 가장 저렴	- 데이터의 손실 발생 - 복구에 매우 긴 시간이 소요됨 - 복구 신뢰성이 낮음

*출처: 국가기록원 NAK 2-1:2012(v1.1), 26.

- 위험평가: 위험평가는 위험 영향도와 발생 가능성평가를 말한다. 위험평가 시에는 〈표 9-13〉의 양식을 사용할 수 있다.

〈표 9-13〉 전자기록물 위험평가서

위험요소ID		위험용소명	
위험 설명			
위험 사례			
위험 특성	물리적환경 □ 지원업무 □ 운영/서비스업무 □ H/W,S/W,통신장비 □		
평가 등급	**위험 영향도 평가**	**위험 가능성 평가**	
	[ ] 1점 : 영향도 제로 [ ] 2점 : 낮은 수준의 영향도 [ ] 3점 : 중간 수준의 영향도 [ ] 4점 : 높은 수준의 영향도 [ ] 5점 : 매우 높은 수준의 영향도	[ ] 1점 : 매 100년마다 1회 이상 발생 [ ] 2점 : 매 10년마다 1회 이상 발생 [ ] 3점 : 매 5년마다 1회 이상 발생 [ ] 4점 : 매 1년마다 1회 이상 발생 [ ] 5점 : 매 1달 1회 이상 발생	
위험요소 관할		확산 관할	
평가 증빙자료 목록			
업무담당자/ 부서의견			

*출처: 국가기록원 NAK 2-1:2012(v1,1), 28.

- 위험 영향도 평가는 전자기록물의 진본성과 이용가능성에 대한 손실 여부와 복구 가능성을 기준으로 한다.
- 식별된 위험은 수용, 회피, 관찰, 경감 등 위험 완화 방법을 결정하여 관리하여야 한다.
  - 수용: 위험예방을 위해 별다른 대응 계획을 수립하지 않음

- 회피: 위험이 문제로 발생할 가능성을 원천적으로 봉쇄함
- 관찰: 위험을 수용하기는 힘들지만 명확하게 파악되지 않아 시간을 가지고 추이를 지켜봄
- 경감: 식별된 위험에 대하여 조치를 취하지 않으면 전자기록물 관리에 지장이 있어 조치 계획을 수립함
- 전가: 위험 예방에 대한 책임을 외부 조직으로 이관함
· 위험요소는 지속적으로 모니터링 하여 추적 및 통제해야 한다.

〈표 9-14〉 전자기록부 위험관리 등록부

위험기본 정보	위험요소ID		위험요소명	
	위험 설명			
	위험 사례			
	변경일시		변경사항	
위험관리 정보	사전관리방안			
	사후관리방안			
	변경일시		변경사항	

*출처: 국가기록원 NAK 2-1:2012(v1.1), 28.

■ 대비 단계의 재난관리 활동

전자기록물의 대비 단계의 재난관리 활동에는 재난대응 조직체계 구성, 기록물 이중화·분산, 대응 및 복구절차 마련, 재난대비 훈련실시 등이 있다(국가기록원 NAK 2-1:2012(v1.1), 28-32).

- 재난대응 조직체계 구성: 기록물관리기관은 전자기록물에 재난이 발생하면 신속하고 효율적으로 대응하기 위해 재난관리조직을 사전에 구성하여야 한다. 재난관리조직은 총괄, 구난, 복구 등의 역할중심 조직으로 구성하여 즉각 대응이 가능하도록 구성하고, 각 조직별·개인별 임무는 명확히 규정하여야 한다.

<표 9-15> 전자기록물 재난관리조직(예시)

수행조직	임무 및 내용	비고
재난대책위원회	- 피해현황 종합 및 분석 - 재난선포 등 주요 사항 협의	
비상통제반	- 상황 총괄, 재난상황 파악 및 보고 - 재난대책상황실 구성 및 운영	
사이버테러대응반	- 사이버테러 징후 탐지 - 침해사고 식별	필요시
기록물 구난반	- 전자기록물 점검 및 복구방안 도출 - 복구매체 파악, 위치정보 조회 및 반출 - 피해 전자기록물 복구소요시간 산출 - 피해 전자기록물 복구 및 검증	
시스템 복구반	- 정보시스템 피해현황 분석 - 예비시스템 전환 가동 검토 - 예비시스템 환경 구성 및 가동 - 업무서비스 확인 및 데이터 조회 - 정보시스템 전환가동 지원(보안, 통신) - 장비 점검 및 복구	

*출처: 국가기록원 NAK 2-1:2012(v1.1), 29.

- 기록물 이중화 및 분산: 영구보존 가치가 있는 전자기록물의 가장 효과적인 보호 방법은 기록물을 복제하여 별도의 장소에 보존하는 것이다. 중요 기록물에 대한 복제와 시스템 백업은 재난의 영향으로부터 상대적으로 안전하도록 항상 충분한 거리를 두고 별도로 실시하여야 한다.
  · 전자기록물의 복제본을 따로 저장하는 것뿐만 아니라 시스템 및 애플리케이션, 접근 코드, 암호, 일련번호 및 기타 기관의 컴퓨터 시스템의 재확립에 필요한 정보를 관리하여 전자기록물을 단순히 보존하는 것이 아닌 기록에 접근할 수 있는 기능 역시 보호하여야 한다.
  · 전자화기록물(Digitalized)은 적어도 2개의 디지털 사본을, 전자기록물(Digitally born)은 적어도 3개 이상의 디지털 사본을 보존하여야 한다.
- 대응 및 복구절차 마련: 전자기록물 재난이 발생할 경우에 신속하고 체계적

으로 대응할 수 있도록 대비 및 복구절차를 사전에 마련하여야 한다.

· 대비와 관련하여 다음의 항목을 포함하여야 한다.

- 전자기록물 사본 수록 및 분산 배치

- 전자기록물 정수/상태 점검

- 재난 대비 모의훈련 상황 및 시나리오

· 복구와 관련하여 다음의 사항을 포함하여야 한다.

- 전자기록관리시스템 피해 분석, 예비시스템 전환, 피해 시스템 복구

- 보존매체 장비 복구

- 스토리지/전자매체 저장 기록물 복구

- 재난대비 모의훈련: 신속한 재난 대응 능력 향상 및 재난관리체계의 미비점을 보완하고 전자기록물 유관 부서 간 공동대응체계를 확립하기 위해 모의훈련을 수행하여야 한다.

· 전자기록물 재난 대비 훈련 시나리오에는 다음 훈련 상황에 해당하는 행동절차를 포함하여야 한다.

- 재난발생 인지 및 상황 전파

- 상황 보고 및 초기비상대응 보고

- 피해현황 종합 보고

- 재난대책위원회 개최 및 재난 선포

- 재난조직 가동 및 재난 대응

- 재난 선포관련 보도자료 배포

- 분야별 복구상황 보고

- 분야별 복구결과 보고

- 상황 종료

■ 대응 단계의 재난관리 활동

영구기록물 관리기관은 전자기록물 정수 및 상태 점검 정보를 통해 피해상황을 확인하면 신속하게 대응하여야 한다. 기록물 피해내역을 확인하고 재난선포기준을 적용하여 재난을 선포한다(국가기록원 NAK 2-1:2012(v1.1), 32-33).

- 기록물 피해평가는 피해규모와 원인을 평가하는 작업이며, 피해평가 기준은 무결성 훼손이나 불일치가 발생한 기록물건 수량, 피해 기록물의 복구에 걸리는 시간과 비용으로 평가한다.
- 재난선포기준은 피해평가 결과 재난으로 판단할 수 있는 기준값이다. 재난기준은 관심(Warning, 1단계), 주의(Minor, 2단계), 경계(Critical, 3단계), 심각(Fatal, 4단계)로 구분하며, 재난선포 후에는 비상연락망을 확인하여 비상연락체계에 따라 즉시 상황을 전파한다.

〈표 9-16〉 전자기록물 재난선포기준(예시)

구분	임무 및 내용	비상 조직	보고대상	선포주체
관심 (1단계)	- 매체와 상관없이 1건의 전자기록물의 무결성 손실 - 1일 이내 복구 가능한 수준의 무결성 손실	비구성	전자기록물 장기보존 업무책임자	
주의 (2단계)	- 2개 이상의 매체에서 각각 1건의 전자기록물의 무결성 손실 - 1개의 매체에서 2건 이상의 전자기록물 무결성 손실 - 3일 이내 복구 가능한 수준의 무결성 손실	비구성	전자기록물 장기보존 업무책임자	
경계 (3단계)	- 2개 이상의 매체에서 각각 1건의 전자기록물의 무결성 손실 - 1개의 매체에서 2건 이상의 전자기록물 무결성 손실 - 3일 이내 복구 가능한 수준의 무결성 손실	구성 (선택)	전자기록물 장기보존 업무/총괄/ 기관책임자	전자기록물 장기보존 기관책임자
심각 (4단계)	- 다수의 매체에서 다수 건의 전자기록물 무결성 손실 - 1달 이내 복구 가능한 수준의 무결성 손실	구성 (필수)	전자기록물 장기보존 업무/총괄/ 기관책임자	전자기록물 장기보존 기관책임자

*출처: 국가기록원 NAK 2-1:2012(v1.1), 32-33.

■ 복구단계의 재난관리 활동

영구기록물 관리기관의 장은 전자기록물 복구에 대한 기본방향과 프로세스를 정립하여 수행하여야 한다. 재난 복구절차에는 다음 사항을 포함하여야 한다((국가기록원 NAK 2-1:2012(v1.1), 33-34).

- 손상된 전자매체에 대한 취급 절차 및 보존 기술에 대한 제안 제공
- 중요 컴퓨터 시스템 및 필수 데이터의 재확립을 가능하게 해야 함
- 복구된 전자기록물이 온전한지 데이터 무결성 확인
- 전문 데이터 복구 서비스 사용 가능을 확인
- 가능한 신속하게 필수 전자기록물이 복구되는지 확인
- 시스템을 재구성하는 과정에서 지연이 발생하는 이유는 대체 서버의 이용 가능성과 관련되어 있다. 각 임무에 중요한 애플리케이션은 가능한 한 속히 복구할 수 있도록 별도의 대기 서버(즉, 주 서버에 문제가 발생하면 자동적으로 온라인 상태가 되는 서버)를 갖추고 있어야 한다. 또한 재난 복구절차를 정기적으로 테스트하여야 한다.

1. 기록물관리기관에서 발생할 수 있는 재난의 유형을 4가지 나열하시오.

2. 기록물관리기관은 재난이 발생하면 기록물을 효과적으로 대피시키기 위하여 중요도에 따라 대피 우선순위를 부여하여 관리하여야 한다. 기록물 대피 우선순위의 기준을 설명하시오.

3. '재난관리'의 개념과 재난관리모델에 대하여 서술하시오.

4. 기록물은 재난 유형별로 복구 방법이 다르다. 기록물에 가장 일반적으로 피해가 발생할 수 있는 재난의 유형을 적고 해당 재난유형에 대한 기록물 복구 방법을 제시하시오.

5. 전자기록물의 재난관리와 관련해서 RTO와 RPO를 설명하시오.

1. 필수기록물의 정의와 특성

■ 필수기록물의 정의와 유형

필수기록물(vital records)이란 비상사태나 재난 발생 시 혹은 재난 이후에 조직이 업무나 기능을 지속하거나 기능을 회복하기 위해 필수적으로 필요한 정보를 담은 기록을 말한다. 여기에는 재난 발생 시에 조직의 자산으로 반드시 보존해야 할 기록을 포함할 수도 있다. 재난대비 및 대응단계에 따라 각기 다른 필수기록이 있을 수 있다. 핵심 기록물(essential records)이라고도 한다(ICT · IRMT, 하종희 역 2002, 67; KS X 6500: 2010, 3).

필수기록물은 재난이나 비상사태 발생 시 또는 이후에 조직의 생존이나 연속성 유지를 위해 핵심적인 정보를 포함한 '비상운영 기록물'과 조직의 법적 · 재정적 상태를 되돌리고 이해관계자의 권리와 의무 보존을 위해 필요한 정보를 포함한 '권한보호 기록물'로 구분된다(국가기록원 NAK 2-1:2012(v1.1), 19).

<표 9-17> 필수기록물 유형 및 내용

유형구분		주요 내용(예시)
비상운영 기록물	위험대응 기록물	재난이나 비상사태 발생에 대비한 계획서, 직원보안 허용 목록, 필수기록물 목록, 비상연락망, 시설도면 등
	업무재개 기록물	재난이나 비상사태 이후에 업무의 재개와 연속성을 위해 필요한 핵심 업무 표준운영절차, 핵심 업무 정책관련 기록물, 주요 업무계획, 진행 중인 계약 및 협정문서, 조직도 및 직무기술서, 각종 법령·규정, 업무시스템 매뉴얼 및 데이터 등
권한보호 기록물	조직 권한보호 기록물	계약서나 협정문서, 소유자산 목록, 재무회계 기록, 인사·급여기록, 특허·상표 등 조직 또는 직원의 법적, 재정적, 행정적 권리와 의무에 관한 정보
	이해관계자 권한보호 기록물	주민등록원부, 자동차등록원부, 등기부원부, 국민연금 및 사회보장기록, 판결문, 병적카드 등 국민 또는 조직과 관련을 맺고 있는 개인 및 단체의 법적, 재정적, 행정적 권리와 의무에 관한 정보

*출처: 국가기록원 NAK 2-2:2022(v1.1), 19.

재난대비 및 대응단계에 따라 요구되는 필수기록물이 다르며, 재난 단계별로 사전에 식별되어 있어야 재난 발생 시 효과적으로 이용될 수 있다. 재난 발생 단계별 필수기록물의 정의와 예시는 다음과 같다(KS X 6500: 2010, 13-16).

- 재난 예방 단계: 예상되는 재난별로 피해를 최소화하고 업무를 유지하기 위하여 필요한 기록(예, 재난예방계획서, 필수기록목록 및 비상조치 처리표 등)
- 재난 준비 단계: 재난준비태세 단계 동안 원격지 시설에서 조직을 책임지고 통제 운영하는데 필수적으로 필요한 기록(예: 필수기록의 목록과 위치, 재난대비훈련 받은 핵심직원의 목록, 보관 자료의 양과 위치 등)
- 재난 대응 단계: 업무재개단계에서 조직의 기능, 책임, 조직을 다시 설립하기 위하여 필요한 기록(예: 비상대비 계획서, 업무연속 계획, 법령 규정, 칙령, 계약과 협정, 재정보고서 등)
- 재난 복구 단계: 조직/정부기관 및 사람들의 법적, 재정적 권리를 보여주기 위하여 필요한 기록(예: 계약서와 협정문, 재무회계 서류, 소유자산 목록, 개인 이력서 및 인사기록 등)

재난단계	대응필수기록정의	필수기록 예시
1단계 재난예방	재난이 닥치기 전에 재난별로 피해를 최소화하기 위해 대응하고 업무를 지속적으로 수행하기 위해 필요한 기록	재난예방계획서, 필수기록목록, 비상조치표, 비상연락망, 재난별 대응조치표, 재난발생시 책임할당표, 재난대비업무절차기록 등(이 필수기록은 재난준비태세단계와 재난대응단계에서도 필요)
2단계 재난준비	재난준비태세단계 동안 원격지 시설에서 조직을 책임지고 통제 운영하는데 필수적으로 필요한 기록	필수기록의 목록과 위치, 재난대비훈련을 받은 핵심직원의 목록, 보관 자료의 양과 위치점검에 관한 기록, 재난구제계획과 자원에 관한 기록
3단계 재난대응	업무재개단계에서 조직의 기능과 책임 및 조직을 다시 설립하기 위해 필요한 기록	비상대비계획서, 업무연속계획, 시설도면, 법령, 규정, 칙령, 계약과 협정, 재정보고서, 자산인벤토리, 업무절차 편람, 직무기술서, 조직도
4단계 재난 후 복구	재난 후 복구단계에서 조직 또는 정부기관 및 사람들의 법적, 재정적 권리를 보여주기 위해 필요한 기록	계약서와 협정문, 재무회계기록, 소유자산목록, 기밀기록, 개인이력서 및 인사기록, 보험증서, 퇴직수당기록, 급여기록, 연기금증서, 특허와 상표, 주민등록 및 거주등록서류, 고객 관리기록, 미감사 재정기록

*출처: KS X 6500: 2010, 18.

▣ 필수기록물의 특성

필수기록물은 비상사태나 재난 발생 시 조직의 기능 유지를 위해 사전에 선별하여 보호하는 기록물로 일반적인 업무 문서나 기록물과는 다른 특성을 갖는다(국가기록원 NAK 2-2:2022(v1.1), 5-6).

- 최신성: 필수기록물은 최신성이 유지되어야 한다. 기관의 업무나 인력, 조직 등의 변화로 변경되는 정보가 지속적으로 갱신되어 항상 최신성을 유지하도록 하여야 한다. 따라서 필수기록물은 현용 기록물과 비현용 기록물 모두가 포함될 수 있으며, 기록물의 최신본이 생산되었거나 보존 연한이 만료되는 등의 변경 사항이 발생할 때마다 해당 정보를 갱신하여 항상 최신성을 유지할 수 있도록 관리하는 것이 바람직하다.

- 중요 기록물과의 구별: 필수기록물은 중요 기록물과 다르다. 중요 기록물은 정보의 사료적, 행정적, 증빙적 가치를 종합적으로 판단하여 선별한 기록물로 중요 기록물의 훼손 시 역사적인 손실이나 일시적인 업무 혼란 등을 일으킬 수는 있으나 기관의 기능 손실을 유발하지는 않는다. 즉, 필수기록물과 중요 기록물의 중요한 차이점은 비상사태나 재난발생 시에 기관의 기능 유지를 위해 필수적인가 하는 측면에서 판단할 수 있다.
- 기관별 필수기록의 차이: 필수기록물은 기관마다 다르다. 필수기록물은 기관의 기능을 유지, 복구를 위하여 필요한 기록물이므로 각 기관의 업무를 고려하여 선별할 수 있다.
- 원본과 복본의 동일한 효력: 필수기록물의 원본과 복본은 동일한 효력을 가진다. 필수기록물로 선별된 기록물은 복본제작 및 분산배치 등의 방법을 통해 보호하는데, 이때 제작된 복본은 비상사태나 재난발생으로 원본이 소실된 경우 원본을 대체하여 효력을 가지게 된다.

2. 필수기록물의 선별

■ 필수기록물의 선별 원칙

필수기록물은 업무영향 분석의 결과로 산출된 업무복구 목표와 우선순위에 일치되고 기록관리요건을 충족하는 것으로 다음 질문에 의한 기록 분석의 결과로 산출된다(KS X 6500: 2010, 9).

- 어떤 기록이 업무를 재개하기 위해 절대적으로 필요한가?
- 어떤 기록이 자산을 보호하고 조직의 법적·재정적 상태를 보호하는데 필요한가? 또 고용인, 고객, 이해관계자, 시민의 권리와 의무를 보존하는 데 어떤 기록이 필요한가?

– 조직의 내·외부에서 기록이 검색되고 이용될 수 있는 다른 자원이 있는가?

– 필요한 정보가 하나 이상의 매체에 존재하는가?

공공기관의 경우, 필수기록물은 다음의 원칙을 준수하여 선별할 수 있다(국가기록원 NAK 2-2:2022(v1.1), 6-7).

– 정부기능분류체계에 따라 분류된 기능의 목적을 확인할 수 있다.

– 필수성 평가를 위한 기본단위는 정부기능분류의 최소 단위인 단위과제로 한다.

– 필수성이 인정된 단위과제에 포함되는 각 기록물 역시 필수성을 갖는다.

– 필수기록물을 선별하는 절차는 문서화되어야 하며, 기관장의 승인을 얻어 시행한다.

– 기록물관리기관은 필수성 분석 결과를 보존기간 책정 및 단위과제 설명 작성 시 반영한다.

■ 필수기록물의 선별기준

단위과제에 대한 필수성은 기록물의 기능성, 고유성, 증거성에 따라 평가하며 처리과는 "단위과제 필수성 평가표"를 작성하여 필수기록물을 관리할 수 있다(국가기록원 NAK 2-2:2022(v1.1), 7).

〈표 9-19〉 단위과제 필수성 평가표(서식)

분류체계	단위 과제명	해당업무 설명	필수성				필수성 판단사유
			기능성	고유성	증거성	종합판단	

*출처: 국가기록원 NAK 2-2:2022(v1.1), 7.

<표 9-20> 단위과제 필수성 평가기준

기준	중요도	설명
기능성	높음(5)	조직의 기능유지를 위해 없어서는 안 될 활동으로 비상사태나 재난발생시 즉각 이용되거나 기능 상실 후1일 이내에 복구되는데 이용되어야 하는 수준
	중간(3)	조직의 기능유지를 위해 없어서는 안 될 활동으로 비상사태나 재난발생으로 인한 기능 상실 후 7일 이내에 복구되는데 이용되어야 하는 수준
	낮음(1)	조직의 기능유지를 위한 비상사태나 재난발생으로 인한 기능 상실 후 복구되는데 활용되어야 하는 수준
	없음(0)	조직 기능 유지를 위한 보조 또는 참고 활동으로 위의 높음, 중간, 낮음에 해당되지 않는 수준
고유성	높음(5)	법과 규정에 명시된 기관의 활동으로 다른 활동을 통하여 대체하여도 목적 달성을 할 수 없는 수준
	중간(3)	법과 규정에 명시된 기관의 활동으로 다른 활동과 공동으로 수행되어야 목적을 달성할 수 있는 수준
	낮음(1)	법과 규정에 명시된 기관의 활동으로 기관 내부의 다른 활동을 지원하는 수준
	없음(0)	법과 규정에 명시된 기관의 활동으로 기관 외부의 다른 활동을 지원하는 등 위의 높음, 중간, 낮음에 해당하지 않는 수준
증거성	높음(5)	해당 과제의 활동으로 국민, 이해관계에 있는 조직·개인, 해당 조직·직원 등과의 행정적·법적·재정적 권리 또는 의무 관계를 유일하게 신설, 변경, 해지하는 수준
	중간(3)	해당 과제의 활동으로 국민, 이해관계에 있는 조직·개인, 해당 조직·직원 등과의 행정적·법적·재정적 권리 또는 의무 관계를 관련 법과 규정에 따라 대조·확인하는 수준
	낮음(1)	해당 과제의 활동으로 국민, 이해관계에 있는 조직·개인, 해당 조직·직원 등과의 행정적·법적·재정적 권리 또는 의무 관계의 단순한 열람 또는 발급이 이루어지는 수준
	없음(0)	해당 과제의 활동으로 국민, 이해관계에 있는 조직·개인, 해당 조직·직원 등과의 행정적·법적·재정적 권리 또는 의무 관계 활동을 위한 단순한 보조 활동 등으로 위의 높음, 중간, 낮음에 해당되지 않는 수준

*출처: 국가기록원 NAK 2-2:2022(v1.1), 8.

■ 필수기록물의 선별 절차

필수기록물의 선별 절차는 기록관리 공공표준인 "기록관리기준표 작성 및 관리절차(국가기록원 NAK 4:2021(v2.2), 9)"를 준용하여 처리하며, 기록관리기준표에 반영하여 관리한다.

단위과제의 필수성 평가 또는 보호기간 산정 시 각 주체별로 다음과 같은 책임이 있다(국가기록원 NAK 2-2:2022(v1.1), 9).

- 처리과는 수행하고자 하는 업무활동, 즉 단위과제가 기능분류체계의 어디에 속하는지 결정하고 필수성을 평가하며 보호기간을 책정한다.
- 기록관은 처리과의 필수성 평가 및 보호기간 산정 결과를 검토하여 수정하고, 중앙기록물 관리기관과 협의를 통해 확정한다. 확정 결과는 기록관리기준표에 반영·고시한다.
- 영구기록물 관리기관은 기록관이 참고할 수 있는 평가기준과 보호기간 책정 기준 등을 제공하고 기록관의 검토사항을 협의 또는 확정한다.

〈표 9-21〉 필수기록물 선별 단계별 역할

주체	역할	비고
처리과	단위과제 분류 및 설명 단위과제 필수성 평가 보호기간 책정 및 사유	기관 기능분류 담당자에게 요청
기록관	필수성 평가결과 검토 및 수정 보호기간 검토 및 수정 기록관리기준표에 반영 및 고시	영구기록물 관리 기관에 협의 요청
영구기록물 관리기관	필수성 평가기준 제시 보호기간 기준 제시 보호기간 적정성 검토 및 회신	

*출처: 국가기록원 NAK 2-2:2022(v1.1), 9.

■ 필수기록물의 보호기간 책정

처리과의 담당자가 필수성이 인정된 단위과제의 보호기간을 책정할 시에는 정보의 최신성을 확보하고 보호 비용의 최소화를 위해 다음 사항을 고려하여 보호기간을 책정할 수 있다(국가기록원 NAK 2-2:2022(v1.1), 11).

- 필수기록물의 보호기간은 보존기간 이하로 책정한다.
- 기능성이 높은 단위과제는 정보의 갱신주기를 보호기간으로 책정한다.
- 고유성이 높은 단위과제는 업무의 반복 단위를 보호기간으로 책정한다.
- 증거성이 높은 단위과제는 개별 법령이 규정한 효력 존속기간으로 책정한다.
- 상기 사항에 따라 책정된 보호기간 중 가장 긴 기간으로 책정한다.

■ 필수기록물의 목록 관리

단위과제별 필수성이 평가되고 보호기간이 책정되면 "필수기록물 관리 목록표"의 기본항목을 작성하고 다음 제3장("필수기록물의 보호")에서 설명할 보호항목을 작성한 후 목록 자체를 필수기록물로 관리할 수 있다(국가기록원 NAK 2-2:2022(v1.1), 11).

〈표 9-22〉 필수기록물 관리 목록표(서식)

기본항목									보호항목				
단위과제명	철명(건명)	관리번호	생산부서	생산년도	생산매체	보존기간	보존위치	보존책임	이중매체	이중매체 관리번호	보호위치	보호책임	보호기간(만료일)

*출처: 국가기록원 NAK 2-2:2022(v1.1), 11.

3. 필수기록물의 보호

■ 필수기록물의 보호방법

필수기록물의 보호방법은 '이중보호'와 '분산보호'의 방법이 있다. 이는 비상 사태나 재난 발생 시에 필수기록물을 포함한 기록물을 가장 확실하게 보호하는 대비 방법이다.

'이중보호'는 필수기록물의 복제본(또는 사본·복본)을 제작하여 원본의 손실을 방지하는 것을 말하며 이중화라고도 한다. '분산보호'는 필수기록물의 복본을 보호기간 동안 원본이 보존된 이외의 장소에 나누어 관리하는 것을 말한다.

'이중보호'와 '분산보호'는 중요 기록물의 이중보존 및 분산보존(「공공기록물 관리에 관한 법률」제21조)과 의미가 유사하나 필수기록물 보호절차에 한하여 사용된다는 점에서 구별된다(국가기록원 NAK 2-2:2022(v1.1), 12).

■ 필수기록물의 이중 보호

이중 보호를 위하여 원본 기록물과 동일하거나 다음 〈표 9-23〉의 형태별 이중화 방법에 따른 매체를 선택할 수 있다(국가기록원 NAK 2-2:2022(v1.1), 18-19).

필수기록물의 수록 매체 외에 수록 방법, 제작 수량 등은 필수기록물의 유형, 형태, 가치, 접근성, 법적 한계, 가용 자원 등을 고려하여 결정한다. 필수기록물을 이중 보호할 경우 다음과 같은 사항을 고려하여야 한다(국가기록원 NAK 2-2:2022(v1.1), 18).

- 실시간으로 정보가 변경되는 시스템 운영데이터의 경우, 가장 최신의 정보가 보호되도록 네트워크를 활용한 실시간 백업체계를 채택할 수 있다.

<표 9-23> 필수기록물 형태별 이중화 방법

필수기록물 형태		이중화 방법
일반문서, 도면, 카드		마이크로필름 촬영 및 복제 스캐닝 후 광 매체 또는 보존 스토리지에 저장
시청각	사진류	스캐닝 후 광 매체 또는 보존 스토리지에 저장
	필름/테이프	디지털화·인코딩 후 광 매체 또는 스토리지에 저장 복제 필름 제작
전자문서		마이크로필름 촬영 및 복제 포맷 변환 후 광 매체 또는 보존 스토리지에 저장
데이터세트, 디지털 시청각 파일		포맷 변환 후 광 매체 또는 보존 스토리지에 저장
시스템 운영 데이터 (프로그램 소스, DB 등)		스토리지, 백업 테이프, 광 매체 등에 저장

*출처: 국가기록원 NAK 2-2:2022(v1.1), 18.

- 정전 등의 상황에서 긴급히 사용되어야 할 필수기록물은 생산 당시의 매체에 상관없이 종이 등에 수록하여 보호하도록 한다. 또한 필요시 두 가지 이상의 수록 방법과 보존매체를 채택할 수 있다.
- 수록된 매체는 보호기간 동안 주기적으로 점검하여 이용가능할 수 있도록 관리하여야 하는데 손상이 발견되는 매체는 복구하거나 재수록할 수 있다.
- 전자기록물이나 전용 판독기가 필요한 매체는 기록물 이용에 필요한 장비 및 프로그램 등도 함께 점검·관리할 수 있다.

한편, 필수기록물의 이중화 시기는 다음 <표 9-24>의 "이중화 시기별 특징"을 참조하여 결정할 수 있는데, 필수기록물의 정보가 자주 갱신되고 다수의 관련자에 즉시 전파하거나 근무지 내 사용도가 높은 기록물(주로 '비상대응기록물' 유형이 많이 포함됨)일 경우 생산과 동시에 이중화할 수 있다(국가기록원 NAK 2-2:2022(v1.1), 19).

<표 9-24> 이중화 시기별 특징

구분	이중화 시기	
	생산 당시	생산 이후
매체수록 주체	생산자	생산자 또는 기록관리담당자
정보의 전달	즉시	시급성 낮음
이용자 수	다수	소수
분산 위치	근무지 내	원거리
필수기록물 유형	주로 '비상운영 기록물'	주로 '권한보호 기록물'
보호기간	단기간	장기간
갱신주기	단기	장기

*출처: 국가기록원 NAK 2-2:2022(v1.1), 19.

■ 필수기록물의 분산 보호

필수기록물의 이중보호 조치가 완료되면 여러 곳에 나누어 보존함으로써 비상사태나 재난 발생에 따른 훼손 위험에 대비할 수 있다. 분산 배치 장소는 기록물 보존시설, 보안성, 접근성, 주변의 재난 발생 가능성, 수장량, 청결, 기관의 재정 상황 등을 고려하여 선정하도록 한다. 분산 위치에 따라 동일 건물 혹은 근거리에 배치하는 현지 분산과 원거리에 배치하는 원격분산으로 구분할 수 있다.

필수기록물의 분산 보호 시 다음 사항을 고려하여 배치할 수 있다(국가기록원 NAK 2-2:2022(v1.1), 20).

- 비상사태나 재난 대응 시 이용이 필요한 기록물은 현지 분산하여 접근성을 확보하고, 기관 복구 및 권한 보호에 필요한 기록물은 원격분산하면 소실 위험성을 낮출 수 있다.
- 분산 장소는 두 곳 이상을 선정하여 배치한다.

분산 위치는 다음 〈표 9-25〉의 '분산위치별 특징'을 참고하여 결정한다.

구분	현지분산	원격분산
후보지	근무지 내 동일건물 또는 근처 시설 등	동일한 재해를 받지 않는 거리(최소 10km) 이상의 전문시설, 지부, 소속·산하기관, 유관기관 등
필수기록물 유형	주로 '비상운영 기록물'	주로 '권한보호 기록물'
비용	저비용	운송수단 확보, 보안 유지, 보호환경 유지 등을 위해 추가비용 발생
접근성	높음	낮음

*출처: 국가기록원 NAK 2-2:2022(v1.1), 20을 참조하여 재구성

■ 필수기록물의 보호시설 요건

필수기록물의 안전한 보호를 위하여 기록물 보관 장소는 다음의 시설을 갖추는 것이 바람직하다(국가기록원 NAK 2-2:2022(v1.1), 22).

- 「공공기록물 관리에 관한 법률」 시행령 제60조의 [별표 6]에 따른 보안, 시설·장비, 환경기준을 준수하여 보존매체별로 안정적으로 보호한다.
- 화재 대비가 철저히 이뤄질 수 있도록 소방방재청장의 승인을 받은 방염내장재와 소방시설을 설치한다.
- 이중화가 불가능한 필수기록물은 화재 및 도난 대비를 위해 내화금고에 보관하여야 한다.

■ 재해복구센터의 이중·분산 보호

IT 기반의 재해복구센터를 둔 기관에서는 필수기록물 등급별로 재해 복구시점목표(RPO)와 재해 복구시간(RTO)목표를 설정하여 해당 업무시스템 별로 이중·분산 보호 체계를 달리할 수 있다. 〈표 9-26〉은 등급별 재해복구센터 운영 방법을 예시로 나타낸 것이다(국가기록원 NAK 2-2:2022(v1.1), 22).

〈표 9-26〉 재해복구센터 운영 방법(예시)

등급	RTO	RPO	대상업무	재해복구센터 운영 내역
1등급	재해선언 후 3시간 이내	재해발생 직전	조직내부 핵심업무	- 재해복구센터에 전용서버와 스토리지 평시 구축 및 대기 상태 유지 - 스토리지 기반 실시간 복제 - 3시간 내에 재해 직전 데이터로 업무 재개
2등급	재해선언 후 48시간 내	재해로부터 1일~1주일	대국민 연계 업무	- 공용서버와 스토리지 평시 구축 - NAS기반 일주일 간격 복제 - 백업매체(테이프, NAS디스크)를 이용하여 복구
3등급	재해선언 후 48시간~1개월	재해로부터 1일~1주일	중앙행정기관 공통업무	- 평시는 백업데이터만 소산 보관 - 재해 시 별도 하드웨어/소프트웨어 도입 후 업무재개

4. 필수기록물의 이용

◼ 일반 사항

필수기록물은 비상사태나 재난 발생 이후에 이용될 수 있도록 이용 절차를 마련하고 필수기록물을 제공하거나 받을 수 있는 중앙행정기관, 조직, 개인 간의 협조체계를 구축하는 것이 필요하다(국가기록원 NAK 2-2:2022(v1.1), 23).

◼ 이용 원칙

필수기록물의 보호기관과 이용기관의 장은 필수기록물 이용에 관하여 다음의 원칙을 준수한다(국가기록원 NAK 2-2:2022(v1.1), 23).

- 필수기록물 보호기관의 장은 필수기록물 이용에 관한 절차와 규정을 마련한다.
- IT 자원 관리를 위한 데이터와 소스 코드 등을 필수기록물로 지정하여 관리하는 경우에는 별도의 이용 절차와 방법을 마련한다.
- 필수기록물 이용기관의 장은 이용 책임자, 이용 목적, 이용 대상, 이용 기간 등에 관하여 보호기간의 장의 승인을 받은 후 이용한다.
- 필수기록물 이용 시는 복본을 사용한다.
- 필수기록물 이용기관의 장은 필수기록물의 이용이 끝나면 그 내역을 보호기관의 장에게 통보한다.

■ 이용 제한

필수기록물 보호기관의 장은 보호기간 동안 다음과 같은 원칙에 따라 필수기록물의 이용을 제한할 수 있다(국가기록원 NAK 2-2:2022(v1.1), 24).

- 필수기록물은 이용 목적 외에 연구, 열람, 증빙 등 일상 업무에 이용되지 않도록 관리한다.
- 필수기록물은 보호기간 및 이용기간 동안 불법 접근, 유출, 방치, 훼손, 조작되지 않도록 보안대책을 수립한다.
- 필수기록물은 이용 목적을 달성한 경우 즉시 보호기관에 반납한다.

■ 이용 절차

필수기록물의 이용은 업무기능을 정상화시키는 것을 목적으로 한다. 필수기록물 이용기관은 손상된 업무기능과 물리적 자산의 복구를 포함한 기관 전체의 복구 관점에서 필수기록물 이용에 관한 절차를 마련할 수 있다(국가기록원 NAK 2-2:2022(v1.1), 24).

- 피해평가: 기관은 비상사태나 재난 발생 등으로 인해 피해를 입었을 경우 신속하게 상실된 업무기능을 파악해야 한다.
  · 필수기록물 피해조사는 미리 작성된 필수기록물 목록의 대조·확인을 통해 피해 규모, 피해로 인해 영향을 받는 업무 활동, 피해 유형, 피해 정도 등을 조사한다.
  · 필수기록물의 피해평가는 철 또는 물리적인 단위로 수행하며, 피해 정도에 따라 경미부터 심각까지의 5단계로 평가한다. 피해 정도에 대한 설명은 아래 〈표 9-27〉을 참고한다.

〈표 9-27〉 기록물 피해 5단계 평가 기준

피해정도	설명
심각(5)	기록 매체의 특성을 완전히 상실하여 전체 기록정보의 활용이 불가능하고 현재의 전문적인 기술로도 복구가 불가능한 상태
높음(4)	기록 매체의 절반 이상이 해독 가능하지만 손상된 부분은 현재의 전문적인 기술로도 복구가 불가능한 상태
중간(3)	일부 기록의 소실이 있으나 정보의 해독이 가능하고 손상된 부분은 현재의 전문적인 기술로 복구가 가능한 상태
낮음(2)	매체의 기록부분에 직접적인 손상이 없어 전체 정보의 해독이 가능하지만 보존성을 위해 보존처리가 필요한 상태
경미(1)	매체의 기록부분에 직접적인 손상이 없어 전체 정보의 해독이 가능하고 보존성을 위해 보존처리가 필요 없는 상태

*출처: 국가기록원 NAK 2-2:2022(v1.1), 25.

  · 기록물 피해조사가 완료되면 〈표 9-28〉에 예시된 양식의 평가표를 작성할 수 있다.

- 업무 복귀: 복구하고자 하는 업무 우선순위에 따라 필요한 필수기록물 목록을 작성한다.
  · 기관 자체 이외의 곳에서 보호되고 있는 필수기록물의 경우 해당 보호기관에 협조를 요청한다.

· 업무연속성과 복구의 신속성을 위해서 네트워크 및 스토리지에 기반을 둔 재난복구(Disaster Recovery) 시스템을 도입한 기관에서는 시스템을 활용하여 필수기록물을 복구한다.

〈표 9-28〉 기록물 피해 평가표(예시)

기록물 피해 평가표							
발생일	피해장소	피해원인	피해규모	조사일	조사자	확인자	
2010. 7.24	나라기록관 NF409호	화재	1~15 서가 550철	2010. 7.25	정)김필수 부)정기록		

기록물 세부 피해 현황							
단위과제	기록물철	관리 번호	원본 매체	피해정도	필수성	사본매체	복본위치
국유재산 관리	국유재산법에 의한 관리 및 처분	ABC 000001	종이	(심각 - 5) 완전 소실되어 형체가 없음	필수	MF	역사기록관 B204
						광디스크 스캐닝	나라기록관 NB203
국유재산 관리	국유재산법에 의한 관리 및 처분	ABC 000010	광 디스크	(심각 - 5) 디스크가 눌러 붙음	필수	보존 스토리지	나라기록관 전산실
국유재산 관리	국유재산법에 의한 관리 및 처분	ABC 000020	MF	(중간 - 3) 필름의 절반이 그을려져 있음	필수	복제MF	나라기록관 NB208

*출처: 국가기록원 NAK 2-2:2022(v1.1), 25.

1. 필수기록물의 두 가지 유형을 구분하여 설명하시오.

2. 필수기록물의 기본적인 보호방법을 간략히 기술하시오.

3. 필수기록물은 형태별로 이중화 방법을 달리하여 보호한다. 종이 기록물과 전자문서의 이중화 방법을 기술하시오.

4. 정전 등의 상황에서 긴급히 사용되어야 할 필수기록물은 어떤 방법으로 보호하여야 하는가?

5. 필수기록물의 분산 보호는 현지 분산과 원격 분산으로 구분된다. 원격 분산은 어떠한 위치에 분산하여 보호하는 것을 말하는가?

6. 필수기록물과 중요 기록물의 차이를 설명하시오.

10 장

사본 제작

이 장에서는 다음과 같은 내용에 대해 살펴본다.

안정적인 기록물 보존 및 활용을 위하여 사본 제작 업무는 기록물관리기관에서 필수적인 업무이다. 복사, 복제, 매체전환의 개념을 포괄하는 사본과 사본 제작의 정의를 살펴보고 사본 제작 방법에 대한 기본적인 지식을 습득한다.

보존성·활용성이 높아 대표적인 보존매체 제작 방법에 해당하는 마이크로필름화와 디지털화에 대한 이해를 통하여 중요 기록물의 이중 보존에 대한 실무 지식을 축적한다.

마이크로필름화와 디지털화의 과정, 매체전환 기술 및 장비에 대한 이해를 통하여 소장 기록물의 안정적인 보존과 활용 방안을 강구할 수 있도록 한다.

- 사본과 사본 제작 대한 기본적인 이해
- 마이크로필름화와 디지털화에 대한 제반 지식 습득
- 마이크로필름화와 디지털화 기술의 활용

1절 사본 제작의 기초

---

1. 사본의 정의 및 필요성

■ 사본(copy)

사본의 사전적 의미는 "원본을 가지고 만든 모사본이나 복제본, 또는 어떤 방법으로든 기록의 완전한 내용을 재생한 것을 뜻하기도 한다. 전자기록 관리에서는 소스 데이터는 그대로 두고 소스와 다른 매체에 같은 데이터를 써넣는 행위 혹은 그 결과물"을 뜻한다(한국기록학회 2008, 143). 사전적 정의에 비추어보면 사본 제작에는 복사(photocopying), 복제(duplicating), 매체 전환(reformatting)의 개념을 모두 포함하고 있다.

복사, 복제, 매체 전환의 개념은 종종 구분 없이 사용되고 있으나, 실제 그 의미에 있어서는 다소 차이가 있다. 가장 일반적인 용어로서 사본(copy) 또는 복사(copying)의 결과물은 반드시 원본의 복제본을 의미하지는 않는다. 복제(duplicating)는 가능한 한 원본과 유사하게 만들어진 원본의 새로운 판형(version)을 의미한다. 따라서 보존용 복제본을 제작할 때에는 고품질과 안정적인 자료를 사용하여 재생하는 것이 매우 중요하다. 매체 전환은 원본 기록물이 디지털 파일이나 마이크로필름과 같은 새로운 다른 포맷으로 보존되는 것을 의미한다(Mary Rynn Ritzenthaler 2010, 302).

매체 전환의 개념이 "보존성이 취약한 기록을 좀 더 보존성이 높고 활용이 용이한 수록 매체로 변환하는 것"을 의미하기 때문에 매체 전환에 복사의 개념이 포함되기도 한다(한국기록학회 2008, 126). 그러나 매체 전환이라고 하면 마이크로필름이나 디지털 파일과 같은 다른 포맷의 매체로 원본 기록의 내용을 옮기는 것으로 이해하는 것이 보다 일반적이다.

■ 사본 제작의 필요성

기록물관리기관은 보존, 열람, 전시 등의 용도로 원본 기록의 사본을 제작하게 된다. 이러한 사본 제작의 범위는 컬렉션 보존 수요와 소장물의 용도에 따라 결정된다. 보존의 관점에서 보면 사본 제작은 다음과 같은 목적에서 필요하다 (Mary Rynn Ritzenthaler 2010, 301-302).

- 원본 자료를 취급함으로써 생기는 훼손을 최소화하기 위하여
- 화학적으로 불안정한 기록물에 대한 안정적인 접근을 위하여
- 기록물 열람 및 온라인 이용을 활성화하기 위하여
- 보존용 백업본을 마련하여 원본 기록물이 소실되거나 파괴되는 경우를 대비하기 위하여
- 기계 가독형 기록의 경우에, 재생장치가 노후화된 경우에도 지속적으로 접근할 수 있는 포맷을 생산하기 위하여

이러한 사본 제작의 유용성은 두 가지 측면으로 정리될 수 있다. 첫째는 복사본을 통하여 어떤 서적이나 문서 속에 수록되어 있는 정보에 아주 쉽게 접근할 수 있다. 두 번째 복사본을 통하여 원본의 사용 횟수를 줄일 수 있고 따라서 원본이 닳는다거나 찢어지지 않도록 할 수 있다. 즉, (중요) 기록물의 보존과 활용이 사본 제작의 핵심적인 목적이라 할 수 있다.

■ 사본 제작 관련 법규

「공공기록물 관리에 관한 법률」은 사본 제작을 법으로 규정하고 있다. 영구기록물 관리기관뿐만 아니라 현용기록물 관리기관도 기록물 보존 및 활용을 위하여 사본을 제작하도록 되어 있다.

영구보존 기록물 중 중요 기록물은 복제본을 제작하여 보존하거나 보존매체에 수록하는 등의 방법으로 이중 보존하는 것이 원칙이다. 또한 보존매체에 수록된 중요 기록물은 안전한 분산 보존을 위하여 보존매체 사본을 중앙기록물 관리기관에 송부하여 보존하여야 한다(「공공기록물 관리에 관한 법률」 제21조). 이와 관련하여 보존매체의 종류와 규격을 다음 〈표 10-1〉과 같이 정하고 있다.

〈표 10-1〉 보존매체의 종류와 규격

종류	마이크로필름	전자매체
규격	한국산업규격(KS)을 만족하는 안전필름	다음 각 호의 어느 하나의 규격을 충족하는 매체 1. 한국산업규격(KS) 2. 국제표준화기구(ISO) 또는 국제전기표준회의(IEC)가 정한 규격 3. 그 밖에 중앙기록물관리기관의 장이 정한 규격

*출처: 「공공기록물 관리에 관한 법률」 시행규칙 [별표 11]

「공공기록물 관리에 관한 법률」은 '마이크로필름의 제작 및 보존' 시 다음과 같은 과정을 준수하여 제작되어야 한다고 규정하고 있다(시행규칙 제26조).

- 마이크로필름 촬영계획서의 작성: 기록물을 마이크로필름에 수록하여 보존하고자 하는 때에는 마이크로필름 촬영계획서를 전산으로 작성하고 이에 따라 촬영하여야 한다.
- 시작표판과 끝표판: 촬영 시 시작 부분과 끝부분에 시작 표지와 끝 표지를 넣어야 하며, 촬영계획서와 촬영계획서상의 순서대로 기록물을 수록하여

촬영하여야 한다.

- 컷(cut) 번호 부여: 마이크로필름의 컷 번호는 시작 표지부터 부여한다.
- 검사: 촬영 후 마이크로필름의 촬영상태를 검사하여야 하며, 불량 부분이 발견된 때에는 재촬영하여야 한다.
- 보존 용기 및 표지 부착: 마이크로필름과 그 보존 용기에 대하여 정한 규격 대로 마이크로필름 표지를 부착하여야 한다.
- 열람용 복제본 사용: 원본은 시청각 기록물 전용 서고에 보존하고 열람 등 에 사용하는 마이크로필름은 복제본을 제작하여 사용함을 원칙으로 한다.

법에서 정한 일정한 기준과 절차에 따라 보존매체에 수록된 기록물 사본은 원본과 같은 것으로 추정되어서 사본의 법적 효력이 인정되고 있다(「공공기록 물 관리에 관한 법률」 제48조).

중요 기록물에 대해서는 원본 열람을 제한하고 사본 열람을 규정하고 있다. 보존기간이 30년 이상이고 전자적 형태로 생산되지 않은 기록물 열람 시에는 기록물이 수록된 보존매체 즉, 기록물 사본을 열람하도록 하고 있으며, 부득이 한 사유로 원본 열람 시에는 열람업무 담당자 입회하에 열람토록 정하고 있다. 기록물을 전시하는 경우에는 복제본 전시를 원칙으로 하고 있어 기록물 활용 시 사본 전시를 권장하고 있다(「공공기록물 관리에 관한 법률」 시행규칙 제33조).

2. 사본 제작 방법

■ 복사, 복제 및 매체전환

사본 제작의 방법으로는 복사, 복제, 매체전환으로 구분할 수 있다. 좀 더 세분화하면 복사는 일반 복사와 사진 복사로, 복제는 보존 및 전시 목적으로 최대한 원본과 유사하게 사본을 제작하는 것이다.

다음 절에서는 복사와 복제의 방법에 대해서 살펴본다. 매체전환은 일반적으로 마이크로필름화와 디지털화로 구분되며 "2절 마이크로필름화"와 "3절 디지털화"에서 별도로 살펴본다.

■ 복사

복사는 일반 복사(photocopying)와 사진필름 복사(photographic film copies)로 구분된다. 일반복사는 정전기의 전하를 중성 종이 위에 통과시킴으로써, 열과 압력에 의하여 생겨난 열점성 복사 이미지를 동일한 크기로 만드는 작업이다 (ICT·IRMT, 조호연 역 2002, 166). 일반 복사는 원본을 보호하고 열람용 복사본을 만들 수 있는 탁월한 수단으로, 비교적 가격이 저렴하고 소규모 기관에서도 장비를 구입할 수 있다는 장점이 있다. 반면 복사 시에 원본을 강한 조도에 반복적으로 노출시키지 않도록 주의해야 하는 등 원본의 훼손을 방지하기 위한 유의 사항이 적지 않다. 흑백 복사일 경우에는 기록물의 원본성을 완벽히 재현하는 것이 어려울 수 있으므로 이 점 또한 이용자들에게 명시하여야 한다.

일반 복사 시에 유의해야 할 사항은 다음과 같다(ICT·IRMT, 조호연 역 2002, 167).

- 원본에 대한 복사본을 만들어 추가적인 복사본을 만들 때에는 그러한 복사본을 사용하게 하여, 원본은 강한 조도에 노출시키지 않도록 한다.
- 보존용 복사본을 위해서는 기록보존소용 중성용지를 사용해야 한다.
- 책의 등 부분을 훼손시키지 않고 서적이나 제본된 자료를 복사할 수 있도록 해야 한다. 이를 위해 특별한 받침대를 갖춘 복사기가 있지만, 고가이므로 정기적으로 다량 실시할 필요성이 없다면 구입하기 어려운 단점이 있다.

- 모든 복사본에는 원본과 구분하기 위하여 '복사본'이라는 라벨을 달아 놓아야 한다.
- 컬러 자료를 흑백으로 복사한 경우 해당 복사본이 원본에 있는 모든 색을 제대로 보여주지 못하고 있다는 점을 분명하게 적어놓아야 한다.
- 연구자들을 위하여 만들어 놓은 복사본에는 '열람용 전용'이라는 라벨을 달아놓아야 한다.

사진필름 복사는 원본 사진 자료를 복사하기 위한 방법이기도 한데, 원본 대신에 원판 복사본 혹은 인화된 사진을 제작하여 사용함으로써 원본을 가능한 한 안전하고 안정적으로 보존할 수 있다. 문서나 지도에 대해서도 사진복사 방법을 사용할 수 있으나 복사 비용이 복사로 인한 이점보다 더 많이 들어가는 경우가 있어서 이 경우에는 마이크로필름 복사가 더 나은 대안으로 간주된다.

사진 기록물은 열람용으로 복사본을 사용하여야 하는데, 복사 방법은 다음과 같이 구분된다.

- 흑백사진은 빛에 안정적이므로 복사기를 사용하여 복사할 수 있다.
- 컬러사진은 빛에 아주 민감하여 복사기에서 발산되는 강한 광선으로 인해 훼손될 수 있으므로 사진을 촬영하는 방식으로 복사하는 것이 좋다.
- 사진 원판과 슬라이드는 콘택트 시트(contact sheets)나 마이크로필름으로 복사용 원판을 만들어 사용한다. 사진 원판은 복사기를 사용하여 복사해서는 안 된다.

■ 복제(duplication)

복제는 모양뿐만 아니라 재질까지 유사하게 제작하는 기술로서 기록매체의 화학적 분석 기술 및 이와 물성이 동등한 상태로의 열화 기술 등이 요구된다(신종순 외 2011, 240). 부서지기 쉽다거나 열화가 심한 영구기록 자료 중 그 가치가 큰 기록물을 대상으로 보존 및 전시 목적으로 복제한다.

「공공기록물 관리에 관한 법률」은 복제본 전시를 원칙으로 하고 있다(시행규칙 제34조). 기록물은 전시되는 동안 파괴나 절도와 같은 물리적 위험뿐만 아니라 온·습도와 열, 빛, 유해 기체, 부적절한 취급 등으로 훼손될 수 있다. 국제표준(ANSI/NISO)에서는 중요도가 높은 원본 기록물의 전시 기간을 12주 이내(빛에 민감한 대상일 경우)로 제한할 것을 권장하고 있으며, 한번 전시한 기록물일 경우 보존을 위해서는 일정 기간 전시를 제한하는 것도 바람직하다고 권고하고 있다. 장기적으로 전시가 꼭 필요하다면 원본 기록물 수준으로 재현된 복제본을 제작하여 대체 전시하도록 권장되고 있다(윤대현 외 2011, 247·250).

전시를 위한 복제본은 기록내용뿐만 아니라 원본의 외형적 특징도 충분히 담고 있어야 한다. 외형적 특징 역시 기록물의 내용 못지않게 기록물의 시대 정황을 포함한 당시의 문화를 잘 반영하고 있기 때문이다. 시대별 물성의 특성, 기록물의 용도 등이 서로 다른 기록물은 지종(紙種)의 특성은 물론 인쇄 서식을 포함한 기록 방법, 매체 등과 같은 외형적 특징이 매우 다양하다. 고문서류, 외교 문서류, 공문서류 등 특성 있는 각 대상을 재현하기 위해서는 대상에 대한 물성적·외형적 특성의 철저한 분석과 다각적인 재현 방법의 적용실험 등을 통해 제작되어야 한다. 다양한 기록물의 복제본을 제작하기 위해 전통적인 임모(臨模) 기법과 현대의 디지털 기술, 인쇄 기술 등 다양한 적용과 새로운 시도를 이용한 복제본 제작이 이루어지고 있다(윤대현 외 2011, 251-252).

1. 사본 제작에는 복사, 복제, 매체전환의 개념을 모두 포괄하고 있다. 복사, 복제, 매체전환의 개념을 구분하여 설명하시오.

2. 법에서 정하고 있는 보존매체의 종류와 규격에 대하여 기술하시오.

3. 사본의 열람 및 활용과 관련한 법 규정을 기술하시오.

4. 국제표준(ANSI/NISO)에서는 중요도가 높은 원본 기록물의 전시 기간을 제한할 것을 권장하고 있다. 전시제한 기간은?

1. 마이크로필름의 기초

■ 마이크로필름의 장·단점

마이크로필름(microfilm)은 문서, 도면, 자료 등 각종 기록물을 고도로 축소 촬영하여 초미립자, 고해상력 상태로 된 미소(微小) 사진상의 필름을 말하는 것으로, 마이크로폼(microform), 마이크로그래픽(micrographics), 마이크로이미지(microimage), 마이크로필름 시스템(microfilm system) 등의 용어로도 사용된다(국가기록원 2006, 1).

마이크로필름은 안정적이고 기대수명이 길며 공간 집약적이기 때문에 영구보존 및 활용 목적으로 기록물을 제공하기 위하여 기록물관리기관이 널리 채택하는 사본 제작 방법이다. 마이크로필름은 국제 품질 표준에 따라 제작, 처리되고 최적의 환경조건에서 저장되면 기대수명이 500년까지 지속될 것으로 기대된다(윤대현 외 2011, 259).

기대수명이 길다는 것 외에도 마이크로필름은 다음과 같은 장점이 있다(ICT·IRMT, 조호연 역 2002, 152-153).

- 마이크로필름으로 촬영하여 보관하면, 보관 공간이 90% 정도까지 절약될 수 있다.

- 작업에 들어가는 비용이 처음에는 적지 않지만, 자료를 복사하고 발송하는 데 드는 비용은 비교적 저렴하다.
- 원본에 손상을 가한다거나 위험에 빠트리지 않고 기록관리기관 내·외부에서 여러 복사본을 만들 수 있다.
- 기록물의 원래 질서를 보존해주고 정보가 흐트러진다거나 분실되는 것을 막아준다.
- 보안용 사본을 제공함으로써 정보를 안전하게 보호해준다.
- 이용자용 사본을 통하여 원본을 보호해준다.
- 보존 공간 절약, 안전도 증대 등을 통해 경비를 절감시켜준다.

반면, 마이크로필름의 단점은 다음과 같다.

- 이용자가 끝부분에 있는 자료를 읽기 위해서는 릴 전체를 감아야 한다.
- 마이크로필름은 흑백 매체이므로 컬러 원본을 효과적으로 복사하기는 어렵다.
- 많은 나라의 경우 마이크로필름 복사본은 법적 효력을 갖지 못한다.
- 마이크로필름의 보존을 위한 환경조건을 갖추기가 어려울 수도 있다.
- 촬영 작업이 엉성하게 진행되면 빨리 열화되는 필름으로 인해 생기는 단점이 발생할 수 있다.
- 마이크로필름 작업은 비용이 많이 들기 때문에 계획을 잘못 세우면 이익은 별로 없고 비용만 낭비될 수 있다.

마이크로필름 복사본의 법적 효력

국가기록원 「마이크로필름지침」에서는 오늘날에는 일정한 요건을 갖춘 마이크로필름에 대해서만 법적 효력을 인정함을 밝히고 있다(국가기록원 2006, "제11장 마이크로필름의 법률문제").

■ 마이크로필름화의 우선순위

일반 사무실 환경에서도 보존 공간 절약 등의 목적으로 마이크로필름 촬영을 실시할 수 있지만, 일반적으로 마이크로필름은 보존 가치가 높은 중요 기록물에 대하여 안정적인 보존과 열람용 사본으로 활용하기 위하여 제작한다. 따라서 기록물관리기관에서 마이크로필름 사본을 제작할 경우, 다음과 같은 요소에 따라 대상 기록물의 우선순위를 정하여야 한다(윤대현 외 2011, 260).

- 물리적 상태(열화·훼손 정도)
- 과거, 현재, 미래의 활용 빈도
- 희귀성
- 재정적·심미적·역사적·서지적 가치

이 밖에도 대상 기록물의 규모도 고려사항이 될 수 있다. 마이크로필름 촬영에 많은 비용이 들기 때문에 비용을 들여서 마이크로필름을 촬영할만한지를 우선적으로 검토해야 한다. 즉, 마이크로필름 촬영 대상 기록물이 수백 쪽에 달한다면 촬영 작업은 현명한 선택일 수 있으나 수집 쪽에 불과하다면 복사를 하는 편이 나을 것이다.

■ 증거 능력이 있는 마이크로필름

일정한 기준과 절차에 따라 보존매체에 수록된 기록물 사본은 원본과 같은 것으로 추정되어 그 법적 효력이 인정되고 있다(「공공기록물 관리에 관한 법률」 제48조). 법적 효력이 인정된다는 것은 증거 능력을 가지고 있다는 것이다. 증거 능력은 "증거로서 공판정으로 조사를 받는 대상이 되는 자격"을 말하는 것으로 형사소송법상에서는 어떤 자료가 중요 사실을 인정하는 자료가 될 수 있는 능력을, 민사소송법상에서는 증거로서의 결과가 구체적으로 법관의 확신에 영향을 미칠 수 있는 효력을 뜻한다.

　마이크로필름 사본이 증거 능력을 갖추기 위해서는 일정한 요건에 부합되어 제작되어야 하며, 이와 같은 작성 요건을 확립하기 위해서 다음 사항을 준수하여야 한다(국가기록원 2006).

- 롤 마이크로필름의 사용: 촬영용 롤 마이크로필름을 사용하여야 하며, 절단·접합이 없어야 한다.
- 작성책임자: 해당 업무를 담당하는 부서의 장이 작성책임자이며, 용역업자에게 위탁할 경우 위탁자(의뢰인)가 작성책임자가 되며, 수탁자는 촬영책임자가 된다.
- 촬영방법과 순서: 한국산업규격 KS X 5910 도면용 35mm 마이크로필름 촬영방법에 따른다.
- 촬영공정 관련 제 서류:
  · [촬영계획서]는 마이크로필름에 촬영되어야 하며, 그 마이크로필름의 보존연한까지 보존하여야 한다.
  · [마이크로필름 검사서]와 [보존처리 및 보존상태(온습도 등)]의 기록부를 작성·비치하여야 한다.
- 마이크로필름의 작성자 및 검사자: 당해 직종의 자격증을 가진 자이면 신뢰도를 높일 수 있다.
- 마이크로필름 작성규정의 제정: 규정을 제정하여 일반문서관리업무의 일환으로 마이크로필름화를 행함을 명시하여 관공서나 재판소에 입증하는데 유리하도록 한다.

2. 마이크로필름의 제작 과정

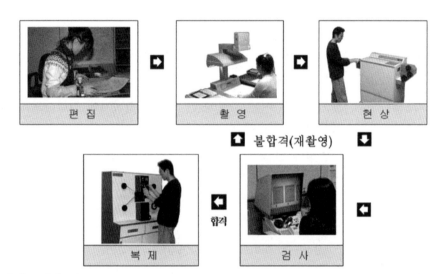

〈그림 10-1〉 마이크로필름 제작 과정

*출처: 국가기록원 NAK/A 9: 2007(v1.0), 66.

■ 기록물 편집

기록물 편집 단계는 수록이 결정된 문서를 인수받아 기록물관리시스템에서 촬영계획서를 작성하고, 기록물을 준비하는 단계이다. 촬영계획서의 세부 목록과 기록물을 대조 확인한 후 기록물에 일련번호를 부여하고 촬영할 수 있도록 문서를 해철하고 정리한다(국가기록원 2006).

- 촬영에 필요한 촬영계획서, 기록물 본문과 함께 촬영되어야 할 표판을 준비한다. 촬영에 필요한 표판(target)에는 주표판(촬영시작 및 촬영끝, 해상력·축소율·농도 시험 표판, 촬영계획서 등이 있다.

- 촬영용 마이크로필름의 종류: 장기 보존용 또는 영구 보존용 마이크로필름 으로는 은-젤라틴 필름이 가장 적합하며, 증거능력을 인정받기 위하여 16mm 또는 35mm 롤형 필름만을 사용해야 한다. 보존 및 활용을 위한 필름 으로는 롤형 필름 또는 시트 필름 모두 가능하다.
- 번호의 부여: 보존용 흑색 잉크를 사용하여 촬영 면 오른쪽 아래 부분에 넘 버링기로 번호를 부여한다. 도면의 분할 촬영 시 번호 부여는 주 문서의 크 기에 따라 분할하고 왼쪽에서 오른쪽으로 위에서 아래쪽으로 각각 면번호 를 부여한다. 도면은 분할되는 면의 10cm 이상이 중첩되도록 분할한다.
- 자료의 해철: 면 번호가 부여된 자료를 한 면씩 촬영하기에 적합하도록 해 철하여 촬영순서에 따라 정리한다.
- 이물질 제거 및 수선: 클립, 스테이플침 등은 적당한 도구를 이용하여 제거 하고, 찢어진 자료는 보존용 수선 테이프를 이용하여 뒷면을 수선한다. 구 겨진 자료는 촬영에 불편함이 없도록 준비한다.

〈표 10-2〉 마이크로필름 촬영계획서 양식

필름번호	촬영일자	사용필름	필름규격	촬영자	확인

분류번호 제 목	세 부 목 록	분량	촬영 위치		검사결과	확인
			시작	끝		

*출처: 「공공기록물 관리에 관한 법률」 시행규칙 [별지 제5호 서식

〈그림 10-2〉 마이크로필름의 촬영 표시

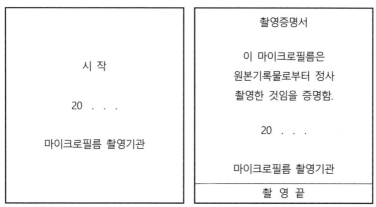

시 작 20 . . . 마이크로필름 촬영기관	촬영증명서 이 마이크로필름은 원본기록물로부터 정사 촬영한 것임을 증명함. 20 . . . 마이크로필름 촬영기관 촬 영 끝

*출처: 「공공기록물 관리에 관한 법률」 시행규칙 [별표 13]

■ 촬영

필름을 장전한 뒤 촬영을 시작하기 전에 누광 방지 및 검색 장비 연결을 위하여 공백 필름을 10번 정도 감아준다. 촬영 시에는 다음 〈그림 10-3〉과 같은 '촬영순서도'에 따라 촬영한다. 마지막 '끝 표판'을 촬영한 뒤 마찬가지로 공백 필름을 10번 정도 감아준다.

〈그림 10-3〉 촬영순서도

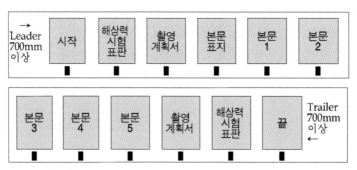

*출처: 국가기록원 NAK/A 9: 2007(v1.0), 67.

■ 현상

현상 공정은 "현상 → 정지 → 정착 → 수세 → 건조"의 과정을 거친다.

〈그림 10-4〉 현상 공정

*출처: 국가기록원 NAK/A 9: 2007(v1.0), 67.

- 현상: 노광한 감광재료를 현상액으로 처리하여 잠상을 가시상으로 변화시키는 공정이다. 촬영 후 1일~3일 이내에 실시하여야 한다. 여러 날에 걸쳐 촬영된 필름은 마지막 촬영 후 1~2일 이내에 현상하여야 한다.
- 정지: 현상을 정지시키고 착색을 방지하고 정착액의 수명을 보존하기 위하여 사용된다.
- 정착: 감광재료(필름)의 감광성을 제거하기 위하여 현상된 필름 중에 할로겐화은을 용해 제거함으로써 화상을 안정화시켜 필름 보존과정의 변질을 방지한다. 정착이 없이는 대부분의 필름의 이미지가 제대로 나타나지 않는다.
- 수세: 정착 완료 후 필름 중에 있는 현상 산화 생성물, 정착 약품 및 정착처리에서 생긴 티오황산염을 필름에서 씻어내는데 목적이 있다. 현상 후 바로 실시하여야 한다.
- 건조: 수세가 끝난 필름 면을 물기 흔적 없이 잘 말리기 위하여 수적(물방울) 방지용 계면활성제를 사용하여 얼룩을 방지할 수 있다(국가기록원 NAK/A 9:2007(v1.0), 66-68).

■ 검사

촬영 누락, 초점 불량, 장애물 가림 등의 이상 여부를 확인하여 필름 자료의 신뢰성을 향상시키고 필름의 품질 수준을 측정하여 필름자료의 안전한 관리 및 장기보존을 보증하기 위하여 실시한다. 마이크로필름 검사 내용 및 요건은 다음과 같다.

- 촬영 전 단계: 넘버링 누락, 촬영 커트 수 오류, 문서 파손
- 촬영 단계: 촬영상태, 내용 검사, 누락 여부 확인 등의 전수 검사 실시, 일반 검사는 현상 종료 후 1주일 이내에 실시
- 촬영 후 검사: 필름의 잔류 화학약품, 농도, 해상력 검사, 20% 표본 검사, 불합격 판정 필름은 재수세 및 재검사 실시. 잔류 화학약품의 검사는 현상 단계 종료 후 2주일 이내에 실시한다.

■ 복제

마이크로필름의 복제는 검사가 끝난 필름으로 부본을 제작하여 배포용 또는 활용용으로 이용하기 위함이다. 마이크로필름 촬영 원본은 시청각 기록물 전용 서고에 보존하고 열람 등에 사용하는 마이크로필름은 복제본을 제작하여 사용함을 원칙으로 한다(「공공기록물 관리에 관한 법률」 시행규칙 제26조 제5항). 복제공정은 "밀착 → 노광 → 현상 → 검사"의 과정을 거친다.

마이크로필름 복제본을 포함하는 마이크로필름의 세대를 구분하면 다음과 같다(윤대현 외 2011, 264; 신종순 외 2011, 351-352).

- 제1세대: 카메라로 직접 촬영하여 현상한 필름으로 마스터 원판을 의미한다. 보존용으로 사용된다. 마스터 원판은 할로겐화은 필름(Silver halide Film)을 사용한다.
- 제2세대: 제1세대 필름과 밀착 노광하여 복제한 필름으로 복제용 마스터, 사본－마스터 또는 서브－마스터로 불린다. 3세대 서비스 사본을 복제하는 데 사용되며, 열람을 목적으로 사용하지 말아야 한다.

- 제3세대: 제2세대 필름과 밀착하여 복제한 필름으로, 서비스 사본, 열람 사본, 활용 사본, 작업 사본으로 불린다.

마스터 원판 혹은 '제1세대'는 일반적으로 품질이 좋지만 복제를 거듭할수록 점차적으로 선명도와 해상도가 떨어지기 때문에 열람용으로 사용되어서는 안된다. '제1세대'는 다음 복제본을 만들어내기 위한 것이며, 복제본을 만들 때에는 성능이 좋은 복사기를 사용해야 한다. 복제를 계속할수록 품질은 떨어지게 마련이므로, 특정 복사본으로부터 계속해서 복제를 하지 말고 3세대 이상의 복사본이 필요하다면 중간에 '제2세대'에 해당하는 마스터 본을 하나 더 만들어놓는 것이 좋다(ICT · IRMT, 조호연 역 2002, 161-162).

3. 마이크로필름의 보존

■ 보존 환경

마이크로필름의 안정적 보존을 위하여 온·습도, 공기 청정도, 직사일광 등의 적정 보존 환경을 유지하여야 한다. 또 마이크로필름을 보존하는 장소는 건축법상 내화구조여야 하며, 가스식 소방 체계를 갖추어야 한다. 다음은 마이크로필름 보존을 위한 보존 환경 및 설비에 관한 지침이다(국가기록원 2006).

- 온·습도: 온·습도의 일일 변동율이 10%를 넘지 않아야 한다.
- 공기 청정도: 산성 유해 물질이 있는 장소는 피하며, 공기 중의 먼지 등을 제거하기 위하여 필터를 사용하여야 한다. 이 필터는 0.3마이크로미터 이상의 먼지를 90% 이상 포집할 수 있어야 한다.

- 직사일광: 마이크로필름은 직사일광에 닿지 않도록 보관하여야 하며, 특히 다이아조 필름은 각별히 주의하여야 한다.
- 내화구조: 보존 장소는 건축법상 내화구조인 철근 콘크리트조, 연와조, 기타 구조 등이어야 한다.
- 소방 설비: 보존 장소의 소방 체계는 Halon 1301, NAF S-Ⅲ, Inergen, CO2 중 하나를 선택하여 가스식으로 구성하여야 한다.

마이크로필름을 보존할 때에 종류가 다른 필름은 같은 용기에 함께 보존해서는 안되며, 중요 자료의 필름은 화재, 홍수 등 재해로부터 보호하기 위하여 복수의 필름을 제작하여 분산 보존하여야 한다.

저온에서 보관하고 있는 필름을 이용하기 위하여 반출한 경우에는 필름 손상을 최소화하기 위하여 상온과의 온도 적응을 항습 상태에서 최소 1시간 이상 실시하여야 한다.

■ 보존 관리

마이크로필름의 장기 보존을 위하여 표본검사와 정기 검사로 구분하여 검사를 실시하고 되감기, 세척 등의 정기적인 보존 관리가 필요하다(국가기록원 2006).

- 표본검사: 전체 필름의 5%를 무작위로 추출하여 상태를 확인하고 결과를 기록한다. 농도, 해상도, 변·퇴색 여부를 검사한다.
- 정기 검사: 매2년마다 정기적으로 검사를 실시하며, 정수 검사와 상태 검사를 실시한다. 정수 검사는 마이크로필름의 수량이 장부상의 숫자와 맞는지를 확인하는 검사이며, 상태 검사는 대상량의 20%에 대하여 무작위로 상태를 점검하는 것이다.
- 되감기: 매 3년마다 서고의 모든 필름을 대상으로 실시하고 그 내용을 기록한다. 필름 상자의 스티커에 되감기 실시 날짜를 기입한다.

- 세척: 상태검사 결과 과도한 먼지, 기름때, 곰팡이 등이 발견되면 비수성 용매를 사용하는 자동식 세척기를 이용하여 세척을 실시한다.
- 보존처리: 보존성 검사 결과 불량인 필름(잔류물 오물, 변·퇴색 징후, 곰팡이 등)은 마이크로필름 보존처리기로 보존처리를 실시한다.

4. 마이크로필름의 활용

■ 정보화 환경에서의 활용 방안

대체 매체로서 마이크로필름은 공간 집약성, 경제성, 매체의 안정성, 검색성을 갖고 있어 보존매체, 전자이미지 관리체계, 상호 보완적인 체계에서 활용되고 있다.

- 보존매체: 보존기간 30년 이상인 기록물과 보존 가치가 매우 높은 전자기록물의 보존매체로는 마이크로필름이 적당하며, 보존기간 10년 이하의 기록물과 활용 및 수정 빈도가 높은 기록물의 보존매체로는 전자매체가 적당하다.
- 전자이미지 관리체계 도입: 활용 빈도가 많은 기록물, 즉각적인 조회와 활용이 필요한 기록물은 전자이미지 관리체계의 확장성, 범 연계성, 업무의 효율성 등의 장점을 채택하여 도입한다. 또한 급변하는 디지털 기술과의 연계를 도모하여 연속성의 한계를 극복하고 호환성·도입 및 고가의 유지비용 문제를 해결해야 한다.
- 상호 보완적인 체계: 외국의 주요 기록물보존기관은 대부분 마이크로필름 체계를 유지하고 있지만, 최근 들어 마이크로필름과 전자관리체계를 겸하는데 관심이 일고 있다. 즉, 보존은 법적 근거와 영구보존성을 유지하기 위

해서 M/F 체계로 하고 활용은 OA화 추세에 맞도록 검색성이 우수한 전자관리 체계 등 두 매체를 상호보완적으로 이용토록 변화하고 있다.

■ 기록물의 영구보존과 정보이용의 활성화

마이크로필름은 기록물의 영구보존과 정보이용 활성화 측면에서 가장 우수한 매체이다.

- 기록물의 영구보존: 역사적으로 보존하여야 할 가치가 있거나 반드시 영구보존하여야 할 기록물은 보존성이 우수한 마이크로필름에 수록하여 보존하여야 한다.
- 영구보존과 정보이용의 활성화: 하이브리드 시스템을 이용하여 보존용으로 마이크로필름을 제작하고 활용용으로 디지털화하는 방법이 권장된다(국가기록원 2006).

■ 마이크로필름 열람 시 고려사항

빈번하게 요청되는 열람용 사본은 이용자들 스스로 접근할 수 있는 장소에 둘 수 있다. 만일 열람용 자료가 열람실 혹은 독서실 내에 보관되어 있다면, 그곳의 온·습도는 가능한 한 안정적이어야 하며, 온도는 30℃, 상대습도는 45-50%를 넘지 말아야 한다. 열람용 사본은 마스터 원판이나 중간용 마스터 원판에 대해 요구되는 엄격한 기준에 따라 보관할 필요는 없지만 열람용 사본의 보존 환경 역시 안정적으로 유지되어야 할 필요가 있다(ICT·IRMT, 조호연 역 2002, 165).

5. 마이크로필름화 관련 장비

■ 제작과정별 장비

마이크로필름의 제작과정별로 다음과 같이 시스템 관련 장비가 필요하다(국가기록원 2011, 64).

- M/F 촬영시스템
  - 문서/도면겸용 촬영기: 문서(16mm) 또는 도면(35mm)을 촬영하는 카메라
  - 문서전용 촬영기: 소형(A3 이하) 문서를 16mm 필름으로 촬영하는 카메라
- M/F 현상시스템
  - 현상기 + 온수 급수기: 촬영된 마이크로필름을 현상하는 시스템으로 현상기로 공급되는 물은 온수 급수기를 통해 필터링된 온수를 공급
- M/F 검사시스템
  - 검사기: 육안으로 검사하는 기초검사기
  - 농도 측정장치: M/F의 농도(국제규격 농도 품질 확인)를 측정하는 장치
- 복제시스템
  - 복제기: 원본 필름을 복제하는 장치(부본 생산/열람 및 분산 보관)
- M/F 열람시스템
  - 리더 프린터: M/F를 스크린에 확대하여 디스플레이 및 출력(인쇄)하는 장치
  - 리더: M/F를 스크린에 확대하여 디스플레이 하는 장치

■ 마이크로필름 열람 장비의 선택

마이크로필름 소장 기관에는 적어도 두 대 이상의 판독기 또는 판독 겸용 프

린터가 비치되어 있어야 한다. 판독기는 입수가능성, 선호도, 비용 등을 고려하여 선택하여야 한다. 가급적이면 덜 복잡한 장비의 보수 비용이 저렴하고 사용 빈도가 높을수록 장비에 손상이 가기 쉽기 때문에 장비 선택 시 이 점을 고려하여야 한다(조호연 역 2002, 163-164).

판독기에는 전면으로 투사시키는 것과 후면으로 투사시키는 것이 있으며 다음과 같은 특징이 있다.

<그림 10-5> 마이크로필름 처리 장비

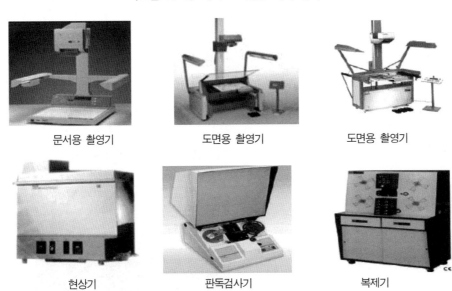

| 문서용 촬영기 | 도면용 촬영기 | 도면용 촬영기 |
| 현상기 | 판독검사기 | 복제기 |

*출처: 국가기록원 2011, 63.

- 전면 투사 판독기: 불투명 스크린 위에 영상을 투사시키는 장비. 실내 조도가 높은 상황에서 사용하기가 용이하고 더 효율적이며, 눈을 덜 긴장시킨다.
- 후면 투사 판독기: 텔레비전의 화면 프리젠테이션과 유사한 반투명한 스크린 위에서 영상이 드러나게 하는 장비. 전면 투사 판독기보다 비용이 저렴하고 구입하기도 더 용이하다. 또한 음화 형태로 된 복사본을 보기에 더 편

하기 때문에 문자와 숫자가 조합된 텍스트 열람 시에는 이 판독기를 더 선호하기도 한다. 한편 마이크로피시 판독기는 보통 후면 투사 판독기이며, 롤필름 판독기보다 가격이 저렴하다.

■ COM(Computer Output Microfilm) 시스템

컴퓨터가 만들어낸 데이터를 인간이 읽을 수 있는 문자나 숫자로 변환하여 그것을 전자적, 광학적으로 마이크로필름 매체에 기록하는 장치이다. 마이크로필름의 장기보존성, 고해상도, 규격에 따른 표준화, 법적 증거력, 보관공간의 절약 등에 더하여 전자기록물의 진본성 확보 및 백업용으로 광범위하게 활용되어 대량으로 생산되고 있는 전자기록물 시스템과 호환하여 사용한다(국가기록원 2011, 66).

COM 시스템은 데이터 저장부(쥬크박스, 디스크어레이, 하드디스크, CD, MT 등), 자료 제어부(컴퓨터), 필름 레코딩 장치(COM RECORDER), 필름현상 장치로 구성되어 있다.

〈그림 10-6〉 COM 시스템

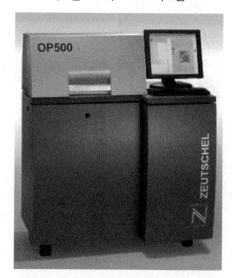

*출처: 국가기록원 2011, 66.

1. 마이크로필름의 법적 증거 능력을 인정받기 위하여 사용되어야 하는 필름의 종류는?

2. 마이크로필름의 세대 개념을 설명하시오.

3. 기록물의 영구보존 목적과 정보이용 목적을 모두 달성하기 위하여 권장되는 사본 제작 방법은?

4. 보존매체로 마이크로필름과 전자매체 중 하나를 선택할 때 선택 기준을 설명하시오.

5. COM 시스템의 풀네임과 개념을 기술하시오.

6. 마이크로필름 사본이 증거 능력을 갖추기 위해서는 일정한 요건에 따라 제작되어야 한다. 마이크로필름 사본의 증거 능력 인정에 관한 사항을 규정한 법률 조항은?

1. 디지털화의 정의 및 과정

■ 디지털화

디지털화란 아날로그(analog) 형태의 기록물을 스캐닝 또는 인코딩 장비를 통하여 코드화하는 과정을 말한다. 디지털화는 스캐닝과 인코딩으로 나뉜다(국가기록원 2004, 3).

■ 스캐닝

스캐닝(scanning)은 비전자기록물을 이미지(화상) 형태로 컴퓨터에 입력하여 디지털화하는 것을 말한다(국가기록원 NAK 26:2018(v2.0), 4).

- 스캐닝 과정: 기록물 스캐닝 과정은 "기본계획 수립 → 디지털화 스케줄링 → 대상 기록물 인수 → 스캐닝 → 스캐닝 이미지 검사 → 재편철 → 서고 반입"의 과정을 거친다(국가기록원 NAK/A 9:2007(v1.0), 69-73).
  - 기본계획 수립: 중요 기록물(문서, 간행물, 해외기록물, 민간기록물)의 디지털화 업무 추진을 위한 일정, 대상자료 선정 및 작업절차 등 세부업무 추진을 위한 기본계획을 수립하는 단계이다.
  - 디지털화 스케줄링: 디지털화 대상 기록물을 선정하여 디지털화 계획서를

기록물관리시스템에서 작성한다. 디지털화 일정 및 담당자 등을 포함하여 작성한다.

· 기록물 인수: 디지털화 대상 기록물을 서고 담당자로부터 인수하는 단계이다.

· 기록물 스캐닝: 스캐닝 대상기록물을 기록물의 상태와 크기를 고려하여 컬러/흑백 등 작업할 장비를 선정한 후 매체별 요구되는 디지털화 기준 ("4. 디지털화 세부기준" 참고)을 고려해서 스캔한다.

· 스캐닝 이미지 검사: 스캐닝 완료된 이미지를 원본 내용과 일치하는지 누락, 비틀림, 중복 스캐닝, 해상도 등을 검사하는 단계이다.

· 스캐닝 문서 재편철: 스캐닝 검사 완료된 해철 기록물을 원본대로 재편철 정리한다.

〈그림 10-7〉 스캐닝 절차

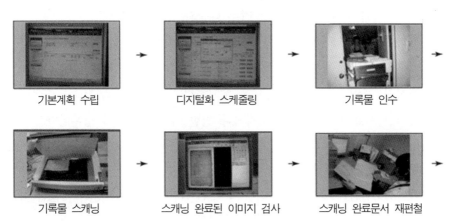

기본계획 수립   디지털화 스케줄링   기록물 인수

기록물 스캐닝   스캐닝 완료된 이미지 검사   스캐닝 완료문서 재편철

기록물 서고 반입

· 기록물 서고 반입: 정리 완료된 기록물을 스케줄링 절차에 따라 기록물 서고로 자동 반입을 의뢰한다.

- 스캐닝 전 기록물 준비: 자료의 준비 단계는 세부적으로 기록물의 분류-기록물의 정리-면 표시 부여 등의 과정을 거친다. 먼저, 기록물을 생산년도 별·기관별·부서별·보존기간별로 분류·정리하여 분류체계에 따라 관리될 수 있도록 하고 향후 검색 활용 시 편리하도록 준비한다. 기록물을 종류별로도 다음과 같이 분류할 수 있다.
· 문서류: 일반문서, 인적문서, 지역적 문서
· 카드류: 인적카드, 물적 카드, 지역적 카드
· 도면류: 지역적 도면, 공사도면, 물적 도면, 시기적 도면
· 대장: 일반대장, 지역적 대장

분류된 기록물에 대한 물리적 정리는 다음과 같이 진행한다.
· 기록물철 분리 전에 기록물 누락 여부 등 이상 유무를 확인한다.
· 기록물철 분리 시 배지 및 표지는 작업 종료 시까지 보관, 참고한다.
· 책철침, 클립, 스테이플 침 등을 제거한다.
· 찢어진 자료의 수선 및 구겨지거나 접힌 자료를 펼쳐서 정돈한다.
· 비규격용지 형태 기록물에 대하여 이면지 활용 시 이면지 뒷면에 '이면지 활용' 도장을 날인한다.
· 마이크로필름의 경우 실온 적응 처리 후 먼지나 기름 때 등의 이물질 여부를 확인하고 오염되어 있으면 세척기로 세척한다.
· 비규격용지 형태(메모지, 영수증, 사진, 우편물 등) 기록물은 이면지에 한 장씩 붙여 원문서와 동일한 크기로 정리한다.

〈그림 10-8〉 이면지를 활용한 자료 정리

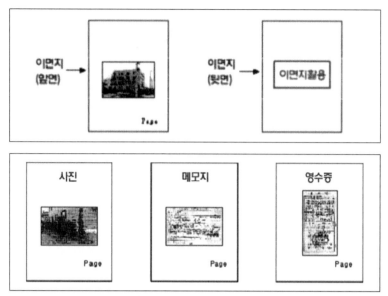

(비규격용지는 이면지(A4)를 활용해 정리)

*출처: 국가기록원 2004, 기록물 디지털화 지침, 10-11.

· 기록물건을 완료 일자를 기준으로 최근 문서가 아래로, 최초문서가 위로
  오도록 기록물 생산의 논리적 순서에 따라 분류한다.
· 기록물을 부득이하게 사본으로 정리해야 하는 경우 반드시 [원본대조필]
  을 날인한다.
· 분리된 기록물에 대하여 기록물 건별, 철별 면 표시를 부여하여 스캐닝할
  때 누락 없이 순서대로 스캐닝할 수 있도록 한다.

- 스캐닝 후 기록물 재편철 및 제본: 해철된 기록물을 고유 번호순으로 정리
  및 편철하여 보존 봉투를 이용하여 제본을 완료한 뒤 서고에 반입할 수 있
  도록 한다. 종이 기록물 형태별 편철 방법은 다음과 같다.

· 문서류: 업무 진행과정의 논리적 발생순으로 편철한다. 색인목록과 대조하여 순서대로 편철되었는가 확인한다. 100매 단위로 편철하되, 100매를 초과한 경우 분철하여 권 호수와 면 표시를 한다. 보존용 표지를 덮고 라벨을 인쇄하여 부착, 보존상자에 넣어 관리한다.

· 카드류: 30매 단위로 보존봉투(카드용)에 넣은 후 라벨을 인쇄하여 부착하고 보존상자에 넣어 관리한다.

· 도면류: 사안 단위로 도면봉투에 넣어 편 상태로 도면함에 관리한다. 도면봉투당 도면의 분량은 30매 이내로 한다.

▣ 인코딩

인코딩(encoding)은 비전자 음성 및 영상 등 동영상 기록물을 컴퓨터로 입력하여 디지털화하는 것을 말한다(국가기록원 NAK 26:2018(v2.0), 2018, 4).

- 인코딩 과정: 영화필름 및 오디오·비디오 테이프 등 동영상 기록물의 디지털화 과정은 다음과 같다.

· 서고 반출: 디지털화 대상기록물을 선정하여 디지털화 계획서를 작성하고, 스케줄링에 의하여 반출 요청 및 서고 반출

· 온도 적응: 기록물 훼손 예방을 위하여 복원실의 대기 온습도에 맞도록 기록물을 항온·항습기에 넣어 온·습도 적응 처리(3시간 정도)

· 실물 확인: 실물 화상기 및 모니터를 이용하여 기록물철 명과 내용 일치 여부 및 상태 확인, 사진필름의 재질 확인 등

· 되감기 및 수선: 되감기를 통해 필름이 원활하게 풀리는가를 확인하고 동시에 필름면 및 퍼포레이션 상태 확인

· 세척: 훼손 필름의 경우 이물질 제거 등의 약품 처리 및 크리닝 후 상태 확인

· 디지털화: 원본 보존성 및 활용성 향상을 위하여 디지털화 장비를 이용하여

아날로그 형태 기록물의 디지털 변환

· 검사 및 보정: 디지털화 결과물 중 보정작업이 필요한 대상에 대해 작업을 수행한다. 이미지 기울기, 이미지 농도, 이미지 접힘 또는 구겨짐 등을 확인하고 보정한다.

· 세부 건 목록 등록: (기록관리)시스템에 기록물의 세부사항을 파악하여 기본 목록철 별로 내용 입력 및 세부항목 등록한다. 색인목록에 디지털화결과물의 폴더를 지정하고, 저장한다.

· 디지털화 결과물의 검증: 디지털화 결과물을 시스템을 통해 확인하고 상태가 불량하다고 판단되면 기록물 디지털화 담당자에게 재디지털화 또는 결과물의 수정을 요청한다.

* 전자매체에 수록하여 보존하고자 하는 경우에는 한번 입력 후 삭제·수정 또는 재수록이 불가능한 형태의 보존매체를 사용해야 한다(「공공기록물 관리에 관한 법률」 시행규칙 제25조).

매체 수록의 범위

2014. 11. 14.일을 기준으로 그 이전까지는 디지털화 결과를 CD, DVD로 한정하여 매체 수록한다고 하였으나, '14.11.14일 이후는 보존할 수 있는 전자매체의 범위가 CD, DVD에서 '중앙기록물관리기관의 장이 정하는 규격'에 해당하는 모든 매체—휴대용 저장매체(USB, 하드디스크 등) 및 네트워크 기반의 저장매체(스토리지, 테이프 라이브러리 등)로 확대됨(「공공기록물 관리에 관한 법률」 시행규칙 [별표 11] 참조).

2. 디지털화의 목적

■ 기록물의 훼손 및 취급 곤란에 대비

물리적 실체가 있는 기록물의 경우 적정한 보존처리에도 불구하고 시간 경과에 따라 기록물의 물성이 취약해져서 더 이상 기록물을 다룰 수 없거나 심지어는 기록물이 자연 소멸될 수 있다. 이와 같은 경우를 대비하기 위하여 '디지털화' 과정을 거쳐 전자적 형태로 생산되지 아니한 기록물의 훼손 시 정보의 소실을 방지함과 동시에 기록물에 수록된 정보를 이중보존하기 위함이다(국가기록원 NAK 26: 2018(v2.0), 10).

■ 장비 구형화에 따른 대체수단 확보

음성 및 영상 테이프, 영화필름, LP 등의 기록물은 전문 장비가 있어야만 내용 파악 및 디지털화와 같은 행위를 할 수 있다. 미디어 산업의 급격한 변화로 관련 장비의 생산이 중단되고 사용 중인 장비마저 점차 사라져가고 있는 현실은 해당 기록물에 대단히 큰 위협이 되고 있다. 따라서 장비 의존도가 높은 기록물은 가급적 빠른 시간 내에 '디지털화' 과정을 거쳐 기록물에 수록된 내용을 디지털 파일 형태로 보존하여야 한다(국가기록원 NAK 26:2018(v2.0), 11).

■ 열람 및 온라인 서비스 등 활용수단 제공

디지털화는 인터넷, 모바일 등 온라인을 통하여 언제, 어디서나 손쉬운 검색 및 접근 등의 보편적 활용수단을 제공하기 위함이다. 활용을 목적으로 하는 경우에는 인터넷 환경 등을 고려하여 가급적 파일의 용량이 적거나 많이 사용되는 파일포맷 및 코덱을 적용하는 것이 바람직하다. 이런 이유 때문에 활용목적의 디지털화 기준은 보존목적의 기준과 다를 수 있다(국가기록원 NAK 26:2018(v2.0), 11).

3. 디지털화 결과물의 진본성·무결성 확보 방안

■ 신뢰기반의 디지털화 작업

디지털화 작업을 위하여 기록물을 다루고, 결과를 얻는 과정에 대한 신뢰성이 확보되어야 하며, 이를 위해서는 다음과 같은 사항을 고려하여야 한다(국가기록원 NAK 26:2018(v2.0), 11).

- 작업장 통제: 작업장 출입과정의 통제
- 보안강화: 기록물, 정보시스템 보호를 위한 규정마련, 점검
- 업무절차 준수: 목표 품질을 확보하기 위하여 장비, 소프트웨어 종류에 따른 디지털화 작업 매뉴얼을 준비하고 매뉴얼에 의한 작업 준수 여부
- 공정관리: 기간 별(일일·주간·월간 등) 작업량 검수 및 품질검사 결과 등

■ 디지털화 과정의 기록화 및 보존

디지털화 시에는 작업 절차 및 방법에 대한 행위를 설명하거나 검증할 수 있는 자료를 기록으로 남겨야 한다. 최소 다음의 사항이 기록되어야 한다(국가기록원 NAK 26:2018(v2.0), 11).

- 디지털화 대상, 목적, 일시, 작업자
- 디지털화에 사용된 장치에 관한 사항(모델, 제조사 등)
- 디지털화에 사용된 소프트웨어에 관한 사항(모델, 제조사 등)

- 압축 알고리즘 사용 시, 알고리즘에 관한 사항(명칭, 표준번호 등)
- 디지털화 결과의 해시함수 종류, 해시값

    각각의 디지털화 대상에 대한 기록을 생성하되, 대량의 디지털화 작업이 동일한 방식으로 수행되는 경우에는 1개 또는 복수 개의 기록으로 관리할 수 있다. 기록화 자료는 해당 기록과 함께 보존하거나 독립적으로 관리할 수 있으며, 기록화 자료가 최초 생성 이후 변경될 수 없도록 관리하여야 한다.

4. 디지털화 세부기준

■ 디지털화의 대상

    모든 기록물의 유형이 디지털화의 대상이 된다. 종이 기록물뿐만 아니라 시청각 기록물, 행정 박물까지 디지털화 대상이 되는 다양한 기록물 유형은 다음과 같다(국가기록원 NAK 26:2018(v2.0), 14-16).

〈표 10-3〉 디지털화 대상 기록물

대상 유형	설명
문서류	- 수기, 컴퓨터 또는 타이프 글씨체로 작성된 기록물 - 공문서, 보고서, 회의록, 조직도, 일지, 지침서, 도서 및 간행물 등
지도류	- 지표, 강, 바다 또는 기상정보를 축척(scale)을 고려하여 나타낸 기록 - 지형도, 해도, 항공도, 일기도, 지질도, 지적도, 수계도, 토지이용도, 통계지도 등이 있다.
도면류	- 목적물의 외형, 구조, 배치를 표시한 기록으로 - 건축도면, 기계도면, 회로도면 등이 이에 해당한다.
인화사진	- 카메라를 이용하여 피사체를 인화지에 담은 기록으로, - 3.x5", 4x6", 5x7", 8x10", 11x14", 12x17" 외에도 다양한 크기의 사진 항공사진

사진필름	- 카메라에서 촬영된 피사체를 필름에 담은 기록으로 - 일반적으로 인화하기 전의 기록물로 제조사에 따라 크기가 상이하나 35mm가 대부분이며, 항공필름 등도 포함
영상류	- 동영상을 수록한 기록물로 영화필름, 테이프, 광디스크 등 - 영화필름은 8mm/16mm/35mm 등이 대표적이며, 테이프에는 가정용 비디오로 많이 사용되었던 VHS에서부터 방송용 테이프 등 많은 종류가 있음 - 비디오DVD로 알려진 광디스크는 디지털정보가 수록되어 있기는 하나 '디지털화' 과정을 거쳐야만 영상파일을 얻을 수 있음
음성류	- 음성을 수록한 기록물로 LP, 테이프, 광디스크 등의 매체가 이에 해당한다. - LP(Long Play record)는 일명 '레코드 판'으로 불리우며, 음성 또는 음악을 아날로그 신호 형태로 수록한 것으로 직경이 25cm 또는 30cm인 원판형태의 매체이다. 테이프에는 카세트테이프에서부터 릴테이프까지 다양한 종류가 있다. 오디오CD로 알려진 광디스크 역시 비디오DVD와 마찬가지로 디지털정보가 수록되어 있기는 하나 '디지털화' 과정을 거쳐야만 음성파일을 얻을 수 있다.
행정박물	- 행정박물은 형상기록물로서 다음과 같이 두 가지 유형으로 구분한다. - 평면형: 종이 또는 사진처럼 평면의 형태를 가지는 것으로 2D 촬영이나 스캐닝 대상 행정박물 - 입체형: 기본적으로는 2D 촬영을 실시하며, 필요한 경우 3D 촬영·편집을 실시하여 입체 형상정보를 확보하여야 하는 행정박물

*출처: 국가기록원 NAK 26:2018(v2.0), 14-16.

■ 디지털화 세부기준

기록물 유형별로 디지털화 기준이 다를 수 있으나, 다음과 같은 공통의 기본 원칙하에 기준을 제시한다(국가기록원 NAK 26:2018(v2.0), 16).

- 디지털화 결과는 더 이상 기록물 원본을 다루기 어려울 경우에 원본과 같은 것으로 추정함에 있어 무리가 없을 정도의 품질을 갖도록 기준을 제시한다.
- 디지털화 기준에서는 '품질' 관련 항목(비트심도, 해상도 등)과 '파일' 관련 항목(파일포맷 및 압축방법)을 제시한다.
- 품질 및 파일 관련 항목은 복수의 기준을 제시하여 기록물의 중요도 및 제반 여건 등을 감안하여 기관이 선택할 수 있도록 한다. 그럼에도 불구하고

가급적 무손실압축을 적용한다.

- 파일포맷 및 압축방법(알고리즘)은 범용성이 높아 사실상의 표준으로 인정받고 있는 포맷과 알고리즘을 제시한다. (다만, 언급되어 있지 않더라도 기술발전에 따라 새롭게 등장한 포맷과 알고리즘이 국제표준 등에서 인정한 경우에는 사용이 가능하다).

■ 문서류, 지도류, 도면류

- 디지털화 세부기준

색상	비트심도 (Bit-depth)	해상도 기준값 (선택 가능)	파일포맷/압축방법 (선택 가능)
회색 (Gray)	8bit	용지크기에 관계없이 · 165ppi 이상 - FHD 이상 품질 확보 · 175ppi 이상 - 2K 이상 품질 확보 · 330ppi 이상 - 4K 이상 품질 확보	· TIFF / 무압축 · TIFF / 무손실압축 · TIFF / 손실압축 · Multi-page TIFF / 무압축 · Multi-page TIFF / 무손실압축 · Multi-page TIFF / 손실압축 · PDF-A1 / 무손실압축 · PDF-A1 / 손실압축 · JPEG / 손실압축
컬러 (RGB)	24bit		

*출처: 국가기록원 NAK 26:2018(v2.0), 16.

- 파일포맷별 압축방법

파일포맷	구분	압축 방법(알고리즘)
TIFF Multi-page TIFF	무압축	없음
	무손실압축	LZW 또는 RLE(ISO-12639)
	손실압축	JPEG(Quality-factor: 70% 이상)
PDF-A1	무손실압축	PDF-A1 규격에 따름
	손실압축	
JPEG	손실압축	JPEG(Quality-factor: 70% 이상)

*출처: 국가기록원 NAK 26:2018(v2.0), 16.

- 관련 용어설명

• 비트 심도(bit depth): 비전자 문서에서 컬러 또는 회색의 음영을 재현할 수 있는 컬러(또는 그레이 스케일 이미지의 경우, 밝기의 정도) 수의 단위를 말한다. 픽셀당 비트가 더 많을수록 더 많은 사용 가능한 색상과 더 정확한 이미지를 표현할 수 있다(국가기록원, NAK 26:2018(v2.0), 4).

  - 1bit: 흑백 또는 라인 아트(line art), 검정과 흰색의 픽셀로만 구성. 2개의 비트로만 구성되어 있기 때문에 이진 이미지(bi-tonal image)라고도 한다.

  - 그레이 스케일: 검정과 흰색 그리고 중간색인 회색으로 구성. 각각의 픽셀을 기술하기 위해서는 8bit가 필요하다.

  - 8bit: 256개 컬러로 구성된 팔레트(palette)를 사용한다.

  - 24bit: 모든 픽셀의 빨강, 초록, 파랑 구성요소를 기술하는 8비트 정보의 해상도. 상대적으로 매우 큰 컬러 팔레트를 가능하게 한다.

  - 34~46bit RGB 컬러 : 상대적으로 매우 큰 파일을 생산하기 위해서 확장된 컬러 공간을 사용하며 이 컬러의 심도를 명백하게 지원하는 형식(TIFF 또는 PNG)의 저장포맷을 필요로 한다.

• 해상도(resolution): 자료를 스캐닝할 때나 다른 장치로 변환할 때 얼마나 정밀하게 원본을 표현하는지를 나타내는 수치를 말한다. 일반적으로 ppi나 dpi로 수량화하여 표시한다. ppi는 주로 스캐너에서 표시하는 해상도 측정치이며, dpi는 프린터에서 표시하는 해상도 측정치이다(국가기록원 NAK 26:2018(v2.0), 7).

  - ppi(pixels per inch): 컴퓨터 화면표시용 해상도 측정치를 말한다.

  - dpi(dots per inch): 컴퓨터 프린터용 해상도 측정치를 말한다.

• 압축(compression): 저장공간을 줄이거나 전송시간을 단축하기 위하여 데이터를 좀 더 적은 용량으로 줄이는 것을 압축이라고 하며, 무손실압축과 손실압축이 있다.

- 무손실압축(lossless compression): 압축된 파일을 복원하게 되는 경우 원본이 100% 복원되는 가역방식이다.
- 손실압축(loss compression): 압축된 파일을 복원하게 되는 경우 원본의 디지털 정보가 100% 복원되는 않는 비가역방식이다. 다양한 손실압축방법(압축 알고리즘)이 있으며, 방법에 따라 압축률 차이가 있다.

■ (인화)사진, 항공사진

- 디지털화 세부기준

색상	비트심도 (Bit-depth)	해상도 기준값 (선택 가능)	파일포맷/압축방법 (선택 가능)
회색 (Gray)	8bit	용지크기에 관계없이 · 320ppi 이상 - FHD 이상 품질 확보 · 345ppi 이상 - 2K 이상 품질 확보 · 640ppi 이상 - 4K 이상 품질 확보	· TIFF / 무압축 · TIFF / 무손실압축 · TIFF / 손실압축
컬러 (RGB)	24bit		

*출처: 국가기록원 NAK 26:2018(v2.0), 18.

- 파일포맷별 압축방법

파일포맷	구분	압축 방법(알고리즘)
TIFF	무압축	없음
	무손실압축	LZW 또는 RLE(ISO-12639)
	손실압축	JPEG(Quality-factor: 70% 이상)
JPEG	손실압축	JPEG(Quality-factor: 70% 이상)

*출처: 국가기록원 NAK 26:2018(v2.0), 19.

■ 사진필름 및 항공필름

- 사진필름의 디지털화 세부기준

색상	비트심도 (Bit-depth)	해상도 기준값 (선택 가능)	파일포맷/압축방법 (선택가능)

회색
(Gray)
	8 또는 16bit	필름크기에 관계없이
		· 1360ppi 이상
		  - FHD 이상 품질 확보
		· 1450ppi 이상
		  - 2K 이상 품질 확보
		· 2710ppi 이상
		  - 4K 이상 품질 확보
			· TIFF / 무압축
			· TIFF / 무손실압축
			· TIFF / 손실압축
			· JPEG / 손실압축

컬러 (RGB)	24 또는 48bit		

*출처: 국가기록원 NAK 26:2018(v2.0), 20.

- 항공필름의 디지털화 세부기준

색상	비트심도 (Bit-depth)	해상도 기준값 (선택 가능)	파일포맷/압축방법 (선택 가능)

회색
(Gray)
	8 또는 16bit	필름크기에 관계없이
		· 2710ppi 이상
		  - 4K 이상 품질 확보
		· 5240ppi 이상
		  - 8K 이상 품질 확보
			· TIFF / 무압축
			· TIFF / 무손실압축
			· TIFF / 손실압축
			· JPEG / 손실압축

컬러 (RGB)	24 또는 48bit		

*출처: 국가기록원 NAK 26:2018(v2.0), 21.

- 파일포맷별 압축방법

파일포맷	구분	압축 방법(알고리즘)
TIFF	무압축	없음
	무손실압축	LZW 또는 RLE(ISO-12639)
	손실압축	JPEG(Quality-factor: 70% 이상)
JPEG	손실압축	JPEG(Quality-factor: 70% 이상)

*출처: 국가기록원 NAK 26:2018(v2.0), 20.

■ 영상, 음성류

– 영화필름의 디지털화 세부기준

종류	색상	품질기준	파일포맷/코덱(선택 가능)
35mm	RGB	[영상] · 컬러모델 : YUV · 비트심도 : 코덱 참조 · 해상도 : 4K(4096×2160) · 서브샘플링 비율 : 4:2:0 [음성] · 비트심도 : 24bit · 샘플링 주파수 : 48kHz	· 무손실압축 　- 파일포맷 : MKV(Matroska) 　- 영상코덱 : FFV1 　*비트심도 : 8bit 　- 음성코덱 : FLAC · 손실압축 　- 파일포맷 : MP4(MPEG-4 Part 14) 　- 영상코덱 : H.265(MPEG-4 HEVC) 　*비트심도 : 10bit 　- 음성코덱 : AAC
16mm 8mm	RGB	[영상] · 컬러모델 : YUV · 비트심도 : 8bit · 해상도 : 2K(2048×1080) · 서브샘플링 비율 : 4:2:0 [음성] · 비트심도 : 24bit · 샘플링 주파수 : 48kHz	· 무손실압축 　- 파일포맷 : MKV(Matroska) 　- 영상코덱 : FFV1 　- 음성코덱 : FLAC · 손실압축 　- 파일포맷 : MP4(MPEG-4 Part 14) 　- 영상코덱 : H.265(MPEG-4 AVC) 　- 음성코덱 : AAC

*출처: 국가기록원 NAK 26:2018(v2.0), 23.

– 오디오테이프, 오디오CD의 디지털화 세부기준

품질기준	파일포맷/코덱(선택 가능)
· 비트심도 : 24bit · 샘플링 주파수 : 48kHz	· 무손실압축 　- 파일포맷 : FLAC 　- 음성코덱 : FLAC · 손실압축 　- 파일포맷 : AAC 　- 음성코덱 : AAC

*출처: 국가기록원 NAK 26:2018(v2.0), 24.

- 비디오테이프, 비디오 DVD의 디지털화 세부기준

종류	색상	품질기준	파일포맷/코덱(선택 가능)
SD	RGB	[영상] • 컬러모델 : YUV • 비트심도 : 8bit • 해상도 : 720×480 • 서브샘플링 비율 : 4:2:2 [음성] • 비트심도 : 24bit • 샘플링 주파수 : 48kHz	• 무손실압축 - 파일포맷 : MKV(Matroska) - 영상코덱 : FFV1 - 음성코덱 : FLAC
HD	RGB	[영상] • 컬러모델 : YUV • 비트심도 : 8bit • 해상도 : 2K(2048×1080) • 서브샘플링 비율 : 4:2:0 [음성] • 비트심도 : 24bit • 샘플링 주파수 : 48kHz	• 손실압축 - 파일포맷 : MP4(MPEG-4 Part 14) - 영상코덱 : H.264(MPEG-4 AVC) - 음성코덱 : AAC

*출처: 국가기록원 NAK 26:2018(v2.0), 23.

- 관련 용어설명

· 컬러모델(color model): 색상을 3차원으로 표현한 공간 개념으로, 모든 색들은 색공간에서 3차원 좌표로 표현. 컬러모델의 개념은 카메라, 스캐너, 모니터, 컬러 프린터 등의 장비 개발 및 응용에 활용되고 있음. 색공간(color space)이라고도 한다(국가기록원 NAK 26:2018(v2.0), 6).

· YUV(YCbCr): 카메라 렌즈가 인식하는 빛은 R(Red), G(Green), B(Blue)의 3가지 색으로 구성. 아날로그 또는 디지털 TV, 영상에서는 주파수 대역 및 정보의 양을 줄이기 위한 방법으로 사람의 눈이 색상보다는 밝기의 변화에 민감하다는 점을 고려, RGB를 YUV(아날로그 방식), YCbCr(디지털 방식)으로 변환하는데 Y는 밝기 신호이며, UV 또는 CbCr은 색차신호를 나타낸다(국가기록원 NAK 26:2018(v2.0), 11).

· 코덱(CODEC): 음성이나 영상신호를 디지털 데이터로 변환하고(Coder), 반대로 디지털 데이터를 사용자가 알 수 있도록 컴퓨터 모니터에 재생시켜

주는 역할(Decoder)을 하는 것으로, COder와 DECoder를 합성하여 CODEC 이라고 한다. 코덱의 종류는 매우 다양하며, 오디오 및 비디오 신호의 코 덱은 별도로 사용한다(국가기록원 NAK 26:2018(v2.0), 6).

- 오디오 코덱 종류 : MP3, AC3, AAC, OGG, WMA, FLAC, DTS 등

- 비디오 코덱 종류 : MPEG1, MPEG2, MPEG4, DivX, Xvid, H.264, WMV, RM, FFV1, Cinepak, ASF, RA, XDM, RLE 등

· 서브샘플링(Subsampling): 색을 디지털로 표현할 때, 통상 1화소(픽셀)당 일정 비트의 정보를 할당하지만 인간의 눈이 색의 정보(색차, chrominance 또는 chroma)보다 밝기 신호(휘도, luminance 또는 luma)에 민감하다는 특 성을 이용하여, 색 정보를 삭감하여 압축효율을 높이는 수단으로 이용하 는 개념이다. 영상 및 사진 압축분야에서 많이 사용되는 YCbCr(Y: 휘도, Cb,Cr: 색차) 색공간 표현법의 경우, 색 정보를 삭감하지 않은 것을 4:4: 4(Y:Cb:Cr)라 부르고, 디지털 정보의 양을 줄이기 위하여 4:2:2, 4:2:0 등을 사용하는데, 이를 서브샘플링(subsampling)이라고 한다(국가기록원 NAK 26:2018 (v2.0), 5).

· 샘플링 주파수(Sampling frequency): 아날로그 신호를 디지털로 변환할 때 표본화(Sampling)를 1초에 몇 번 실행하는 가를 나타내는 수치로 Hz(헤르 츠) 단위를 사용한다(국가기록원 NAK 26:2018(v2.0), 5).

■ 행정 박물류

행정 박물을 디지털 카메라나 스캐너를 이용한 2D 촬영 혹은 3D 스캐너를 통 한 촬영으로 얻은 디지털 이미지의 가독성 및 유용성을 보장하기 위한 최소 기 준을 제시한다. 파일 형식은 아래 기준에서 제시하는 방식 외, 기관의 여건에 따라 RAW 파일을 함께 보존할 것을 권고한다(국가기록원 NAK 26:2018(v2.0), 24-26).

- 평면형 행정박물 디지털화 세부기준

　· 평면형 행정박물로는 증서 등의 문서, 도면, 카드, 대장 등 여러 형태가 있으며, 형태상 종이 기록물이나 사진 기록물과 동일한 경우가 있다. 종이 기록물이나 사진 기록물의 범주에 속하는 경우에는 해당 디지털화 기준을 준용하여 사진 촬영(2D 촬영)이나 스캐닝을 실시한다.

구분	비트심도 (Bit-depth)	해상도 (resolution)	파일포맷/압축방법 (선택 가능)
2D 촬영	32bit 이상	600ppi	· TIFF / 무압축
스캐닝	기록유형에 따라 6.1~6.3 기준 적용		· TIFF / 무손실압축 · TIFF / 손실압축 · JPEG / 손실압축

*출처: 국가기록원 NAK 26:2018(v2.0), 25.

- 입체형 행정박물 디지털화 세부기준

　· 입체형 행정박물에 대해서는 기본적으로는 디지털 카메라를 이용하여 다각도에서 촬영하며, 필요한 경우 3D 스캔을 실시한다.

　· 디지털 카메라를 이용한(2D) 촬영의 경우에는 입체형태를 가지는 공예품, 조형물 등의 행정박물에 대하여는 여러 각도에서 촬영을 하여(전·후·좌·우·상·하 등) 대상을 충분히 설명할 수 있도록 데이터를 확보하여야 한다.

　· 입체형 행정박물 중 가치가 높거나 훼손 위험이 있는 등 형상 정보를 보존할 필요가 있는 행정박물에 대해서는 3D 스캐너를 사용하여 정밀 3D데이터를 확보하도록 한다. 3D 스캔은 대상물의 크기, 형태, 재질, 세밀함의 정도에 따라 요구되는 정밀도가 달라지며, 광택이나 표면색에 따라 획득되는 데이터의 양과 품질이 달라지므로 이러한 요소들을 고려하여 최적의 방식을 탐색하여 실시한다.

　· 3D 스캐너는 촬영 방식에 따라 레이저 스캐너, 광학 패턴 스캐너로 나눌 수 있는데 장비의 특성과 촬영 대상의 상태를 고려하여 선택하여 촬영한

다. 또한 촬영 대상의 크기에 따라 정밀 스캔과 광대역 스캔을 선택하여 실시하며 경우에 따라서는 광대역과 정밀 스캔 방식을 병행하여 실시한 다. 활용용으로 데이터를 가공할 경우는 온라인 서비스 환경 하에서 잘 구현될 수 있도록 파일 최적화를 실시한다.

구분	비트심도 (Bit-depth)	해상도 (resolution)	파일포맷/압축방법 (선택 가능)
2D 촬영	32bit 이상	600ppi	· TIFF / 무압축 · TIFF / 무손실압축 · TIFF / 손실압축 · JPEG / 손실압축

구분	포인트(점) 간격	폴리곤 수	파일포맷	
3D 촬영	0.3mm 이하	대상물의 크기, 굴곡에 따라 판단	3D 스캐닝 원본	STL
			병합(Merge) 데이터	PLY, STL 등
			후처리(Mapping, CG 등) 데이터	PLY, OBJ 등

*출처: 국가기록원 NAK 26:2018(v2.0), 26.

- 파일포맷별 압축방법

파일포맷	구분	압축 방법(알고리즘)
TIFF	무압축	없음
	무손실압축	LZW 또는 RLE(ISO-12639)
	손실압축	JPEG(Quality-factor: 70% 이상)
JPEG	손실압축	JPEG(Quality-factor: 70% 이상)

*출처: 국가기록원 NAK 26:2018(v2.0), 26.

- 관련 용어설명
  · 폴리곤: 3D 그래픽에서 물체를 표현할 때 쓰이는 기본적인 다각형((NAK 26:2018(v2.0), 7)

· RAW 파일: 디지털 카메라나 스캐너의 이미지 센서로부터 최소한으로만 처리된 이미지 데이터를 의미. 영상이나 음성에서는 무압축(uncompressed) 파일을 의미(국가기록원 NAK 26:2018(v2.0), 10-11)

5. 디지털화 장비

■ 스캐닝 장비

스캐닝 장비로는 일반 스캐너, 오버헤드 스캐너, 도면 스캐너, 마이크로필름 스캐너, 하이브리드 시스템, 디지털 카메라 등이 있다(국가기록원 2004, 15-17).

- 일반 스캐너: 문서·카드·대장을 스캔하는데 적당하다. 컬러/흑백, 자동급 지/수동평판(Flat bed) 등 작업할 장비의 종류를 선정한다.
- 오버헤드 스캐너: 문서·카드·대장·도면 등에 널리 적용되는 스캐너로, 훼손이 심한 기록물의 스캔 시 유리하다. 오버헤드 스캐너를 이용할 경우 화상이 모니터에서는 바로 보이나 출력 시 역상으로 되는 것에 유의한다.
- 도면 스캐너: 도면·지도 등 크기가 큰 종이 기록물을 스캔하는데 유리하다. 기록물의 상태와 크기 등에 따라 장비 종류를 선택할 수 있다.
- 마이크로필름 스캐너: 마이크로필름의 종류에 따라 적정한 장비를 선택한다.
- 하이브리드 시스템: 스캔과 마이크로필름 촬영을 모두 할 수 있는 장비로, 오버헤드 스캐너가 장착되어 있다.
- 디지털카메라: 문서·카드·대장·도면 등에 널리 이용할 수 있으며, 디지털화 속도가 매우 빠르다. 기록물의 형태에 따라 복사대 등을 같이 사용할 수 있다.

〈그림 10-9〉 종이 기록물 스캐닝 장비

일반 스캐너

오버헤드 스캐너

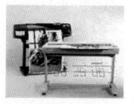

도면 · 지도 스캐너

마이크로필름스캐너

하이브리드시스템

디지털 카메라와 복사대

*출처: 국가기록원 2004, 15-17.

1. 디지털화의 목적을 세 가지 쓰시오.

2. 스캐닝 후 기록물 재편철 및 제본에 있어 종이 기록물의 형태별(문서, 카드, 도면) 편철 방법을 쓰시오.

3. 종이 기록물의 디지털화 세부기준(비트심도, 해상도, 파일포맷/압축방법)을 쓰시오.

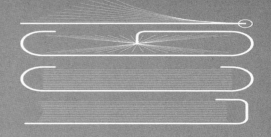

참고문헌

[법령]

공공기록물 관리에 관한 법률, 시행령, 시행규칙

전자정부법, 시행령, 시행규칙

재난 및 안전관리 기본법, 시행령

보안업무규정

[저서]

국가기록원 2006. 「마이크로필름 지침」.

국가기록원 2011. 「기록물 보존복원 처리 실무: 기록관리 교육교재」.

신종순·윤대호·이귀복·지찬호. 2011. 『기록보존의 실제』. 세화.

윤대현 외 편저. 2011. 『기록물 보존학』. 계모사.

한국기록관리협회 2008. 「기록매체별 보존·복원 기술현황 조사」. 『기록관리보존』.

한국기록학회 2008. 『기록학 용어 사전』. 역사비평사.

ICA·IRMT. 조호연 역. 2002. 『기록물 보존』. 한국국가기록연구원 기록학번역총서4. 진리탐구.

ICA·IRMT. 하종희 역. 2002. 『기록관리 비상계획』. 한국국가기록연구원 기록학번역총서5. 진리탐구.

Helen Forde. 2007. *Preserving Archives*. facet publishing.

Laura A. Millar. 2017. "Preserving archives," *Archives: Principles and practices*, facet, 145-178.

Mary Rynn Ritzenthaler. 2010. *Preserving Archives & Manuscripts*. SAA Archival Fundamental Series Ⅱ.

[현용 국가기록원 표준]

KS X 6500: 2010 필수기록관리와 기록관리 재난대비 계획

[현용 국가기록원 표준]

국가기록원 NAK 2-1:2012(v1.1). 기록물관리기관 보안 및 재난관리 기준.

국가기록원 NAK 2-2:2022(v1.1) 필수기록물 선별 및 보호절차

국가기록원 NAK 4:2021(v2.2) 기록관리기준표 작성 및 관리절차

국가기록원 NAK 11-1:2021(v1.2) 기록관 및 특수기록관 시설·환경 표준

국가기록원 NAK 11-2:2021(v1.1) 영구기록물관리기관 시설·환경 기준

국가기록원 NAK 12:2022(v3.1) 기록매체 요건 및 관리기준

국가기록원 NAK 17:2021(v1.3) 비밀기록물 관리

국가기록원 NAK 22:2009(v2.0) 특수유형 기록물 관리 - 제2부 : 시청각 기록물

국가기록원 NAK 24:2008(v1.0) 기록물 보존서고 신축절차 가이드라인

국가기록원 NAK 25: 2022(v1.1) 종이기록물 보존 및 복원 지침

국가기록원 NAK 26:2018(v2.0) 기록물 디지털화 기준

국가기록원 NAK 36:2020(v1.0) 기록물 상태검사 지침

[폐지된 국가기록원 표준]

국가기록원 NAK/A 9: 2007(v1.0) 보존복원 처리 실무매뉴얼

[기타 웹자료]

국가기록원. 기록보존. 2004년 1월 인용

 https://www.archives.go.kr/next/common/archivedata/render.do?filePath=2F757046696c65
 2F70616c67616e2F313339383034313437353339352e706466

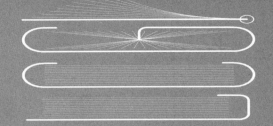

단원학습문제 모범해답

1장 기록보존

1절 기록보존의 이해

1. 보존(preservation)은 기록물에 대해 어떠한 물리적, 기술적, 화학적 처리를 하지 않는 수동적인 보호를 의미한다. 손상이나 품질저하를 막고 보호하기 위해 기록물에 행해진 처리와 업무의 총체로, 보존처리 및 복원까지도 포함하는 개념이다.

2. 보존처리(conservation)는 주로 손상되거나 낡은 기록물을 수리하기 위해 보존기록물에 물리적·화학적 처리를 수반하는 능동적인 보호를 의미한다. 일반적으로 종이 등 아날로그 기록물을 그 대상으로 하며 소독과 탈산처리를 통해 기록물의 수명을 연장하는 것을 말한다. 반면 복원(restoration)은 보존기록물의 외양을 원래 상태로 되돌리거나 미학적 품질을 개선하는 등의 수리를 의미한다. 특히 기록물의 외양이 중요할 때 또는 기록물의 상태가 심각한 훼손에 처했을 때 수행하는 보존행위지만, 보존이나 보존처리에 비해 기록관에서 상대적으로 높은 우선순위를 차지하는 조치는 아니다.

3. 다음 중 세 가지 사례를 열거한다. ①필요할 때 번복할 수 없는 처리 ②지침대로 혹은 제대로 이행될 수 없는 처리 ③충분히 오랜 시간 동안 지속될 수 없는 처리 ④처리를 하는 동안, 혹은 처리된 자료위에 남은 잔류물을 통하여 사람들에게 해를 끼치는 처리 ⑤처리된 자료의 물리적인 특성을 변경시키는 처리 ⑥영구보존 기록을 손상시키는 처리 등

4. ①기록매체 및 콘텐츠의 다양성 ②방대한 수량 ③기록의 유일무이성 ④개별 기록이 가지는 중요성뿐만 아니라 전체 기록과의 연관성에서 파생되는 기록의 가치성

⑤기록의 '내재적 가치(intrinsic value)' 등

2절 기록보존의 법제도

1. 영구보존으로 분류된 기록물 중 중요한 기록물에 대해서는 복제본을 제작하여 보존하거나 보존매체에 수록하는 등의 방법으로 이중 보존해야 한다. 또한 보존매체에 수록된 중요 기록물은 안전한 분산보존을 위하여 보존매체 사본을 중앙기록물 관리기관에 송부하여야 함을 규정한 것이다.

2. 마이크로필름과 전자매체

3. ①보존 가치가 매우 높아 병행보존이 필요하다고 인정되는 기록물 ②증명자료 또는 업무참고자료로서 열람빈도가 매우 높을 것으로 예상되는 기록물 ③원본의 형상 또는 재질 등이 특이하며 문화재적 가치가 있을 것으로 예상되는 기록물 ④그 밖에 원본과 보존매체의 중복보존이 필요하다고 인정되는 기록물 등

4. ①비치기록물로서 영구기록물 관리기관의 장이 사료적 가치가 높지 아니하다고 지정한 기록물 ②공공기관의 기록물 중 국가적 보존 가치가 높아 관할 영구기록물 관리기관의 장이 수집·보존이 필요하다고 인정하여 지정한 기록물을 제외함 ③공공기관이 보존 중인 기록물이 비치기록물로서 영구기록물 관리기관의 장이 사료적 가치가 높지 아니하다고 지정한 기록물로서 그 기관의 기록관 또는 특수기록관에서 계속 관리하고자 하는 경우에는 관할 영구기록물 관리기관과 협의하여야 함

2장 보존계획

1절 보존계획의 수립

1. ①특정 기록물에 대한 수리복원처리에 신경을 집중하는 것보다는 전체 기록물의 예방적인 보존 조치에 관심을 집중하고, 적절한 환경적, 물리적 통제를 확보하는 것에 중점을 두어야 함 ②물리적인 보존 작업이 기관의 전체적인 기획 과정 내에서 고려될 수 있도록 함 ③원본 자료를 다룰 때의 규칙 등과 같이 모든 보존 문제

에 관한 구체적인 지침을 수립해야 함

2. ①보존 매뉴얼의 개발과 보존 관련 정책문의 수립 ②'해야 할 것'과 '하지 말아야 할 것'의 목록을 개발하여 공유 ③직원들이 능동적으로 보존 과정에 참여하도록 문제해결 세션(problem solution session)을 운용 ④시청각이나 온라인 매체를 활용해서 다양한 훈련 및 교육 도구를 개발 등

3. 약 10-15% 정도

4. ①물리적 장비(HVAC 시스템, 모니터링 장비, UV 필터 등) 비용 ②보존담당자 급여와 복지 혜택 비용 ③직원 교육비용 ④보존 용품 구입비 ⑤비상용품 구입 및 비상대책 (관련) 계약 비용 ⑥보존 관련 출판물 및 기술표준 구입비 ⑦사본 제작과 매체전환 비용 ⑧보존처리(소독 및 탈산처리) 비용 등

2절 보존계획 수립의 절차

1. 예비조사는 보존 업무에 필요한 일들을 확정하고, 보존계획의 우선순위를 수립하기 위하여 모든 관련 시설 및 프로그램과 자료를 검토하는 업무를 말한다. 이를 통해 현재 기관의 물리적 환경과 자료의 상태를 이해하고, 기록관리기관이나 문서과의 상황을 모니터하여 기록관리의 문제점을 보완하는 구체적인 계획을 수립할 수 있다. 이러한 예비조사의 목적을 달성하기 위해 기관 차원의 보존상태조사와 컬렉션 차원의 보존수요평가가 수행되어야 한다. 기관차원의 보존상태조사는 기관의 정책, 건물과 물리적 시설, 직원, 보존정책과 프로그램 활동 등에 대한 조사업무를 수행하는 것이며, 컬렉션 차원의 보존수요평가는 소장 기록물의 유형(포맷과 매체), 일반적 상태, 훼손의 증거, 화학적 불안정성의 증거, 보관의 수준과 적절성, 보존용 사본이나 복제본의 존재 유무, 가치, 이용의 크기와 수준 등을 조사하는 것이다.

2. ①재질의 안정성과 훼손도 ②이용 수준 및 유형 ③가치

3. ①기록물의 보호와 취급에 대한 계획 ②물리적 보존 환경과 보존매체 표준화 계획 ③기록물의 이용 중 유지와 보호 계획 ④보안계획 ⑤기록물 재난계획 ⑥보존처리 계획(소독, 탈산처리 등)

3장 기록생산 매체

1절 종이류

1. 공기 중의 산성 증기에 노출되거나 직접적인 접촉에 의해, 산이 산성자료에서 산도
가 낮거나 거의 없는 자료로 이동하는 것을 말한다. 산이 산성물질로부터 산성이
상대적으로 적은 물질로 옮겨가는 것이다.

2. 종이는 식물성 셀룰로오스가 결합된 물질로서 셀룰로오스(cellulose), 헤미셀룰로오
스(hemicellulose), 리그닌(lignin)으로 구성되어 있다. 종이의 가장 중요한 구성물질
인 셀룰로오스(Cellulose)는 수소, 탄소, 그리고 산소로 구성되며, 자연스럽게 생성
되는 다당류의 일종으로 안정적이다. 헤미셀룰로오스는 셀룰로오스와 마찬가지로
다당류의 일종으로 셀룰로오스와 비슷한 물성을 가지고 있긴 하지만 셀룰로오스가
단지 글루코오스만으로 구성된 고분자인 것과는 대조적으로 5개의 서로 다른 당들
로 구성되어 있다. 셀룰로오스와 달리 불안정하여 잘 분해되고 용해된다. 리그닌
은 섬유들을 결합시켜 종이의 단단함을 지탱하지만 비탄수화물과 비섬유질 물질로
이루어져 있어 종이 질의 저하를 야기하는 주성분이다.

3. ①pH는 중성이 가장 이상적이다. ②펄프에 종이의 물성을 약화시키는 리그닌이 함
유되지 않아야 한다. ③화학펄프(CP) 또는 면, 닥섬유 등을 원료로 사용하여야 하
며 쇄목펄프(GP)가 함유되어서는 안 된다. ④일정한 평량에서 기계방향과 세로방
향에 각각에 대하여 일정 값 이상의 인열강도와 내절강도를 충족시켜야 한다. ⑤백
색도는 1종, 2종의 구분없이 75% 이상이어야 하며 색상은 흰색을 원칙으로 하나
경우에 따라 유색으로 할 수도 있다. ⑥30년 이상 보존기록물의 기록재료 기준에
따르면 보존용지 1종의 규격은 화학펄프 100%, pH 7.5 이상, 탄산칼슘 2% 이상이
고, 보존용 판지 규격은 pH 7.5 이상, 탄산칼슘 3% 이상이어야 한다(「공공기록물
관리에 관한 법률」 시행규칙 별표 15).

4. 필기구는 대체로 수성 필기구가 유성 필기구보다 보존수명이 더 우수하다. 또한
탄소형 필기구가 안료형·염료형 필기구 보다 우수하며, 검은색 필기구가 청색이
나 적색보다 우수하다. 중성 (또는 알칼리성) 필기구가 산성 필기구보다 우수하다.

2절 사진·필름류

1. 필름은 보호층, 감광유제층, 밑처리층, 지지체로 구성되어 있다. ①보호층: 각종 먼지 및 긁힘으로부터 보호하기 위한 젤라틴 도포층 ②감광유제층: 감광제(할로겐화은, AgX)를 젤라틴에 섞은 유제를 일정한 두께로 균일하게 도포한 층 ③밑처리층: 감광유제 등이 지지체에 잘 도포되는 일종의 접착제 ④지지체: 지지체는 광학적으로 투명하고 무색이며 균일하여야 하고, 화학적으로 안정되고 유제의 도포가 쉬워야 하며 물리적으로 장력이 강하고 온도나 습도의 변화에 따른 신축성이 없어야 한다. 셀룰로이드 또는 폴리에스터 베이스(대부분 필름에 사용) 또는 에스터 베이스(Kodak 테크니컬팬 필름, 적외선 필름 등에 사용)가 있다. ⑤할레이션 방지층: 필름내로 입사한 빛의 난반사 방지층

2. 물리적 강도, 지지체의 재질, 내화성 등이며, 물리적 강도는 인장강도, 인열강도 등이 우수해야 한다. 지지체의 재질은 보존성이 확인된 폴리에스테르, 폴리스티렌, 폴리프로필렌 등이 적합하며 PVC는 부적합하다. 내화성은 안전필름은 재료에 관계없이 150℃에서 43시간 이상의 조건에서도 발화하지 않는 내화성을 지녀야 한다.

3. 컬러필름의 색분해와 영화 필름의 매체전환 방법. ①컬러 필름의 색분해: 색광의 3원색인 RGB(Red, Green, Blue)로 분해하여 단색 필름(monochromatic film)을 제작하면 보존성이 향상되고 실온보관이 가능하다. 하지만 일반 필름보다 4배의 공간을 더 필요로 하므로 공간 효율성이 떨어지고 색분해에 소요되는 비용이 많이 든다. ②영화 필름의 매체전환: 원본 필름의 보호를 위하여 MOD, CD, Tape 등 전자매체에 내용을 수록하여 열람 및 활용한다.

4. ①지지체는 폴리에스테르, 폴리프로필렌 등 안정성이 입증된 재료이어야 한다. ②현상 처리 후 하이포 등 감광성 재료의 보존에 영향을 미치는 잔류 화학약품 성분이 기준치 이하여야 한다.

3절 자기·광 매체류

1. 기록방식에 의한 구분은 재생전용, 한번 수록 반복 재생, 반복적인 수록 및 재생 등이다. ①재생전용: CD, CD-ROM, DVD-ROM 등 ②한번 수록 반복 재생: CD-R, WORM, DVD-R 등 ③반복적 수록 및 재생: CD-RW, DVD-RW, MOD(광자기디스크)

등 재생 전용형(CD-ROM), 기록형(CD-R), 재기록형(CD-RW)

2. 백업 자료의 확보와 정기적인 업그레이드, 마이그레이션, 데이터 수록 상태의 검사 등

3. 보자력, 코팅재의 안정성, 수록 상태이며, ①보자력(coercive force)은 강자성체의 자화(磁化) 방향의 반대 방향으로 자기장을 걸어 그 잔류 자화를 0으로 하기 위해 필요한 자기장의 크기로 (또는 강자성체를 미리 포화될 때까지 자화시켰을 때의 값을 말하며) 자성매체의 안정성과 관련 있다. ②코팅재의 안정성은 정보가 기록되는 면의 물리적 안정도로 수록 상태의 안정성과 관련 있다. ③수록 상태는 자기매체에 수록되어 있는 데이터의 오류 및 매체의 물리적 결함 여부를 확인하는 과정으로 검사장비로 오류 위치를 찾을 수 있으며 정기적인 추적관리가 필요하다. 자기매체에 수록되어 있는 데이터는 5~10년마다 백업이 필요하다.

4. ①보자력이 우수하고 정해진 방법(데이터 체계)에 따라 기록되어야 한다. ②지지층이 무기성 재료이거나 유기성 고분자물질이어야 한다. ③코팅재가 화학적으로 안정되어야 한다.

4절 기타 매체류

1. 상대습도와 온도이며, 상대 습도는 50%에서 55% 사이가 좋으며, 가능한 한 일정하게 유지하는 것이 중요하다. 온도는 18℃에서 20℃ 사이이거나 이보다 좀더 시원해야 한다. 가능한 한 일정하게 유지하는 것이 중요하다.

2. 다음 중 세 가지 이상을 기술한다. ①온도는 16℃ 습도는 50%-60% 정도로 유지하며 보통 ±3%-4%를 넘지 않도록 한다. ②가능한 한 일광접촉을 피하고 저온, 저습한 장소를 선택하여 보존해야 한다. ③장기간 보존 시는 초산 소다수나 탄산소오다 용액이 1%정도 함유된 물에 담갔다가 그늘에 건조하여 보관한다. ④면직물은 건열처리가 가장 효과적이며, 60℃에서 30분간, 80℃에서 10분정도 살균처리하면 곰팡이가 제거된다. ⑤곰팡이가 번식하기 쉬운 섬유질 작품은 살균성이 우수한 계면활성제나 화학약품을 사용하여 방부, 방취효과를 얻도록 훈증가공 처리를 하여야 한다. ⑥방충제를 사용하는 것이 흔히 사용하는 방법인데 파라디클로로벤젠($C_6H_4cl_2$)이 주로 사용된다.

3. 상대습도, 온도, 빛이며, 상대 습도는 50%에서 55% 사이가 좋다. 가능한 한 일정하게 유지하는 것이 중요하다. 온도는 18℃에서 22℃ 사이이거나 이보다 좀 더 시원해야 한다. 가능한 한 일정하게 유지하는 것이 중요하다. 빛은 직사광선을 되도록 피하는 것이 좋으며 전시 시에는 조명을 50lx 이하를 유지한다.

4장 열화와 훼손

1절 열화와 훼손의 이해

1. 열화(劣化)는 기록물이 주변 환경에 의해 상태변화 등의 손상을 입는 것을 말한다. 부분적인 손상이나 색변화 등이 발생한 경우이며 내용판독은 가능한 정도이다. 반면, 훼손은 기록물이 주위의 환경에 의해 물리적 파손 및 손실로 내용판독이 어려운 상태로, 전문가에 의해 복원이 가능한 경우를 말한다.

2. 황변화, 변퇴색, 건조화, 부스러짐

3. 황반점

2절 열화 및 훼손의 요인

1. 종이 기록물이 산성화되는 가장 큰 원인은 19세기 후반 이후 지금까지 종이 제작의 대부분에 사용되는 쇄목펄프와 섬유질의 화학공정에 첨가된 산성물질 때문이다. 목재펄프 속에 있는 강한 산성은 종이의 자연적 열화를 야기하여 백 년이 채 되기도 전에 종이의 훼손을 야기한다. 또한 종이 제조 과정에 첨가되는 명반(알루미늄 황산염)은 산성화를 촉진한다. 종이에 암갈색의 얼룩이 생기는 원인 중의 하나는 바로 이 명반 처리(명반-로진 도사법) 때문이다.

2. 바스러짐, 막면의 탈리, 말림 및 수축변형

3. 습한 환경이 되어 응축현상이 발생한다.

4. 종이 중의 유기성 중합체(섬유, 사이즈제, 첨가물 등)의 쇄상 결합파괴로 인한 바스러짐

5장 보존 환경, 시설, 장비

1절 보존 환경 조성

1. 다음 중 3개 이상을 기술한다. ①시설 내에 환기를 잘 시켜 실내 온도와 습도가 올라가지 않도록 한다. ②자료를 외벽으로부터 떨어진 곳에 놓아 외부 환경의 변화로부터 영향을 적게 받도록 한다. ③지하실, 혹은 상대습도가 높거나 공기 순환이 잘 안 되는 장소에 기록물을 보관해서는 안 된다. ④상자, 서가, 혹은 캐비닛 속에 문서를 너무 촘촘하게 채워서는 안 된다. ⑤냉난방 장치를 사용할 경우 반드시 온도와 상대습도의 급격한 변화를 막기 위하여 정기적으로 모니터 해야 한다. ⑥사진, 마이크로필름, 자기테이프 등 열과 습기에 민감한 자료들은 온도와 상대습도가 조절될 수 있는 특정 장소에 보관되어야 한다.

2. 사진·필름 매체류는 온도 -2 ~ 2℃, 상대습도 25% ~ 35%, 자기·광 매체류는 온도 13 ~ 17℃, 상대습도 35% ~ 45%

3. ①주변시설이나 부착물 등의 장애물이 없고, 서고 내의 공기질을 대표할 수 있는 곳을 측정 위치로 선정하여야 한다. ②서고 내 내벽 또는 천정으로부터 1m 이상, 바닥 면으로부터 1.2~1.5m 떨어진 곳을 선정하여야 한다. ③서고 내에 자연환기구나 기계환기시스템이 설치되어 있을 경우, 환기시스템에 의한 직접적 공기유동 경로에 위치하지 않도록 각각의 급배기구로부터 최소 1m 이상 떨어진 지점을 선정하여야 한다.

4. 보존서고는 100~300 lux, 전시관은 50~200 lux

2절 보존시설과 장비 마련

1. 적합성, 안정성, 경제성이다. 적합성은 기록물관리기관이 기록물의 수집, 정리, 보존 관리, 열람 등 기록물과 관련된 전반적인 기능을 수행하므로 기록물관리기관의 시설·환경은 기록관리 업무 수행에 적합하도록 설계하여야 한다는 것이다. 안전성은 기록물관리기관의 기본기능 중 기록물의 안전한 보존(영구기록물 관리기관의 경우, 장기보존)이 가장 중요하므로, 기록물 및 시설의 안전성이 최우선 과제가 되

어야 하며, 이를 위해 최적의 보존환경과 설비를 구축해야 한다는 것이다. 하여야 한다. 경제성은 시설 · 장비 운영 시 유지 · 관리비용이 적게 드는 설비를 채택하여 경제성을 높이는 것이 바람직하다는 것이다.

2. 다음 중 세 가지 이상을 나열할 것. ①열람 과정의 보안성 강화를 위해 폐쇄회로 감시장치 등을 설치하는 것이 바람직하다. ②원본 전용열람실의 경우 기록물의 훼손 방지를 위해 열람인의 열람행위가 주변에 공개될 수 있는 투명 벽체를 설치하는 것이 바람직하다. ③마이크로필름열람실의 경우 간접 조명을 설치해야 하며, 열람 탁자에는 국부적인 조명을 설치하는 것이 바람직하다. ④쾌적하고 조용한 열람 환경을 위해 외부의 소음을 차단하고 열람공간 대비 적정비율로 좌석 수를 배치하는 것이 바람직하다. ⑤열람실 창문은 태양 직사광선을 차단할 수 있도록 차양 시설을 설치하거나 자외선 차단 필름 처리를 하는 것이 바람직하다. ⑥환기를 위해 자연 통풍시설 및 기계식 강제 통풍시설을 모두 갖추는 것이 바람직하다.

3. 지상형의 장점은 ①건축 및 유지비용 저렴 ②자연적 · 인위적 재난에 안전 ③제한된 접근으로 보안성 높다는 점이다. 단점은 ①습도조절이 어려워 제습설비를 갖추어야 함 ②미생물로 인한 피해 가능성 높음 ③서고가 지면보다 낮아 홍수피해가 있음 ④서고 내 공기 순환 필수 기록물 운반에 불편하다는 점이다. 지하형의 장점은 ①서고의 효율적 이용 ②서고 환경 조절, 단점은 ①세밀하고 과학적인 설계 요구 ②서고환경 유지를 위한 장비 및 비용 등이다.

4. 각각 0.7~1m와 1.5~2m

6장 기록물의 관리와 취급

1절 기록물의 유형별 관리와 취급

1. 녹이 슬지 않는 스테인리스나 놋쇠, 또는 플라스틱 재질

2. 90mm

3. ① 질산염 필름은 열화가 신속히 진행되고 그 과정에서 산성 가스가 방출되어 다

른 기록물을 손상시킬 수 있기 때문에 이미지를 복사하고 필름 원본을 파기하는 것이 가장 안전한 방법이다. 보존할 경우에는 중성용지에 싸서 상자 또는 서랍에 넣은 후 다른 기록물과 분리된 별도의 내화성 캐비넷이나 지하실 등 별도의 안전한 장소에 보관하여야 한다. ② 초산염 필름은 통풍이 잘 되는 곳에 인화지로부터 분리하여 보관하며 중성 종이에 싸서 낮은 온습도 환경에서 보관한다. 보존용품으로 폴리에틸렌이나 폴리프로필렌 용기를 사용해도 무방하다. ③ 폴리에스테르 필름은 폴리에틸렌이나 폴리프로필렌 봉투에 보존한다.

4. 렌즈 세척 용액을 디스크 표면에 약간 뿌리고 티슈로 닦아내는데, 닦아낼 때 디스크의 중심에서 바깥으로 닦아내야 한다. 이는 세척과정에서 스크래치가 생길 수 있는데 트랙을 따라 닦는 것보다는 트랙을 가로질러서 닦는 것이 손상을 덜 주기 때문이다.

2절 보존 용기 및 용품

1. ①외부의 힘으로부터 충분히 보호할 수 있는 강도 ②칼슘카보나이트 등의 알칼리 물질을 2~3% 함유하여야 한다. ③pH 7.5 이상 ④리그닌 성분이 없어야 한다. ⑤색이 바래거나 변하지 않아야 한다. ⑥투명 비닐 재질의 경우 황이나 염소 성분이 없어야 한다.

2. 카드류, 사진·필름류 등 주로 편철하기 곤란한 기록을 보존하는데 사용된다. 철 단위로 보존 봉투에 넣어 관리한다.

3. 마운트는 윈도우 프레임을 만들어 기록물을 안쪽에 붙이고 뒷받침 보드와 경첩이 되는 윈도우로 덮는 것이다. 윈도우는 기록물보다 약간 크거나 기록물의 가장자리가 덮일 정도의 크기가 적당하다. 기록물을 위한 단단한 지지체로서 이동, 전시, 저장 등 기록물을 취급하는 동안 기록물의 물리적의 보호 장치로 사용된다.

4. 중성의 폴리에스테르(polyester), 폴리프로필렌(polypropylene)

7장 기록물의 보존처리

1절 소독 처리

1. 보존기간 30년 이상인 기록물

2. ①상대습도 60% 이하에서 미생물의 활동이 극히 제한되는 것을 이용한 저습상태 유지 ②질소나 산소흡수제를 이용하여 0.1% 이하의 산소환경을 조성하여 곤충을 박멸하는 저산소 환경 유지 ③저온에서 곤충을 동사시키는 동결법 등

2절 탈산처리

1. 탈산처리를 실시하면 내절강도(耐折強度)·인열강도(引裂強度) 등 종이의 강도적 물성이 증가한다. 탈산처리를 실시한 종이에는 알칼리 성분이 잔류함으로써 대기 중의 산성 유해기체를 흡수, 중화하는 완충기능을 보유하여 보존성이 향상되게 된다.

2. 「공공기관의 기록물관리에 관한 법률」 시행규칙 제30조(기록물의 보존처리) 2항은 보존기간이 30년 이상인 종이류 기록물 중 산성화 정도가 수소이온농도(pH) 6.5이하인 기록물에 대하여 서고 입고 전에 탈산처리를 실시함을 원칙으로 한다.

3. BPA(Book Preservation Associates)법

8장 기록물의 복원

1절 기록물의 매체별 복원

1. 상태평가 1등급−30년, 상태평가 2등급−15년, 상태평가 3등급−10년

2. ①기록물의 재질적 특성, 열화·훼손 유형과 정도, 원인을 분석하여 기록물 보존정책의 방향 설정 ②적절한 보존처리(탈산, 소독, 복원, 보존용기 등)를 하기 위한 물

리·화학적 상태진단으로 주요 기록물의 훼손예방을 위한 추적관리 ③훼손정도의 등급화 및 DB화를 통한 기록물 상태의 이력관리의 과학화와 기록물 보존처리 시기 등 보존체계의 효율화

3. 습식 크리닝은 중성인 여과수에 의해 클리닝하는 것으로, 재질과 손상 상태에 따라 흡수지를 깔고 위에서 스프레이하여 이물질을 제거하는 방법과 수초를 만들어 담그는 방법 등을 사용한다. 종이 섬유 속의 수용성 산, 열화부산물, 얼룩을 제거하며 열화된 종이를 깨끗하게, 산성화된 종이를 중성화하여 종이의 내절 강도를 향상시킨다. 습식처리는 물을 이용해 오염물을 제거하기 때문에 잉크 등이 번지는지 여부를 확인해야 한다. 크리닝 실시 이전 상태조사 과정에서 용재에 안전한지, 수용성은 아닌지 여부를 시험한 뒤 비수용성 매체에 대해서만 실시한다.

4. 언제라도 봉입을 해체하면 원래의 상태로 돌아갈 수 있다는 장점이 있다. 도면을 열람 또는 전시하는 등 낱장을 보존하거나 열람하기 위한 가장 일반적인 방법이지만, 여러 장의 인캡슐레이션된 기록물을 책 형태로 조합할 수도 있다.

5. 텔레시네(디지털 필름스캐너) → 비선형편집기(NLE) → 파일생성의 과정을 거친다. ①텔레시네: 필름을 프레임(frame) 단위로 디지털화 하면서 영화필름의 구성단위인 24프레임을 TV 영상(컴퓨터, 모바일 영상과 동일)의 구성단위인 30프레임으로 바꾸어주는 단계이다. ②비선형편집기(non-linear editing system, NLE): 텔레시네를 통해 출력된 원시 데이터(raw data)를 이용하여 기초보정 작업(색, 화면 기울기, 음성신호 조정 등), 콘텐츠 분할, 분할 콘텐츠 간 구분을 위한 블랙 프레임 삽입 등을 수행하고 최종 영상파일을 만들기 위한 코덱, 파일포맷을 지정하여 파일을 생성하는 단계이다. 경우에 따라서는 분할된 콘텐츠별로 파일을 생성한다.

2절 복원 용품 및 장비

1. 중성의 종이 재질 위에 중성의 화학 점착제를 도포한 것으로 잔류하는 유해 화학물질이 없어야 하고 필요 시 기록물에서 쉽게 제거할 수 있는 것이어야 한다.

2. 소맥전분, 메틸 셀룰로오스, 정제된 젤라틴

3. 리프캐스터, 인캡슐레이션 장비

4. 디지털복원 작업과 최종 편집이 끝나고 출력된 데이터를 아날로그(네거티브) 필름으로 만듦

9장 보안·재난 관리와 필수기록물 관리

1절 보안 관리

1. ①비인가자(내·외부인)의 기록물 보존시설 침입 및 파괴활동, ②비인가자(내·외부인)의 기록물 접근·조작·유출·열람·파손 등, ③비인가자(내·외부인)의 정보통신망에 의한 기록관리 관련 전산시스템 접근 및 조작, ④비인가자(내·외부인)의 기록물 보존 장비에 대한 인위적 조작 및 파괴, ⑤보안장비(출입통제시스템, CCTV 등)의 작동 중단 또는 사고

2. 공공기관의 기록물관리에 관한 법률, 전자정부법, 보안업무규정, 재난 및 안전관리 기본법

3. ① 국가정보원장이 개발하거나 안전성을 검증한 암호장치와 정보보호시스템의 도입·운용, ② 전자문서가 보관·유통되는 정보통신망에 대한 보안대책의 시행

4. (다음 중 택 3) ① 폐쇄회로 감시장치(CCTV): 서고에 출입하는 인원을 감시하기 위한 장치 ② 출입통제시스템: 서고에 출입하는 인원에 대하여 입실 및 퇴실시간을 기록하고 인가된 사람만 출입하도록 하는 보안장치. 카드 읽기식, 암호식, 지문인식 장치 등이 있다. ③ 물체 감지기: 체온이 있는 생명체가 서고에 출입할 경우 온도를 감지하여 인원의 재실 여부를 감지하는 장치. 적외선 감지식을 주로 사용한다. ④ 침입자 경보장치: 긴급 상황 발생 시 빠른 대응을 위하여 모니터 센터나 지역 경찰서와 연계되어 있어야 한다. ⑤ 내부 관리자용 열쇠: 소규모 기록물관리기관에 적절한 보안장비로서, 보호구역에 대한 관리자용 키를 운영하는 경우이다. 이러한 보안 유형은 열쇠 자체를 보안 관리하여야 하며, 필요시에만 반출하여 사용할 수 있도록 엄격한 절차가 수립되어 있어야 한다. ⑥ 비상버튼: 직원들이 근무하는 곳이나 방문객을 감독하는 구역에 설치할 수 있다. 비상버튼은 가장 마지막 수단으로 사용하는 것이 좋다.

5. 디지털 워터마킹은 멀티미디어 데이터에 사용자의 ID나 자신만의 정보를 넣음으로서 불법적인 복제를 막고 데이터의 저작권과 소유권을 효율적으로 보호하는 방법으로서 데이터에 일정한 패턴이나 코드를 숨겨서 부호화하는 기술이다. 디지털 핑거프린팅은 디지털 데이터가 불법적으로 무단 복제된 경우 데이터 판매자로 하여금 복제된 사본의 원 구매자를 식별할 수 있는 사후 기능을 제공함으로써 구매자가 디지털 데이터를 불법적으로 배포하지 못하도록 보호하는 기술이다. 디지털 핑거프린팅은 워터마킹 기술과 유사하지만 데이터에 대해 삽입되는 마크의 내용이 모두 다르기 때문에 동일한 데이터 각각을 식별할 수 있는 추가적인 기능이 있다는 점에서 구별된다.

2절 재난관리

1. (다음 중 택 4) ①자연적 위험: 지진, 태풍, 산불, 홍수, 호우, 낙뢰, 해충 ②건축 및 시설 결함: 스프링클러, 공기조화기 오작동, 지붕 누구, 부실한 배선 ③산업 재해: 핵 또는 화학물질 유출 ④기술적 재난: 바이러스와 컴퓨터 장비 장애 ⑤범죄 행위: 방화, 고의적 파괴, 폭동, 테러, 전쟁 ⑥인간의 실수에 의한 우연한 손실 ⑦미흡한 보존관리: 열, 오염된 환경, 부적절한 서가정리 및 운송 부주의, 부적합한 보존처리에 의해 발생한 기록물의 화학적 분해 등 ⑧기타 관리자의 직무 불능, 실수 등

2.

등급	기 준
1등급	- 사료적 가치가 높은 기록물 - 손실될 경우 대체가 불가능한 기록물 - 복구가 불가능하거나 어려운 기록물
2등급	- 손실될 경우 심각한 문제가 발생할 수 있고 비용이 많이 들지만 대체가 가능한 기록물
3등급	- 손실될 경우 문제가 발생하지 않고 쉽게 대체가 가능한 기록물

3. '재난관리'란 재난의 예방·대비·대응 및 복구를 위하여 하는 모든 활동을 말한다. 재난관리모델은 재난의 예방·대비·대응·복구로 구분한다.

4. 수해, 자연건조, 제습기를 이용한 건조, 진공냉동건조

5. 전자기록물의 업무영향도 분석과정에서, 중요도에 따른 복구범위 및 복구 우선순위를 분석한 후, 복구시간목표(Recover Time Objective, RTO)와 복구시점목표

(Recovery Point Objective, RPO)를 정의하여 재난복구의 목표 수준을 도출한다.

3절 필수기록물 관리

1. ①비상운영기록물: 필수기록물은 재난이나 비상사태 발생 시 또는 이후에 조직의 생존이나 연속성 유지를 위해 핵심적인 정보를 포함하고 있다. 위험대응기록물과 업무재개 기록물로 세분화된다. ②권한보호기록물: 조직의 법적·재정적 상태를 되돌리고 이해관계자의 권리와 의무 보존을 위해 필요한 정보를 포함하고 있다. 조직 권한보호기록물과 이해관계자 권한보호 기록물로 세분화된다.

2. 이중보호와 분산보호 방법이 있다. ① '이중보호'는 필수기록물의 복제본(또는 사본, 복본)을 제작하여 원본의 손실에 방지하는 것을 말하며 이중화라고도 한다. ② '분산보호'는 필수기록물의 복본을 보호기간 동안 원본이 보존된 이외의 장소에 나누어 관리하는 것을 말한다.

3. ① 종이 기록물은 마이크로필름 촬영 및 복제 또는 스캐닝 후 광매체 또는 보존스토리지에 저장 ② 전자문서는 마이크로필름 촬영 및 복제 또는 포맷변환 후 광매체 또는 보존스토리지에 저장

4. 생산 당시 매체에 상관없이 종이 등에 수록하여 보호한다.

5. 동일한 재해를 받지 않는 거리(최소 10km) 이상의 전문시설, 지부, 소속·산하기관, 유관기관 등의 위치에 보호

6. 중요 기록물은 정보의 사료적·행정적·증빙적 가치를 종합적으로 판단하여 선별한 기록물로 중요 기록물의 훼손 시 역사적인 손실이나 일시적인 업무 혼란 등을 일으킬 수는 있으나 기관의 기능 손실을 유발하지는 않는다. 필수기록물과 중요 기록물의 중요한 차이점은 비상사태나 재난발생 시에 기관의 기능 유지를 위해 필수적인가 하는 측면에서 판단할 수 있다.

10장 사본 제작

1절 사본 제작의 기초

1. 가장 일반적인 용어인 사본(copy) 또는 복사(copying)의 결과물은 반드시 원본의 복제본을 의미하지는 않는다. 복제(duplicating)는 가능한 한 원본과 유사하게 만들어진 원본의 새로운 판형(version)을 의미한다. 매체전환(reformatting)은 원본 기록물이 디지털 파일이나 마이크로필름과 같은 새로운 다른 포맷으로 보존되는 것을 의미한다.

2. ①마이크로필름- KS 규격을 만족하는 안전필름, ②광디스크- KS 또는 국제규격을 만족하는 기판

3. ①시행규칙 제33조(보존기록물의 원본열람): 보존기간이 30년 이상이고, 전자적 형태로 생산되지 않은 기록물의 열람은 그 기록물이 수록된 보존매체를 사용하여야 하며, 부득이한 사유로 원본을 열람에 제공하는 때에는 기록물의 열람업무를 담당하는 자가 계속하여 입회하여야 한다. ②시행규칙 제34조(기록물의 복원·복제) 제2항: 기록물을 전시하는 경우에는 복제본을 사용하는 것을 원칙으로 한다.

4. 12주 이내

2절 마이크로필름화

1. 16mm 또는 35mm 롤형의 필름

2. ①제1세대: 카메라로 직접 촬영하여 현상한 필름으로 마스터 원판을 의미한다. 보존용으로 사용된다. 마스터 원판은 할로겐화은 필름(Silver halide Film)을 사용한다. ②제2세대: 제1세대 필름과 밀착 노광하여 복제한 필름으로 복제용 마스터, 사본-마스터 또는 서브-마스터로 불린다. 3세대 서비스 사본을 복제하는 데 사용되며, 열람을 목적으로 사용하지 말아야 한다. ③제3세대: 제2세대 필름과 밀착하여 복제한 필름으로, 서비스 사본, 열람 사본, 활용 사본, 작업 사본으로 불린다.

3. 하이브리드 시스템을 이용하여 보존용으로 마이크로필름을 제작하고, 활용용으로

디지털화하는 방법

4. ①마이크로필름: 보존기간 30년 이상인 기록물과 보존가치가 매우 높은 전자기록물
②전자매체: 보존기간 10년 이하의 기록물과 활용 및 수정 빈도가 높은 기록물

5. COM(Computer Output Microfilm) 시스템: 컴퓨터가 만들어낸 데이터를 인간이 읽을
수 있는 문자나 숫자로 변환하여 그것을 전자적, 광학적으로 마이크로필름 매체에
기록하는 장치

6. 「공공기록물 관리에 관한 법률」 제48조(보존매체에 수록된 기록물의 원본 추정):
기록물관리기관이 대통령령으로 정한 기준과 절차에 따라 보존매체에 수록한 기
록물은 원본과 같은 것으로 추정한다.

3절 디지털화

1. ①기록물의 훼손 및 취급곤란에 대비 ②장비 구형화에 따른 대체수단 확보 ③열람
및 온라인 서비스 등 활용수단 제공

2. ①문서류: 업무 진행과정의 논리적 발생순으로 편철한다. 색인목록과 대조하여 순
서대로 편철되었는가 확인한다. 100매 단위로 편철하되, 100매를 초과한 경우 분철
하여 권 호수와 면 표시를 한다. 보존용 표지를 덮고 라벨을 인쇄하여 부착, 보존
상자에 넣어 관리한다. ②카드류: 30매 단위로 보존봉투(카드용)에 넣은 후 라벨을
인쇄하여 부착하고 보존상자에 넣어 관리한다. ③도면류: 사안 단위로 도면봉투에
넣어 편 상태로 도면함에 관리한다. 도면 봉투당 도면의 분량은 30매 이내로 한다.

3.

색상	비트심도 (Bit-depth)	해상도 기준값 (선택 가능)	파일포맷/압축방법 (선택 가능)

회색
(Gray)
	8bit	용지크기에 관계없이
		· 165ppi 이상
		  - FHD 이상 품질 확보
		· 175ppi 이상
		  - 2K 이상 품질 확보
		· 330ppi 이상
		  - 4K 이상 품질 확보
			· TIFF / 무압축
			· TIFF / 무손실압축
			· TIFF / 손실압축

컬러 (RGB)	24bit		· Multi-page TIFF / 무압축 · Multi-page TIFF / 무손실압축 · Multi-page TIFF / 손실압축 · PDF-A1 / 무손실압축 · PDF-A1 / 손실압축 · JPEG / 손실압축